ZES MEER
İnebolu
Sinop
uldak
Kastamonu
Samsun
Karabük
Tarşova
Amasya
Ballidere
Bolu
Çankırı
Kızılırmak N.
Çorum
Tokat
Beypazarı
Ankara
Yıldızeli
Sivas
Kırıkkale
Yozgat
Polatlı
Kızılırmak N.
Kırşehir
Gürün
Nevşehir
Kayseri
Gölü
Tuz Gölü
Aksaray
Elbistan
ehir
Göksun
Niğde
Konya
Kahramanmaraş
Beyşehir
Ereğli
Osmaniye
Gaziantep
Karaman
Adana
Tarsus
Erdemli
İskenderun
Mut
Mersin
Alanya
Silifke
Antakya
Anamur
SYRIEN
0
N
100 km
EER

Ayşe

Mich hat keiner gefragt

Zur Ehe gezwungen – eine Türkin in Deutschland erzählt

Ayşe

mit Renate Eder

Mich hat keiner gefragt

Zur Ehe gezwungen – eine Türkin in Deutschland erzählt

blanvalet

Der Blanvalet Verlag ist ein Unternehmen
der Verlagsgruppe Random House

1. Auflage

Satz: Uhl + Massopust, Aalen
Dieses Buch wurde auf holz- und säurefreiem Papier gedruckt,
geliefert von Salzer Papier GmbH, St. Pölten.
Das Papier wurde aus chlorfrei gebleichtem Zellstoff
hergestellt und ist alterungsbeständig.
Druck und Einband: GGP Media GmbH, Pößneck
Printed in Germany
ISBN 3-7645-0211-8

Inhalt

Vorwort

von Serap Çileli

»Eine Jungfrau soll ohne ihr Einverständnis nicht verheiratet werden. Und genügend als (Zeichen der) Zustimmung soll **ihr Schweigen** sein (wegen ihrer natürlichen Schüchternheit).«

Hadis: Buchari, Muslim

Aus meiner Sicht ist dieser Satz die Lizenz zur Zwangsheirat »im Namen Allahs«. Bei den Männern hingegen ersetzt das Schweigen die Bejahung nicht, vielmehr gilt es als unmännlich, als »weibisch«. Der Schlüssel zu diesem Rollenverständnis liegt zweifellos in der Erziehung. Der Raum, in welchem diese stattfindet, ist die Familie. Dort wird die »Erziehung zum Individuum« durch »Bevormundung« ersetzt. Die »Sorgeberechtigten«, die Eltern oder die Familien, haben in der traditionellen türkischen Gesellschaft ungeheure Macht über ihr Kind. Von der absoluten Verfügungsgewalt bis hin zum Tötungsrecht. Sie entscheiden, was gut und was böse ist, was erlaubt und was verboten ist, welche Rechte und Pflichten die Kinder haben.

Mit den heranwachsenden Mädchen geht man besonders streng um: Sie werden zu Hause eingesperrt, damit sie später als Ehefrauen beherrschbar sind; sie werden ohne Ziele und Perspektiven erzogen, ohne Nahrung für das Selbstwertgefühl. Es wird ihnen beigebracht, Gefühle der Wut, des Zornes, des Ärgers zu unterdrücken. Diese unwürdige Erziehungsmethode führt zu Folgsamkeit und Unterwerfung.

Folglich wird das Schweigen als Zeichen für Treue, Unterwerfung und Gehorsam gewertet. In Wahrheit ist es aber der Beginn eines Lebens in Knechtschaft.

Wie *Ayşe* wurde auch ich im Kindesalter verlobt. Während sie aus einem kleinen türkischen Dorf in das »gelobte Land« Deutschland verschachert wurde, wo sie den ganzen Tag in einer Fabrik und anschließend bis in die Nacht hinein als »Haussklavin« für ihre Schwiegermutter schuften musste, wurde ich aus dem Kreis meiner deutschen Schulfreundinnen gerissen und sollte als »Kindbraut« in die mir völlig fremde Welt Anatoliens zu einem zehn Jahre älteren Ehemann ziehen, um Kühe zu hüten und in einem Erdloch zu kochen.

Sowohl meine Familie als auch *Ayşes* Schwiegereltern »spielten« nach außen hin eine moderne, in die deutsche Mehrheitsgesellschaft integrierte Gemeinschaft. Doch hinter der Türschwelle waren wir Gefangene der archaischen Traditionen. Kopftuchzwang, häusliche Gewalt, patriarchalische Ehr- und Moralvorstellungen, Zwangsheirat und Ehrenmorde bestimmen das Leben der türkisch-muslimischen Frauen und Mädchen. Seit vier Jahrzehnten spielen sich diese Schicksale in Parallelwelten mitten in dem demokratischen Rechtsstaat Deutschland ab. Seit vier Jahrzehnten haben wir unter dem Deckmantel der Toleranz und des Schutzes der Privatsphäre Menschenrechtsverletzungen akzeptiert, mit dem bequemen Argument der Offenheit gegenüber fremden Kulturen, Traditionen und Religionen. Uns, und mit uns tausenden jungen türkischen Frauen, wäre eine Menge erspart geblieben, wenn die Politiker unser Leid als ihr Leid empfunden hätten.

Ayşe hat es nach neunzehn Jahren erreicht, aus der Hölle der Zwangsheirat zu fliehen. Ich brauchte dreiundzwanzig Jahre, um die Stimme gegen meinen Vater zu erheben und seine Einwilligung zur Scheidung zu fordern. Vater drohte mir, mich eher in tausend Stücke zu zerreißen und mein Fleisch den Hunden zum Fraß vorzuwerfen als Schande über seinem Haus zuzulassen. Es sei meine Aufgabe als Frau, die Ehe in Tagen der Verlockung und Gereiztheit zu behüten, um diesen geheiligten Bund zu retten, bis dass der Tod mich ehrt.

Traditionelle türkische Väter betrachten geschiedene Töchter als Last und scheuen sich nicht davor, sich von dieser schändlichen Last zu befreien. Sei es durch eine erneute Zwangsheirat, durch Verstoßen aus dem Familienverband oder im Extremfall durch den Tod. Wer Glück hat, darf unter Aufsicht in lebenslanger Knechtschaft leben. Mit anderen Worten: Die Todesstrafe wird durch lebenslange Freiheitsstrafe ersetzt. Es geht hier um Selbstjustiz, um ein ungeschriebenes Gesetz, um die so genannte Ehre des Patriarchen und der Familie, um Leben und Tod.

Ich beschloss, mich gegen die despotischen Forderungen der Ehrtradition zu wehren. Es war, als würde ich neben mir sitzen und ein Selbstgespräch führen: »Das musst du tun, koste es, was es wolle!« Nach dreiundzwanzig Jahren also erhob ich zum ersten Mal in meinem Leben die Stimme gegen meinen Vater: »Wenn du mir jetzt deine Einwilligung zur Scheidung nicht erteilst, werde ich meine Kinder und mich umbringen. Du wirst schon sehen, dass ich dazu in der Lage bin.« Noch niemals in meinem Leben hatte ich eine solche Macht gespürt. Ich wollte die Sache für mich so oder so abschließen. Vater schwor zwar Rache, aber ich hatte Glück. Ich wurde nur vom Familienclan verstoßen! Das war mein Preis für die Verwirklichung der individuellen Freiheit. *Ayşe* wurde nach ihrer Scheidung von ihrem eigenen Sohn aufgefordert, sich umzubringen, und sie muss heute damit leben, dass ihre beiden ältesten Söhne den Kontakt mit ihr abgebrochen haben. Doch andere Frauen sind nicht so glimpflich davon gekommen wie *Ayşe* und ich.

Hatun Sönmez etwa konnte ihrem Schicksal nicht entrinnen. Sie wurde einundzwanzigjährig am 6. September 1993 in der Nähe der S-Bahn-Haltestelle Universität in Dortmund von ihrem siebzehnjährigen Bruder niedergestochen, weil Hatun sich verliebt hatte und mit ihrem Freund Heiratspläne schmiedete. Hatun empfand eine tiefe, innere Liebe für Erdal A. und musste – um die dadurch verletzte Familienehre rein zu waschen – dafür mit ihrem Leben bezahlen.

Um das Verhalten unserer Väter und Brüder nachzuvollziehen, muss man einen Blick auf das türkische Ehrverständnis werfen.

Die »Ehre des türkischen Mannes« steht höher als sein Leben, höher auch als das Leben seiner Schwestern, Mütter, Töchter und Frauen. Die Ehre der »Ehrenhüter und Vollstrecker« definiert sich zentral über die sexuelle Reinheit der Frauen in der Familie. Die Frau kann nur Anteil haben an »namus«, der Ehre des Mannes, oder diese verunreinigen, z. B. wenn ihr Name in Verbindung gebracht wird mit schändlichem Benehmen, wenn sie sich gegen die Zwangsehe auflehnt oder durch ihr Auftreten in der Öffentlichkeit, durch ihre Kleidung, durch vorehelichen oder außerehelichen Geschlechtsverkehr Schande über die Familie bringt. Der Verkehr eines Mannes mit Frauen beschmutzt hingegen die Ehre der Familie nicht.

Selbst wenn eine Frau oder ein Mädchen innerhalb der Familie sexuellem Missbrauch ausgesetzt ist, ist das Mädchen oder die Frau schuldig und muss bestraft werden. Die Täter werden jedoch oft nicht geächtet. Eine Frau kann ihre verlorene Ehre auch nicht wiederherstellen, das ist die Aufgabe des Mannes. Die »Ehre des türkischen Mannes« lässt sich indes nicht erwerben, sondern nur verlieren.

Wer die Ehre der Familie nicht verteidigt, der wird in den Augen des Familienclans und der Männer aus der Gemeinde zum »namussuz adam« – »zum ehrlosen Mann« – stigmatisiert, damit verbunden, bedeutet der Verlust der Familienehre für die Betroffenen den sozialen Tod. Immer wieder werden die männlichen Angehörigen von anderen Männern der Gemeinde dazu angehalten, ja regelrecht aufgehetzt, ihre Ehre wiederherzustellen.

Durch solchen Handlungsdruck betrachten sie ihre Schwestern, Mütter, Töchter und Frauen als Gegner, als »Feinde«, die sich gegen die Gesetze des »freien Mannes« unfolgsam verhalten. Sie werden verpflichtet, die traditionelle Praxis aufrechtzuerhalten. Lieber nehmen sie Gefängnisstrafen in Kauf, als mit der befleckten Ehre zu leben. Und jeder Mord ist Warnung für die anderen jungen Mädchen und Frauen. Selbst ein Leben in einem aufgeklärten Staat wie Deutschland hat nichts an der Einhaltung dieser Tradition geändert.

Nachdem ich dem Diktat der Tradition entflohen war, habe ich stets nach Möglichkeiten gesucht, um betroffene Frauen und Mädchen aus türkischen Familien zu erreichen. Frauen und Mädchen, die in ihren eigenen vier Wänden gefangen sind. Frauen und Mädchen, die als Opfer in einem starren Rahmen aus Sünde, Ehre, Schande und Verboten leben.

Einer meiner Wege führte mich zum Schreiben*. Ich spürte, wie meine Seele mit jedem niedergeschriebenen Wort um eine Last erleichtert wurde. Ich schrieb nicht nur für mich, sondern auch für meine Leidensgenossinnen. Um ihnen die Botschaft zu vermitteln, dass es immer Lösungen gibt und wir uns nicht dem Schicksal unterwerfen müssen. Um sie wachzurütteln, um ihnen den Weg zu zeigen durch das mir widerfahrene Unrecht. Denn nur die wenigsten wissen sich zu wehren, nur die wenigsten fordern ihre angeborenen Rechte, und die Mehrheit von ihnen leidet immer noch unter diesen traditionellen Wertvorstellungen.

Und ich habe stets die Frauen unterstützt, die sich durchgerungen haben, über das ihnen zugefügte Leid zu sprechen. So wie es *Ayşe* mit diesem Buch tut, in dem sie mutig und offen ihre erschütternde Geschichte erzählt. Ein Zeugnis wie dieses zeigt den zwangsverheirateten und unterdrückten Frauen inmitten von Deutschland, dass sie nicht allein sind. Und dass sie das ihnen auferlegte Schicksal nicht um jeden Preis erdulden müssen. Dass es einen Ausweg gibt, und dass man, wie *Ayşe*, aus eigener Kraft aus dem Tal der Tränen herausfinden kann.

Schließlich sind Bücher wie »Mich hat keiner gefragt« unerlässlich, um die deutsche Gesellschaft, die Politik, die Medien und die schützenden und helfenden Institutionen aufzurütteln und sie aufzufordern, ihr Schweigen zu beenden und nicht mehr zu tolerieren, dass in ihrer unmittelbaren Nachbarschaft und mitten unter ihnen die fundamentalsten Menschenrechte der moslemisch-türkischen Frauen verletzt werden.

Liebe Leidensgenossinnen,
suchen wir nach Wegen, die uns Frauen ein Leben aus eigener Macht erlauben, die unsere Töchter selbstbewusst in eine Welt hineinwachsen lassen, in der nicht länger traditionell patriarchalische Gesellschaftsstrukturen allein gültig und selbstverständlich sind. Wir müssen die Wehrlosigkeit, Manipulierbarkeit und Bereitwilligkeit, sich selbst zu verleugnen, abbauen. Wir müssen uns selbst finden, damit wir unsere Menschenwürde nicht mehr verleugnen. Wir müssen endlich von der Selbstentfremdung zur Selbstbestimmung kommen und völlig frei von inneren und äußeren Zwängen autonom handeln. Gemeinsam müssen wir nun Ansätze zur Verbesserung finden.

Wir müssen unseren Charakterpanzer aufbrechen und zur Individualität finden.

Wir müssen das verlorene Gleichgewicht unserer Persönlichkeit wieder finden, damit wir seelisch nicht veröden und versteinern. Die Frauen müssen bereit sein, Althergebrachtes hinter sich zu lassen. Auf eigenen Füßen stehen, mit beiden Augen sehen und Lust am Leben empfinden. Wir müssen den Aufbruch wagen. Mut zur Macht haben. An unseren eigenen Mut glauben und uns nicht davor fürchten. Denn die Befreiung unserer Töchter, liebe Frauen, ist an unsere Befreiung gebunden. Ich habe erst heute, als eine erwachsene Frau – bitter – gelernt, dass Unterwürfigkeit unter Vorschriften das Zeichen für eine versklavte Seele ist.

Ich hatte einen Traum, den ich gerne mit euch teilen möchte:

Der Glaube an die von Gott verliehene Herrschaft des Mannes bröckelte, und Frauen brachen scharenweise auf aus der Hilflosigkeit zum Widerstand.

Serap Çileli
15. April 2005

* Serap Çileli, *Wir sind eure Töchter, nicht eure Ehre!,* Neutor Verlag, Michelstadt 2002

Ballidere

Ballidere, der Ort, in dem ich geboren bin, ist ein kleines Dorf irgendwo mitten in den Bergen von Zentralanatolien. Unser Dorf ist klein. Siebzig, achtzig Häuser vielleicht, schmiegen sich in die sanften Hügel des Pontischen Gebirges. Viele kleine Bäche fließen ins Tal, und fruchtbare Felder und Äcker umgeben das Dorf. Die Bauern hier bauen Weizen, Roggen, Mais, aber vor allem Tabak an, der im heiß-feuchten Klima der nahen Schwarzmeerküste besonders gut gedeiht. Die Winter sind kalt, und der Wind pfeift über die Berge. Übersetzt heißt Ballidere übrigens *Honigteich*, aber hier ist nicht das *Land, wo Milch und Honig fließen*. Nein, in Ballidere wie in vielen anderen Dörfern meiner Heimat herrscht bitterste Armut. Ein bisschen Wohlstand ist nur bei jenen Leuten eingekehrt, deren Söhne und Töchter vor Jahren als Gastarbeiter nach Deutschland gegangen sind.

Seit Jahrhunderten leben die Menschen unter härtesten Bedingungen. Sie bewohnen windschiefe, kleine Lehmhäuser, die, mit Holz und Steinen verstärkt, irgendwie stabil gemacht wurden. Ziegel- oder Betonbauweise kannte man lange Zeit gar nicht. Wie braune, kleine, quadratische Schachteln standen die Häuser früher an den holprigen Dorfstraßen. Unten, zur ebenen Erde, war der Stall, dort hausten ein paar Schafe und Ziegen, vielleicht noch ein Esel. Und oben, einen Stock höher, lebten die Menschen. Fünf, sechs, manchmal auch acht Personen teilten sich einen Raum. Hier wurde gekocht, gegessen und geschlafen, zu recht viel mehr hatten sie nach der harten Arbeit ohnehin keine Energie.

Auch ich bin in so einem Haus geboren worden. Das war irgendwann im Frühjahr 1964. Mein genaues Geburtsdatum kenne ich nicht. Mein offizieller Geburtstag ist der 15. Januar, der stimmt aber nicht, sagt meine Mutter. Man habe damals einmal im Jahr die Kinder beim zuständigen Amt gemeldet, und da sie den genauen Termin vergessen hatte, hat sie eben den 15. 1. angegeben. Ich war das zweite Kind meiner Eltern. Zwei Jahre zuvor hatte meine Mutter einen Sohn zur Welt gebracht, zwei Jahre danach wurde meine kleine Schwester Hanife geboren. Danach kamen keine Kinder mehr, obwohl meine Mutter noch ein paar Mal schwanger war. Aber davon hatte ich – natürlich – nichts mitgekriegt. Diese Geschichten erfuhr ich erst sehr viel später.

Meine Geburt war schwierig gewesen. Tagelang hatte die Mutter Wehen gehabt, und irgendwann befürchtete man das Schlimmste. Drei Frauen standen ihr bei. Sie kochten Wasser ab, brachten saubere Tücher und versuchten, ihr über die ärgsten Schmerzen hinwegzuhelfen. Nein, mein Vater war nicht da. Er war – wie so oft – ins *kahve* gegangen. Das *kahve* ist ein Versammlungsort für Männer, wo sie hingehen, Tee oder Kaffee trinken, *tavla*, also Backgammon, spielen und sich unterhalten. Mein Vater verbrachte viele Stunden in der Woche dort.

Manchmal denke ich, ich wollte nicht in diese Welt. Vielleicht habe ich damals schon geahnt, was mich erwartet. Aber irgendwann – mitten in der Nacht – bin ich dann doch gekommen. Als meine Mutter mich schließlich in den Armen hielt, war sie überglücklich. Ich war ihr Wunschkind gewesen. Bei meinem Vater war das anders. Ich glaube, dass er weder mich noch meinen Bruder geliebt hat. Im Gegenteil, manchmal denke ich, er hat uns gehasst. Erst als meine kleine Schwester zur Welt kam, habe ich erfahren, dass auch mein Vater zu so etwas wie Vaterliebe fähig war. Aber ich habe davon nie etwas abgekriegt. An mir ließ er nur seine Wut aus. Und zornig war mein Vater oft. Wenn er wütend wurde, brüllte er das halbe Dorf zusammen, und dann haute er zu. Zuerst meine Mutter, später auch uns, meinen Bruder und mich. Nur Hanife hat er nie geschlagen. Sie war eben sein Lieblingskind.

»Warum hast du so viele Kinder gekriegt?«, habe ich meine Mutter einmal gefragt. »Weil ich immer gehofft habe, dass es dann besser wird«, hat sie geantwortet. Und das wurde es wohl auch – kurzfristig zumindest. Immer wenn sie ein Kind unter ihrem Herzen trug, schien er etwas milder gestimmt. Er schrie nicht mehr so viel, und auch geschlagen hat er sie nicht. Aber nur bis zur Geburt. Danach ging es weiter wie zuvor. Mit jeder Schwangerschaft hat sie auch ein bisschen Hoffnung verloren.

Ich war ein ruhiges, pflegeleichtes Kind. Im ersten Sommer hat mich meine Mutter mit aufs Feld genommen und mir zwischen den Bäumen eine Schaukel gebaut. So hat sie mich den ganzen Tag bei sich gehabt. Während mein Bruder schon laufen konnte und in ihrer Nähe spielte, habe ich selig in meinem Babysitz geschlummert. Das waren die wenigen Momente des Glücks im Leben meiner Mutter.

Kinder großzuziehen, das war damals schwierig. Die Erwachsenen mussten von Sonnenaufgang bis Sonnenuntergang schwer arbeiten, und zu essen hatten sie immer zu wenig. Lebenserleichternde Mittel wie Babynahrung oder gar Pampers gab es damals natürlich auch nicht. So hatten die Mütter bei uns ein ganz eigenes System der Säuglingshygiene entwickelt: Meine Geschwister und ich wurden als Babys in eine Wiege mit Erde gelegt, ein Tuch drüber und fertig. War das Tuch schmutzig, wurde es gesäubert und gewaschen. Und hin und wieder hat *anne*, meine Mutter, die Erde ausgetauscht. Gestillt hat sie uns alle, aber nicht besonders lange. Dazu war sie wohl selbst zu schlecht ernährt. Nach der Stillzeit hat sie uns mit Mehlsuppe aufgepäppelt.

Als ich zwei Jahre alt war, bin ich sehr krank geworden. Ich hatte hohes Fieber, war apathisch und habe mich kaum mehr bewegt. Völlig panisch ist meine Mutter damals zu ihrer Schwägerin und Freundin Songül gelaufen. Zu Songül verband sie in jener Zeit eine innige Freundschaft, das sollte sich im Laufe der Jahre ändern, aber das ist eine andere Geschichte. Damals jedenfalls standen sich die beiden Frauen nah, sie waren verschwägert und lebten Tür an Tür. Songül hat also ihren Mann, meinen Onkel, organisiert, der dann die beiden Frauen und mich mit dem Traktor über eine holprige Schotterpiste in die nächste Stadt gefahren hat. Als sie uns schließlich beim Arzt abgesetzt hatten, ist Songül einfach weitergefahren. Wahrscheinlich hat sie gedacht, das werde sowieso nichts mehr mit diesem Kind. Aber da sollte sie sich geirrt haben. Der Arzt untersuchte mich gründlich und fand auch schnell die Ursache, ich hatte eine eitrige Angina und Fieberkrämpfe. Er gab meiner Mutter Medizin und schickte sie wieder nach Hause. Dort erwachten meine Lebensgeister relativ schnell. Als ich nach Brot verlangte, wusste meine Mutter, ›jetzt ist sie über dem Berg!. Mit meiner Tante Songül hat sie darüber nicht mehr gesprochen. Sie war einfach nur froh, dass ich überlebt hatte.

Bei uns im Dorf gibt es einen Brauch: Wenn ein Kind schwer krank ist oder sich schlecht entwickelt, soll es Brot von sieben verschiedenen Familien essen. Die Zahl sieben ist wichtig, aber ich weiß bis heute nicht wieso. Das haben sie damals mit mir also auch gemacht. Nachdem ich die Krankheit einigermaßen überwunden hatte, aber noch ziemlich schwach war, kamen sieben Nachbarn und brachten mir Brot, das ich mit großem Appetit verspeist haben soll. Danach wurde ich vollständig gesund.

Nur mit dem Laufen hatte ich es nicht eilig. Ich war inzwischen drei Jahre alt, aber verbrachte die meiste Zeit sitzend oder bewegte mich krabbelnd vorwärts. Erklären konnte sich das niemand. Eines Tages, es muss im März oder April gewesen sein, kam eine Tante zu Besuch. Ich saß wie üblich in einer Ecke des Raumes und spielte ruhig vor mich hin. Sie stand in der Nähe des Ofens und plauderte mit meiner Mutter, da nahm sie plötzlich das Schüreisen und warf es nach mir. Ich war wohl so entsetzt, als ich das Eisenteil in meine Richtung fliegen sah, dass ich kurzerhand aufsprang und aus dem Raum lief. Von da an war ich nur noch sehr selten zu Hause.

Jetzt begann die glücklichste Zeit meiner Kindheit. Ich verbrachte die meiste Zeit draußen und spielte mit meinen Cousins und Cousinen. Wir waren insgesamt zu fünft oder sechst im gleichen Alter und lebten in unmittelbarer Nachbarschaft. Vor allem meine Cousine Fidan und ich waren viel zusammen. Immer fanden wir etwas zu tun. Wir saßen auf der Wiese im Garten hinterm Haus, pflückten Blumen oder spielten mit den anderen Fangen oder Verstecken. Spielzeuge kannten wir nicht. Als wir größer wurden, haben wir uns Puppen gebastelt und ihnen aus alten Stoffen Kleider genäht. Die waren aus Holz und hatten wenig Ähnlichkeit mit den Puppen, die die Kinder hier kennen. Aber das war uns egal. Wir waren glücklich mit dem, was wir hatten. Am liebsten spielten wir Familie. Oft liefen wir die Hügel hinauf und nahmen »unsere Kinder« mit, schaukelten sie in unseren Armen und fütterten sie mit ein paar Stückchen Brot, das wir unseren Müttern stibitzt hatten. Später wollte ich mal zwei Kinder haben, mehr nicht. Anders meine Freundin Fidan, sie wollte immer einen ganzen Stall voller Kinder.

Aber das Glück währte nicht lange. Als ich fünf, sechs Jahre alt war, wurde ich zum Arbeiten eingespannt. Meinem Vater war es ein Dorn im Auge gewesen, dass ich immer noch spielte und – in seinen Augen – unnütz in der Gegend herumlief. Ich sollte endlich im Haus und auf dem Feld mithelfen. Wozu hatte man schließlich Frauen im Haus? Dazu muss ich sagen, dass bei uns die Frauen einen Großteil der Arbeit erledigen. Gut, die Männer arbeiten schon auch, aber längst nicht so viel wie ihre Frauen. Meine Mutter zum Beispiel stand immer morgens um fünf auf. Während mein Vater noch schlief, versorgte sie schon das Vieh. Wir hatten damals ein paar Hühner, fünf oder sechs Ziegen und einen Esel. Wenn das erledigt war, heizte sie ein und kümmerte sich ums Frühstück. Anders im Sommer, da ging sie oft schon vor Sonnenaufgang aufs Feld und hatte schon zwei, drei Stunden gearbeitet, bevor sie das Frühstück richtete. Daneben musste sie natürlich die ganze Hausarbeit erledigen, Kochen, Waschen, Putzen. Ihr Tag war nie lang genug. Abends um neun oder zehn Uhr war sie schließlich fertig. Im Sommer hatte sie dann vielleicht noch ein bisschen Zeit, um mit den Nachbarinnen und Freundinnen zu plaudern. Aber das war auch nur möglich, wenn mein Vater nicht da war, denn Müßiggang duldete er nicht.

Die Ehe meiner Eltern war von Anfang an schwierig gewesen. Mein Vater war immer schon sehr aufbrausend, geriet schnell in Wut und schlug meine Mutter vom ersten Tag an. Nein, sie war nicht in ihn verliebt gewesen, und ausgesucht hatte sie ihn sich auch nicht. Es waren Mehmets Eltern, die angefragt hatten. Und sie, Kezban, war eine folgsame Tochter, fügte sich in ihr Schicksal und heiratete den ungeliebten Mann. Das war bei uns so üblich, und ist es heute noch. Romantik und Liebe haben im harten Leben von Zentralanatolien keinen Platz. Hier gelten ganz andere Gesetze. Die Eltern suchen die Braut bzw. den Bräutigam aus und achten sehr darauf, dass die Auserwählten in die Familie passen. Nicht selten stammt er oder sie ohnehin aus der näheren oder entfernteren Verwandtschaft. Die so genannte Verwandten-Ehe wird immer noch praktiziert und hat bis heute einen einfachen Grund: Besitz und Geld sollen in der Familie bleiben.

Freilich kommt es immer mal wieder vor, dass sich »Fremde« ineinander verlieben und die Eltern gegen die Verbindung sind. Die Mädchen werden dann kurzerhand entführt, oder sie hauen von zu Hause ab. Songül, die Freundin meiner Mutter, zum Beispiel. Sie stammte aus dem Nachbardorf und hatte sich unsterblich in einen meiner Onkel verliebt. Auch er war Feuer und Flamme, aber die Eltern waren gegen die Verbindung. Doch sie wollte ihn unbedingt haben und war zu allem bereit. Also hat der Onkel sie eines Nachts entführt, und mein Vater und meine *anne* haben ihm dabei geholfen.

Das war dann so. Denn hatte die junge Frau erst mal im Haus des »Auserwählten« Unterschlupf gefunden, konnten die Eltern nichts mehr machen. Danach wurde Hochzeit gefeiert, ob es der Familie passte oder nicht. So war es auch bei Songül und meinem Onkel Ahmed. Meine Mutter hatte damals eine unangenehme Rolle. Sie musste nach der Hochzeitsnacht das Leintuch des Brautpaares abholen. War es blutbefleckt, war alles in Ordnung. Aber wenn nicht, dann hatte die junge Frau ein großes Problem. Den Beweis für die Unschuld der Braut forderte normalerweise die Schwiegermutter ein. Das war in dem Fall nicht möglich, denn die war schon lange tot, und die Stiefschwiegermutter wollte nicht. Also musste die Schwägerin ran. Meine Mutter tat, was von ihr verlangt wurde, aber es war ihr unangenehm. Obwohl alles in Ordnung, und das gewünschte Blut vorhanden war, glaube ich, hatte sie das Gefühl, der Braut zu nahe zu treten. Vielleicht lag auch hier der Schlüssel für den späteren Hass. Der, so jedenfalls behauptet meine Mutter bis zum heutigen Tag, immer von Songül ausging.

Aber zurück zu meinen Eltern. Als die damals Anfang der sechziger Jahre geheiratet hatten, waren sie sehr arm. Sie wohnten noch einige Zeit im Haus meines Großvaters, was für beide sehr belastend gewesen sein muss. Die Stiefmutter ließ sich bei jeder Gelegenheit anmerken, dass das Paar unerwünscht war. So hat mein Vater alles daran gesetzt, in die eigenen vier Wände zu ziehen. Aber ein Haus zu bauen, das war damals extrem schwierig, weil es wenig Möglichkeiten gab, Geld zu verdienen. Arbeit wurde oft mit Naturalien entlohnt. Etwa für die Bewachung des Dorfes. Das ganze Jahr über mussten jeweils zwei Männer gemeinsam Wache schieben, vom Einbruch der Dunkelheit bis zum Morgengrauen. Ich glaube, sie sollten die Frauen und Kinder vor wilden Tieren beschützen, aber so genau weiß ich das nicht. Den Lohn für diese Arbeit gab es immer zum Jahreswechsel. Jede Familie erhielt sechs oder sieben Sack Getreide. So auch mein Vater, aber die Hälfte davon musste er seinem Vater und der verhassten Stiefmutter abgeben. Wahrscheinlich haben sie das als Miete verlangt.

Die beiden, aber vor allem meine Mutter, schufteten also Tag und Nacht, um Geld auf die Seite zu legen. Aber Geld verdienen konnte man eigentlich nur mit dem Tabakanbau. Das war langwierig und mühsam und brachte erst im Winter das so bitter benötigte Bargeld. Aber auch hiervon mussten sie immer einen Teil an die Eltern abgeben. So dauerte es einige Jahre, bis sie in die eigenen vier Wände ziehen konnten. Kurz vor meiner Geburt war es dann so weit. Danach hätte es eigentlich leichter werden müssen. Wurde es aber nicht. Mein Vater war nach wie vor sehr tyrannisch. Regelmäßig verprügelte er meine Mutter und ließ an uns von klein auf seine Wut aus. Ich habe lange nicht gewusst oder auch nur geahnt, warum das so war. Erst vor kurzem habe ich den wahren Grund erfahren.

Mein Vater hatte eine andere Frau geliebt. Die und keine andere hatte er haben wollen. Aber ihre Eltern waren gegen diese Verbindung gewesen, obwohl die junge Frau seine Liebe erwiderte. Der Grund: Mein Vater war zu arm. Das war tragisch, denn seine Familie war vor langer Zeit sehr reich und mein Großvater ein angesehener Mann gewesen. Doch das war vor dem Tod seiner ersten Frau, der Mutter meines Vaters. Die war im Kindbett gestorben, und auch die neugeborenen Zwillinge hatten nicht überlebt. Mein Großvater war darüber fast verrückt geworden. Kurz nach der Tragödie soll er nachts oft aus dem Haus gestürmt und auf den Friedhof gelaufen sein. Dort habe er sich dann auf das frische Grab von Frau und Kindern geworfen und verzweifelt geweint. Die Ehe mit seiner zweiten Frau schloss er dann wohl eher aus Vernunft.

Aber die neue Frau im Haus brachte kein Glück. Die Kinder aus erster Ehe lehnte sie ab und kümmerte sich kaum um sie. Schon als kleiner Junge wurde mein Vater zur Arbeit eingespannt. Tagsüber hütete er die Schafe und Ziegen in den Bergen, waren die abends im Stall untergebracht und versorgt, gab's für ihn oft nicht mal ein warmes Essen. Er und der jüngere Bruder schliefen dann im Stall, weil die Haustür bereits verschlossen war.

Die Stiefmutter indes lebte in Saus und Braus. Nach und nach hatte sie sieben Kinder zur Welt gebracht. Die zwei Jungen und fünf Mädchen waren immer gut genährt und gekleidet. Allesamt sind sie zur Schule gegangen, was in der damaligen Zeit ungewöhnlich war. Ja, die beiden Söhne und eine Tochter haben sogar studiert. Der eine Sohn wurde *Hoca*, das ist ein Vorbeter, ein religiöser Gelehrter, der andere Sohn und die Tochter sind Lehrer. Aber ich glaube, das Mädchen, meine Tante, hat nie richtig gearbeitet, sondern ihre Kinder großgezogen. Ausbildung und Studium kosteten natürlich Geld, zumal die Kinder dazu in die Stadt mussten. Also hatte sie nach und nach Land verkauft, und zwar so lange, bis das Vermögen meines Großvaters auf ein Minimum zusammengeschrumpft war. Was er dazu gesagt hat, weiß ich nicht, aber Fakt ist, dass mein Vater und seine beiden Brüder nichts von dem einstmaligen Reichtum gesehen, geschweige denn etwas abbekommen haben. Im Gegenteil, sie lebten in bitterster Armut.

Damals also nahm das Unglück meines Vaters seinen Lauf. Die Frau, die er haben wollte, konnte er nicht bekommen, weil er arm war. Und die, die er nicht haben wollte, musste er nehmen, gerade weil sie arm war. So war sie, Kezban, die zweite Wahl von Mehmet, meinem Vater, und sollte es ein Leben lang bleiben. Bei der Hochzeit war sie 16 Jahre alt. Sie entstammte einer Müllersfamilie und hatte noch einen Bruder. Ihre Eltern müssen wohl froh gewesen sein, denn es ist schwierig für arme Leute, ihre Kinder zu verheiraten. Natürlich hatte meine *anne* von einer glücklichen Ehe geträumt. Ihre Eltern waren ja auch miteinander glücklich gewesen. Aber das sollte ein Wunschtraum bleiben.

Wir Kinder waren ihr einziges Glück. Aber je größer wir wurden, umso trister wurde auch unser Leben – vor allem für meinen Bruder Bekir und mich. Ab dem Alter von fünf oder sechs Jahren waren wir bei der Arbeit fest eingeplant – besonders im Sommer und zur Erntezeit. Morgens um sieben, spätestens um acht mussten wir raus, mit aufs Feld. Lockerer war es eigentlich nur in den Wintermonaten, da gab es draußen nichts zu tun, und ich musste nur im Haus mithelfen. Aber ab Februar, wenn die ersten Sonnenstrahlen den Schnee geschmolzen hatten und der fest gefrorene Boden langsam auftaute, waren wir gefordert. Zuerst musste auf den Feldern das Gestrüpp weggeräumt werden, dann sammelten wir die Steine auf. Hätte man uns Zeit gelassen, wäre das vielleicht ein Spaß gewesen. War es aber nicht. Denn unser Vater kontrollierte uns ständig, und wenn wir zu langsam waren oder zu viele Steine übersehen hatten, gab's Ärger. Und wie immer fackelte er nicht lange – schrie, holte aus und schlug zu. Oft hatten wir blaue Flecke an Armen oder Beinen, oder das Gesicht war geschwollen. Nachdem wir die Felder gesäubert hatten, fingen meine Eltern und *abi,* mein großer Bruder, an umzugraben. Das war Schwerstarbeit, weil der Boden, wie gesagt, noch fast gefroren war.

Der Tabak hat uns fast das ganze Jahr über beschäftigt. Im Februar wurde ausgesät. Nach sechs, acht Wochen waren die Pflänzchen bereits zehn, fünfzehn Zentimeter hoch, und man konnte sie auf die eigentlichen Tabakfelder ausbringen. Mein Vater hatte damals viele Felder gepachtet, die meisten lagen eine halbe Stunde und mehr vom Dorf entfernt. Das war besonders für uns Kinder hart, weil wir noch klein waren und für die Strecke, die ein Erwachsener in dreißig Minuten zurücklegte, ungefähr doppelt so lange brauchten. Das wollte mein Vater natürlich nicht einsehen. Er erwartete von uns immer ähnliche Leistung wie von den Erwachsenen. Wenn meine Mutter es wagte, uns in Schutz zu nehmen, gab es wieder Ärger.

Waren die Tabakpflänzchen erst mal auf den Feldern, mussten sie gehegt und gepflegt werden. Das war dann unsere Arbeit. Wir mussten darauf achten, dass genügend Abstand zwischen den Pflanzen war, und regelmäßig das Unkraut auszupfen. Für die Bewässerung sorgte mein Vater. Das mit dem Wasser war eine feine Sache, weil wir genug davon hatten. Von den umliegenden Bergen flossen viele Quellen und Bäche hinunter in unser Dorf, und schon vor langer Zeit hatten die Bauern ein ausgeklügeltes Bewässerungssystem erdacht. Da unser Dorf am Hang liegt, sind auch die Felder abschüssig. Und so wird das Wasser in kleinen Bächen an den Feldern entlanggeführt. Will man ein Feld bewässern, wird an dessen Rand ein Loch gegraben, so dass das Wasser ungehindert auf den Acker fließen kann, und zwar so lange, bis alle Pflanzen versorgt sind. Danach wird das Loch wieder verschlossen.

Der Tabakanbau war zwar unsere wichtigste Einnahmequelle, aber wir bauten auch Weizen, Roggen und Mais an. Und dann gab es noch den Garten meiner Mutter. Das waren zwei Felder, eines ganz in der Nähe unseres Hauses, das andere weiter oben am Berg. Dort baute sie unser Gemüse an, Zwiebeln, Paprika, Tomaten, Weißkraut, Gurken und vieles mehr. Auch hier begann ihre Arbeit schon im Februar, März. Auch hier musste sie die Äcker säubern, Steine sammeln, umgraben und die ersten Gemüsesorten anpflanzen. Vater hat ihr dabei nie geholfen, das war Frauenarbeit.

Irgendwann, ich glaube, es war im Herbst 1970, wurde ich eingeschult. Aber mit der Schule stand ich vom ersten Tag an auf Kriegsfuß. Da unser Dorf keine eigene Schule hatte, mussten wir jeden Morgen drei oder vier Kilometer in den Nachbarort laufen. Einen Schulbus gab es damals noch nicht. Wir gingen immer gemeinsam in die Schule, mein Bruder, meine Cousins und Cousinen und ich. Zu fünft oder sechst marschierten wir also los, die enge Straße steil den Berg hinauf. Oben, am Ende des Dorfes, lag unser Friedhof. Dort war es mir immer besonders unheimlich. Ich wollte nicht an die Toten denken, die hier begraben lagen. Wer weiß, vielleicht kamen sie aus ihren Gräbern heraus, um einen von uns zu holen? Ich hatte Angst, also habe ich immer in die andere Richtung geguckt, aber das hat nicht wirklich geholfen. Jedes Mal war ich froh, wenn der Friedhof endlich hinter uns lag. Dann fiel der Weg ab, und wir liefen hinunter ins Tal. Dort lag unsere Schule, ein ziemlich großes, zweistöckiges Gebäude. An die zweihundert Kinder kamen jeden Tag aus zwei verschiedenen Dörfern zum Unterricht.

Unser Schulweg dauerte immer eine gute halbe Stunde, dann waren wir endlich da. Das war besonders im Winter schwierig, weil meistens viel Schnee lag und wir keine richtigen Schuhe hatten. Sommers wie winters sind wir mit Plastikschlappen unterwegs gewesen. Für richtige Schuhe hatten unsere Eltern kein Geld. Kleidung war überhaupt so ein Problem. Meine Schwester und ich trugen immer einen Rock, eine Bluse und darunter eine Pumphose. Den Rock aus einem blumengemusterten Stoff hatte entweder Mutter oder die Großmutter selbst genäht, ebenso wie die Pumphose. Im Winter trugen wir eine selbstgestrickte Jacke und darunter einen dicken Pullover. Aber gefroren habe ich fast immer, vor allem an den Füßen.

Auch in der Schule war es nicht besonders warm. In jedem Klassenzimmer stand zwar ein Ofen, und alle Kinder mussten jeden Tag ein Holzscheit mitbringen. Dieses Holz haben die Lehrer dann den ganzen Tag über verheizt, so dass es in den Klassenzimmern wenigstens ein bisschen warm wurde. Bei uns dauerte die Schule ja von morgens um acht bis nachmittags um vier. Mittags sind wir nie nach Hause gegangen, das wäre viel zu weit gewesen. Im Sommer haben wir unseren mitgebrachten Proviant auf dem Schulhof verspeist, nur im Winter war es anders. Da bekamen wir in der Schule eine warme Mahlzeit. Das war zwar nur Milch und Brot. Aber das mit heißem Wasser aufgerührte Milchpulver hat mir trotzdem immer sehr gut geschmeckt. An diese Schulspeisung erinnere ich mich heute noch gerne.

Insgesamt waren wir dreißig Kinder in meiner Klasse. Eigentlich eine gute Zahl, um dem Unterricht folgen zu können, aber bei mir ist nichts hängen geblieben. Das ist eines der größten Rätsel meines Lebens. Bis heute weiß ich nicht, warum ich in der Schule nichts gelernt habe. Inzwischen kann ich zwar ein bisschen lesen, aber schreiben kann ich außer meinem Namen nichts. Ich glaube nicht, dass ich dümmer als die anderen Kinder war. Nein, meistens hatte ich einfach keine Lust zu denken. Einzige Ausnahme war das Rechnen. Wann immer ich ein Stück Papier und einen Bleistift fand, fing ich sofort an zu rechnen. Das fiel mir auch leichter als Lesen und Schreiben. Da tat ich mich schwer. Aber vielleicht lag es auch daran, dass wir nichts für die Schule hatten. Mein Bruder und ich hatten keine Bücher, keine Hefte, keine Stifte oder gar einen Schulranzen. In meiner

Stofftüte, die als Schultasche diente, transportierte ich im Sommer das Pausebrot und im Winter ein Holzscheit. Und vom Zuhören im Unterricht ist kaum etwas hängen geblieben. Insgesamt bin ich sowieso nur bis zur dritten Klasse gekommen, weil ich auch ein paar Mal sitzen geblieben bin.

Aber die Versetzung wurde nicht nur wegen schlechter Leistungen verweigert, sondern auch, wenn man mehr als zwanzig Tage im Schuljahr gefehlt hatte. War das der Fall gewesen, konnte man nicht in die nächste Klasse aufrücken. Und ich habe oft gefehlt. Wenn Arbeit anstand, und das war oft, dann hat Vater uns eben nicht in die Schule geschickt. So einfach war das. Selbstverständlich gab es in der Türkei damals eine allgemeine Schulpflicht, die dauerte insgesamt fünf Jahre. Und die Eltern, die ihre Kinder nicht schickten, mussten mit einer Geldstrafe rechnen. Aber ich glaube, wenn man mit dem Schulvorsteher gesprochen und ihm die missliche Lage erklärt hat, dann ging es auch ohne Geldbuße. Ich jedenfalls kann mich nicht erinnern, dass mein Vater je etwas bezahlen musste, sonst hätte er sicher getobt.

Doch ich hatte auch ein bisschen Glück in der Schule, wobei das mit dem Unterricht überhaupt nichts zu tun hatte. Und zwar hatten wir eine Lehrerin, die mich manchmal zum Arbeiten einspannte. Das war eine sehr nette, junge Person. Und ich weiß nicht, warum sie ausgerechnet mich ausgesucht hat. Aber es war so. Eines Tages hat sie mich zu sich ans Pult gerufen und mir gesagt, dass ich jetzt zu ihr nach Hause gehen müsse, um auf ihr Baby aufzupassen. War ich besonders vertrauenswürdig? Oder dachte sie, die kriegt in der Schule ohnehin nichts mit? Ich habe es nie erfahren, und zu fragen traute ich mich nicht. Das gibt's bei uns nicht. Kinder fragen nicht, sie machen das, was man ihnen sagt. Wie auch immer, ich fühlte mich von so viel Vertrauen geschmeichelt und war froh, dem Unterricht entkommen zu können. Also bin ich ganz schnell in unser Dorf zurückgelaufen, dabei habe ich darauf geachtet, dass mich keiner sieht. Denn obwohl mein Vater die Schule besonders für uns Mädchen für unnützen Zeitvertreib hielt, hätte ihm meine Nebenbeschäftigung sicher nicht gefallen. Gott sei Dank wohnte sie am Dorfeingang, so dass ich ungesehen ins Haus meiner Lehrerin schlüpfen konnte. Sie lebte zusammen mit ihrem Mann, der ebenfalls Lehrer an unserer Schule war, ihrer Mutter und der kleinen Tochter. Ich glaube, die war damals noch kein Jahr alt, als ich mit dem Babysitten anfing.

Das war eine herrliche Zeit. Das Baby war ganz entzückend, und ich spielte mit ihm wie mit einer Puppe. Außerdem war das Haus geräumiger als unseres und viel schöner eingerichtet. Im Ofen prasselte ein Feuer, und die Großmutter hatte immer ein leckeres Essen auf dem Herd. Ich musste auf das Baby aufpassen, es wickeln, füttern und schlafen legen. Das war für mich keine Arbeit. Im Vergleich zu dem, was ich sonst zu tun hatte, war es das reinste Vergnügen. Während die anderen in der Schule saßen und Lesen und Schreiben lernten, konnte ich mich ausruhen. Alle paar Stunden gab es etwas zu essen, und danach konnte ich wieder mit dem Kleinkind spielen. Einziger Wermutstropfen: Wir durften nicht aus dem Haus, denn hätte man mich mit dem Baby gesehen, wäre das weder für mich noch für meine Lehrerin gut ausgegangen. So sagte ich niemandem, wie ich manche Tage verbrachte, sondern genoss einfach die Zeit im Haus meiner Lehrerin. Es gab keine festen Tage, an denen ich auf ihr Kind aufpasste. Die Lehrerin hat mich am Vortag zu sich gerufen und gesagt: »*Ayşe*, morgen kommst du nicht in die Schule, sondern gehst stattdessen zu mir nach Hause und passt auf die Kleine auf.« Als Lohn gab sie mir manchmal Schokolade oder Bonbons. Dinge, die ich sonst so gut wie nie bekam. Und wenn am Nachmittag die Schule aus war, habe ich mich den anderen auf halbem Weg angeschlossen und bin glücklich und zufrieden nach Hause gegangen, ohne dass jemand je geahnt hätte, wo ich die ganze Zeit über gewesen war.

Der Hunger war in meiner Kindheit ein ständiger Begleiter. Zu essen hatten wir eigentlich nie genug, mir hat vor allem Fleisch gefehlt. Es kam vor, dass wir monatelang überhaupt keines zu essen bekamen. So freuten wir Kinder uns besonders auf das Ende des Fastenmonats Ramadan. Denn da war es anders. Ein gläubiger Moslem hat fünf Pflichten: Er muss das Glaubensbekenntnis ablegen, fünfmal am Tag beten, den Fastenmonat Ramadan einhalten, mindestens einmal im Leben eine Pilgerfahrt nach Mekka unternehmen und den Armen und Bedürftigen Almosen geben. Also jeder Moslem, der es sich leisten kann, schlachtet am Ende des Ramadan, dem *Bayram,* ein Schaf und gibt es den Bedürftigen. Da unsere Familie zu den Armen in unserem Dorf gehörte, haben auch wir an *Bayram* immer Fleisch bekommen. Das war nicht besonders viel, aber für ein paar Wochen hat es gereicht. Meine *anne* hat es in kleine Portionen aufgeteilt, gedünstet und getrocknet, so dass es länger hielt. Einen Kühlschrank kannten wir damals noch nicht. So kamen wir wenigstens hin und wieder in den Genuss von Fleisch. Das war natürlich nie ein ganzes Stück für eine Person, sondern immer nur ein wenig, mehr um dem Gemüse einen kräftigeren Geschmack zu geben.

Das Ende des Fastenmonats war sowieso etwas Besonderes. Man feierte drei Tage lang, besuchte sich gegenseitig, und die Kinder bekamen Geschenke, wenn man es sich leisten konnte. In den meisten Familien gab es auch neue Kleider. Aber nicht bei uns, wir waren zu arm. Wenn Geld übrig war, was selten genug vorkam, fuhr der Vater in die Stadt und hat für sich eine neue Hose oder ein Jackett gekauft. Manchmal hat er auch für Mutter einen neuen Pullover mitgebracht, aber öfter kam er mit Stoff nach Hause. Daraus konnte *anne* für sich einen Rock oder für uns Kinder eine Hose nähen. Neue Kleidung bekamen wir so gut wie nie. Dafür reiche das Geld nicht, hat er gesagt.

Fleisch war also Mangelware bei uns. Wir haben uns hauptsächlich von Gemüse, Bulgur, Eiern, Käse und Brot ernährt. Morgens, wenn wir aufstanden, gab es immer eine Suppe. Bohnen-, Linsen-, Mais-, Nudel- oder Kartoffelsuppe. Meine *anne* ist eine sehr gute Köchin, und sie hat es immer verstanden, aus

Nichts etwas zu zaubern. Morgens gab's also Suppe. Das war köstlich, im Zimmer war es noch ziemlich kalt, und die warme Suppe wärmte den Bauch. Dazu aßen wir Brot. Das mochte ich sowieso am liebsten. Meine Mutter hat wie alle anderen Frauen im Dorf das Brot selber gebacken. Es waren immer zwei, drei Nachbarinnen, mit denen zusammen *anne* Brot buk. Jede bereitete zu Hause den Teig vor: Auf einem großen, hölzernen Brett wurde Mehl mit Hefe und Wasser vermischt, zu einem weichen Teig geknetet und anschließend in kleine Laibe geformt. Diese deckten die Frauen dann mit einem Tuch zu, damit sie noch »gehen« konnten. Währenddessen ging *anne* zu unserem Backhäuschen am Ende der Straße, das war ein großer Steinofen, der mit Holz beheizt wurde. Davon gab es damals in unserem Dorf in jeder Straße einen. Denn das Brot beim Bäcker kaufen, das konnte sich damals niemand leisten.

Also hat meine *anne* mindestens einmal in der Woche Brot gebacken. Nachdem der Teig geknetet und geformt war, nahm sie Reisig und dünnere Äste mit zum Backhäuschen und entzündete darin ein Feuer. Während eine der Frauen sich um das Feuer kümmerte, machte die andere die Teige fertig. Auf dem Boden vor dem Ofen breitete sie ein Tuch aus, legte ein Backbrett darauf, streute Mehl aus und knetete den Teig aufs Neue. Schließlich zog sie die runden Teigteile in die Länge und Breite und formte ein tellergroßes Stück, in der Mitte machte sie ein Loch. Inzwischen brannte das Feuer lichterloh, und der Ofen war sehr heiß geworden. Das brennende Holz wurde seitlich an den Rand geschoben, und nach und nach legte man die Brotlaibe hinein. Nach etwa fünf, sechs Minuten war die Köstlichkeit fertig. Meine *anne* holte das fertige Brot mit einem großen Holzschieber aus dem Ofen und legte es zum Abkühlen auf ein Gestell. Ein köstlicher Duft verbreitete sich um das Backhäuschen. Oft schlich ich hungrig herum, aber auch ich musste immer bis zum Abendessen warten, denn erst dann gab es die Köstlichkeit zur Suppe oder auch zu Käse und Tomaten.

Einmal, es war im Sommer, ich muss sieben oder acht gewesen sein, hatte die Mutter wieder frisches Brot gebacken und ins Haus gebracht. Danach war sie aufs Feld gegangen. Aus irgendeinem Grund kam ich kurze Zeit später ins Haus und roch das frischgebackene Brot. Gierig riss ich mir eine Ecke ab und beschmierte sie mit Butter. Gerade als ich reinbeißen wollte, hörte ich auf der Treppe meinen Vater. Ich war wie erstarrt und überlegte panisch, was jetzt zu tun sei. Kurz entschlossen warf ich das Brot aus dem Fenster und gab vor, etwas zu suchen, um nur ja keinen Verdacht zu erregen. Mein Vater wurde sofort misstrauisch und fragte, was ich denn um diese Zeit im Haus zu suchen hätte. Als ich ihm sagte, ich müsste für Mutter etwas holen, glaubte er mir und verließ das Haus. Ich rannte raus und fing an, im Garten nach meinem Butterbrot zu suchen. Da lag es, unter einem Busch. Aber wie hätte es anders sein können, es lag mit der Butterseite nach unten auf der Erde, und zu allem Überfluss hatten sich auch noch Ameisen darüber hergemacht. Da stand ich nun, mein Magen knurrte, aber essen konnte ich mein Brot nicht mehr. Damals habe ich vor lauter Kummer bitterlich geweint. Hätte mein Vater bemerkt, warum ich tatsächlich im Haus gewesen war, wäre bestimmt wieder eine Tracht Prügel fällig gewesen.

Ohne meine Mutter und die Großeltern hätte ich meine Kindheit wahrscheinlich nicht überlebt. Meine Mutter hat mich geliebt, und ihre Eltern, meine Großeltern, haben mich beschützt. Wenn es zu Hause ganz schlimm wurde, flüchtete ich mich zu ihnen. Mal allein, mal mit den Geschwistern. Die Mühle meines Großvaters lag eine halbe Stunde Fußmarsch von unserem Dorf entfernt. Sie gehörte ihm nicht, aber Großvater hatte sie viele Jahre lang gepachtet und seinen Lebensunterhalt damit verdient. Für mich war sie zur zweiten Heimat geworden.

Ich weiß nicht, wie oft ich dort Schutz suchte, aber an ein paar besonders dramatische Ereignisse erinnere ich mich noch heute. Zum Beispiel die Fensterscheibe. Ich war allein zu Hause. Es war Mittagszeit. Ich stand am Herd und kochte eine Joghurtsuppe.

Das ist eine ziemlich schwierige und langwierige Angelegenheit, weil man die Suppe ständig rühren muss, bis sie kocht. Ich war also mit dem Kochtopf beschäftigt, als es plötzlich klirrte, und die Scherben flogen. Irgendjemand hatte einen Stein durch unser Fenster geworfen. Ich war sehr erschrocken, konnte aber nicht nachschauen, weil mir sonst die Suppe misslungen wäre. Also habe ich weiter gerührt, bis sie fertig war. Dann habe ich mir das Malheur angesehen. Überall kleine und große Glassplitter, und der Steinewerfer war natürlich längst über alle Berge. Da bin ich wieder zum Feld gelaufen, um meiner Mutter und den Geschwistern das Essen zu bringen. Ich erzählte ihr, was passiert war, und sie glaubte mir. Anders mein Vater. Als er am späten Nachmittag aus dem Kaffeehaus kam und die zerbrochene Scheibe sah, brach ein Donnerwetter los. Ich versuchte zu erklären, was passiert war, aber das drang überhaupt nicht zu ihm durch.

Es lief immer nach dem gleichen Schema ab. Er schrie, tobte und schlug zu. Mit der geballten Faust schlug er uns auf Schultern und Rücken, und wenn man zu Boden ging, trat er einen mit den Füßen. Dann riss er die Tür auf, warf uns hinaus, schmiss die Haustür ins Schloss und verriegelte sie – das war's. Wir Kinder konnten sehen, wo wir blieben. So war es auch nach der kaputten Scheibe, ich hörte ihn drinnen noch lange herumbrüllen und die Mutter weinen. Aber ich wusste, es hatte keinen Sinn, ihn zu bitten, uns wieder hineinzulassen. Es war ihm egal, wo wir die Nacht verbrachten. Wie so oft machten wir drei Kinder uns also auf den Weg zur Mühle. Es war schon fast dunkel, als wir endlich – völlig erschöpft und verängstigt – bei den Großeltern ankamen. Meine *anneanne* wusste sofort, was geschehen war, schließlich war es nicht das erste Mal, dass wir abends vor ihrer Türe standen. Sie begrüßte uns liebevoll, holte Teller und gab uns erst einmal etwas zu essen. Dann richtete sie unser Bett, eine große Matratze direkt neben dem Ofen, wo wir uns dicht nebeneinander legten und bald selig einschliefen. Am nächsten Morgen, nach dem Frühstück, machten wir uns wieder auf den Weg nach Hause. Dort war inzwischen Friede eingekehrt, und mein

Vater tat so, als sei nichts gewesen. Aber ich konnte ihm diese Aussetzer nicht verzeihen. Schon als Kind wünschte ich mir oft, er wäre tot.

Meine Großeltern haben uns immer unterstützt, obwohl sie selber nichts hatten. Oft hat mein Opa frisch gemahlenes Mehl vorbeigebracht, oder meine Oma hat *anne* bei der Arbeit geholfen oder uns Kinder übernommen. Hilfe, die sie ansonsten nicht erfahren hat. Von ihrer Schwiegermutter, der Stiefmutter meines Vaters, hatte sie – außer Bosheiten – nichts zu erwarten. Nie haben ihr die Schwiegereltern unter die Arme gegriffen. Im Gegenteil, oft haben sie ihr das Leben besonders schwer gemacht und sie beleidigt, wo sie nur konnten. Einmal, sie hatten gerade ein Schaf geschlachtet, schickten sie ihr die Haut des Tieres. Richtig, nicht ein paar Stücke Fleisch, wie man es hätte erwarten können, nein, die Haut. Aber Stolz konnte sich meine Mutter nicht leisten. Sie war so verzweifelt, weil sie wieder einmal nicht wusste, wie sie uns satt bekommen sollte, dass sie die Haut gekocht hat, um dem Essen wenigstens ein bisschen Geschmack zu verleihen. Oder ein anderes Beispiel: In der Herde meines Großvaters war ein Tier tagelang krank gewesen. Das hatte ich bemerkt, weil ich ja oft mit meinen Cousins und Cousinen spielte. Als das Tier schließlich starb, rief meine Stiefoma mich zu sich und sagte: »*Ayşe*, geh und sag deiner Mutter, dass ich Fleisch für sie habe, sie muss nur kommen, um es zu holen.« Ich bin dann voller Empörung nach Hause gelaufen und habe meiner *anne* unter Tränen die Botschaft überbracht. Auch Mutter war sehr aufgebracht, denn bei uns ist es verboten, das Fleisch eines kranken Tieres zu essen.

Lichtblicke gab es in meiner Kindheit kaum. Glücklich war ich eigentlich nur, wenn ich bei meiner Mutter sein konnte oder mit den Schafen unterwegs war. Die Tiere hüten und versorgen, das war ab einem bestimmten Alter unsere Aufgabe. Mein Bruder war der Kuhhirte. Jeden Morgen bei Sonnenaufgang zog er mit zehn, zwölf Tieren in die Berge, und bei Sonnenuntergang kam er zurück. Ich war für die Schafe und Ziegen zuständig. Auch ich habe mich oft morgens mit den Tieren auf den Weg gemacht und den ganzen Tag auf den Hügeln verbracht. Diese Tage liebte ich besonders. Ich liebte sie vor allem auch deshalb, weil mir meistens meine Cousine Gesellschaft leistete. So konnten wir den ganzen Tag zusammen sein, spielen, im Gras liegen und vor uns hin träumen. Vater war weit weg, und ich genoss die Freiheit.

Wenn ich Schafe hütete, stand ich vor Sonnenaufgang auf, frühstückte in aller Eile und sammelte dann meine kleine Herde ein. Wir selbst hatten zwei Schafe und vier Ziegen, die sich immer freuten, wenn ich morgens den Verschlag öffnete. Onkel und Tante im Nachbarhaus links von uns hatten drei Schafe und zwei Ziegen. Dazu kamen noch ein paar Ziegen von einer weiteren Tante. Bis ich bei Fidans Eltern an die Tür klopfte, hatte ich an die vierzehn, fünfzehn Tiere beieinander. Fidan war schon fertig und kam freudestrahlend aus dem Haus gelaufen. Auch sie liebte unsere Ausflüge sehr. In der einen Hand hielt sie einen Stock, in der anderen einen Korb mit unserer Verpflegung. Wir wechselten uns ab, einen Tag nahm sie das Essen mit, den anderen ich. Unsere Mütter gaben uns meistens Brot, Käse und Tomaten mit auf den Weg. Zum Trinken brauchten wir nichts, denn dort oben gab es genügend Quellen, aus denen wir trinken konnten.

Manche Schafe hatten kleine Glöckchen um den Hals, und so zogen wir mit fröhlichem Gebimmel aus dem Dorf hinaus. Hinter den letzten Häusern verengte sich die Schotterstraße zu einem schmalen Weg, und bald erreichten wir die ersten Felder und Äcker. Wir begegneten Onkeln und Tanten, die auf dem Weg zur Arbeit waren. Mit ihnen waren wir nicht wirklich verwandt, aber wir nannten sie so, weil sie Nachbarn und Freunde unserer Eltern waren. Das war bei uns so Brauch. Nach anderthalb Stunden Anstieg hatten wir meistens unser Ziel erreicht – eine saftige Bergwiese, die sich hervorragend für unsere kleine Herde eignete. Die Schafe und Ziegen konnten hier den ganzen

Tag lang grasen. Wir ließen uns in ihrer Nähe nieder und genossen den zauberhaften Blick ins Tal. Grüne, sanfte Hügel, vereinzelte Baumgruppen, wogende Getreidefelder, und, mitten drin die Häuser von Ballidere.

Ich liebte meine Heimat. Besonders im Sommer. Im Tal war es heiß, aber hier oben auf den Bergen war es angenehm kühl. Die Luft war sanft wie Seide. Fidan und ich legten uns ins Gras und träumten vor uns hin. Plötzlich schrie meine Cousine auf. »Da schau mal«, rief sie aufgeregt, »was ist das?« Sie war aufgesprungen und zeigte in den azurblauen Himmel. Tatsächlich, dort oben bewegte sich ein silberner Vogel. Auch ich war aufgesprungen, um ihn besser sehen zu können. Aber nein, das war kein richtiger Vogel, es sah nur so aus. Es war ein riesiges Tier mit großen Flügeln, und es flog ganz weit oben. Was war das? Es bewegte sich lautlos und schnell. Hinter sich zog es eine schmale Rauchfahne her. Ich legte mich wieder ins Gras und überlegte, was das sein konnte.

Da fiel mir mein Onkel ein. Der große Bruder meiner Mutter lebte seit einigen Jahren in Deutschland. Das war dieses ferne Land, in das immer mehr Leute aus unserem Dorf gingen, um zu arbeiten. Er war einer der Ersten gewesen, der vor drei, vier Jahren weggegangen war. Im letzten Sommer schließlich war er das erste Mal auf Urlaub gekommen und hatte uns viele schöne Sachen mitgebracht. Wir Kinder kamen aus dem Staunen gar nicht heraus, als er aus seinem Koffer eine Überraschung nach der anderen zauberte. Für uns hatte er vor allem Kleidung dabei. Hosen, Röcke, Pullis und Blusen, gut, sie waren nicht mehr ganz neu, aber doch in einem guten Zustand. Sein Umzug nach Deutschland war für uns Kinder ein Wendepunkt: Seitdem waren wir immer gut angezogen.

Aber er hatte nicht nur schöne Dinge mitgebracht, sondern auch Aufregendes zu erzählen. Ich erinnerte mich jetzt lebhaft an die vielen Abende, die wir vor dem Haus verbracht und ihm zugehört hatten. Eine dieser spannenden Geschichten war die von dem großen Silbervogel. Stieg man in seinen Bauch, erhob er sich in die Lüfte und flog mit einem davon. Ja, genau, das musste der Vogel sein, der da oben flog. Ich erzählte Fidan von meiner Theorie, und bald waren wir uns einig, dass sich dort oben ein Flugzeug vorwärts bewegte. Wir begannen zu träumen. Wo fliegt es wohl hin? Saß vielleicht der Onkel drin? War er auf dem Weg zu uns? Wir wussten es nicht, aber wie gebannt starrten wir in den Himmel, bis es verschwand.

Vor lauter Aufregung hatten wir den Korb vergessen. Hungrig wandten wir uns jetzt unserem Korb zu und verspeisten das mitgebrachte Brot und den Ziegenkäse mit großem Appetit. Als wir satt waren, liefen wir zu einer Quelle und tranken das frische, kalte Gebirgswasser. Oh, das Leben konnte so herrlich sein! Wir sprangen über die Wiesen und pflückten Blumen, die wir anschließend zu wunderschönen Blumenkränzen flochten.

»So einen Kranz möchte ich mal tragen, wenn ich heirate,« sagte Fidan plötzlich.

Da musste ich lachen und fragte sie kichernd: »Willst du etwa schon heiraten?«

Sie wurde ernst und sagte, dass ihre Eltern sicherlich irgendwann mal den richtigen Mann für sie finden würden. Dann wollte sie ganz viele Kinder kriegen und so leben wie die Eltern. Fidan hatte Glück, ihre Eltern waren glücklich verheiratet und kamen sehr gut miteinander aus. Während es bei uns ständig Streit und Prügel gab, kannte sie Schreiereien und Ohrfeigen nur aus Erzählungen. Ich hatte überhaupt keine Vorstellung von der Zukunft, ich wollte nur, dass dieser Tag nie zu Ende ging. Aber irgendwann mussten wir hinunter ins Tal, und da blies wieder ein anderer Wind.

Vor meinem Vater war ich ständig auf der Hut. Immer versuchte ich, alles richtig zu machen. Mein ganzes Denken kreiste ständig darum: Nur ja nichts falsch machen, nur ja nicht seinen Ärger erregen. Aber es ließ sich nicht vermeiden, und ich machte Fehler. Ich war doch noch klein. Meine Mutter versuchte mich zu beschützen so gut es ging, aber sie war nur die Frau im Haus und hatte nichts zu sagen. Bei uns war das jedenfalls so. In manchen Familien lief das anders, da bestimmte die Frau. Aber dann waren es immer die älteren Frauen, die jungen hatte nichts zu sagen. Bei uns aber herrschte der Vater, und zwar uneingeschränkt. Das sollte ich in nicht allzu weiter Ferne sehr deutlich spüren.

Obwohl wir keine Uhr hatten, wussten wir immer, wann es Zeit zum Aufbruch war. Wenn die Sonne sich im Westen senkte, sammelten wir all unsere Schützlinge ein und machten uns auf den Weg ins Tal. Bei Anbruch der Dunkelheit waren wir meistens wieder im Dorf. Wir lieferten die Tiere ab, verabschiedeten uns voneinander und freuten uns auf morgen. Vielleicht würden wir dann wieder losziehen?

Die Abende verliefen immer gleich. Wir Großen kamen vom Schaf- oder Kühehüten nach Hause, die Mutter mit der kleinen Schwester vom Feld, und der Vater kam aus dem Kaffeehaus. Er war meistens der Letzte. *Anne* bereitete in aller Eile das Abendessen vor, und Hanife und ich halfen ihr dabei. Oft aßen wir abends wieder Suppe, manchmal gab's aber auch Brot und Käse, oder Eier. Im Sommer hatten wir immer frische Tomaten, Gurken oder Paprika auf dem Tisch. Auch die Mahlzeiten liefen nach dem immer gleichen Muster ab. Wenn die Suppe fertig war, bekam zuerst mein Vater einen Teller voll. Der saß inzwischen wie ein Pascha auf dem einzigen Stuhl im ganzen Haus, vor ihm der Tisch. Sobald die dampfende Suppe vor ihm stand, fing er an zu essen. Auf uns gewartet hat er nie. Wir anderen saßen auf dem Boden und aßen aus einem Teller. Aber jeder von uns hatte einen Löffel. Vater bekam immer die größte Portion, obwohl wir noch klein waren und wachsen mussten. Das interessierte ihn aber nicht. *Anne* versuchte zwar, uns satt zu bekommen, aber das war nicht immer der Fall. Oft sind wir mit knurrendem Magen ins Bett gegangen.

Wir schliefen alle im gleichen Raum. Meine Eltern hatten ihr Ehebett in der einen Ecke, in der Nähe des Ofens, aufgestellt, und wir großen Kinder schliefen auf einer Matratze in der anderen Ecke. Hanife, meine kleine Schwester, durfte im Bett meiner Eltern schlafen. *Abi* und ich schliefen also auf der gleichen Matratze. Das war alles andere als bequem, weil sie nur neunzig Zentimeter breit war. Damit wir überhaupt einigermaßen schlafen konnten, legte sich Bekir ans Kopf- und ich ans Fußende. Aber wenigstens froren wir nicht.

Die Matratzen und Bettdecken machte meine Mutter selbst. Das war ein langwieriges und arbeitsintensives Unterfangen. Die Schafwolle musste drei-, viermal gewaschen werden, bevor sie verarbeitet werden konnte. Das ging eigentlich nur im Sommer, denn dann konnte man das gewaschene Schaffell zum Trocknen auf der Wiese ausbreiten. Danach musste Mutter die Wolle in Schichten legen und mit dem Stoff so vernähen, dass sie sich nicht verschob und später auch waschen ließ. Wie alle anderen Aufgaben im Haus erledigte meine *anne* auch diese Arbeit perfekt. Sie wob sogar unsere Teppiche selbst. Auch das ging aber nur im Sommer, weil sie dazu viel Platz benötigte. Es gab einen etwa zwei Meter breiten Webstuhl, den sie draußen im Garten aufbaute. Dann spannte sie die verschiedenen bunten Baumwollfäden ein und verwob die kräftigen Blau-, Rot-, Grün- oder Gelbtöne zu einem leuchtenden Flickenteppich. War eine Rolle fertig, hatte sie zwischen fünfzig bis hundert Meter hochwertigen Baumwollteppich zur Verfügung.

Wozu man so viel Teppich braucht? Nun, wir lebten zwar lange Zeit sehr beengt in einem Raum, und das wäre wohl auch ein Leben lang so weitergegangen. Aber dann hatten wir ein bisschen Glück. Meine Mutter bekam von ihren Eltern ein Grundstück geschenkt, eines der wenigen Besitztümer meiner Großeltern. Das muss irgendwann Anfang der siebziger Jahre gewesen sein. Eines Tages jedenfalls fing mein Vater ganz in der Nähe unseres kleinen Lehmhauses an, ein neues Haus zu bauen. Ziegel auf Ziegel setzte er, und bald standen die Grundmauern. Wir Kinder verfolgten die Bauarbeiten heimlich. Denn Vater hätte uns nie erlaubt zuzugucken, wir mussten schließlich arbeiten.

Allmählich war auch für uns erkennbar, wie es werden sollte – ein Geschoss mit vier Zimmern, Toilette und Bad. Das war zur damaligen Zeit der reinste Luxus. Denn bis dahin hatten alle im Dorf ein Plumpsklo in einem separaten Verschlag abseits vom Wohnhaus. Das war besonders nachts und im Winter unangenehm, wenn man in die Kälte hinaus musste, um auf die Toilette zu gehen. Das habe ich mir deshalb meistens verkniffen, auch weil ich im Dunkeln Angst hatte.

Nach einigen Jahren Bauzeit war es dann endlich so weit, und wir konnten umziehen. Wir hatten uns wirklich verbessert. Denn statt einem Zimmer gab es jetzt zwei. Eigentlich bestand unser neues Haus zwar aus vier Zimmern, aber meinem Vater war das Geld ausgegangen. Er hatte nur zwei Räume fertig stellen können. Die anderen beiden wurden nie vollendet. Bis zum Abriss viele Jahre später blieben sie unbewohnt und dienten letztlich als Abstellkammern, in denen Mutter Lebensmittel und Obst aufbewahrte. Im neuen Haus schliefen wir Kinder in einem Raum, meine Eltern schliefen auch hier wieder in der Küche.

Obwohl wir jetzt mehr Platz hatten, spielte sich immer noch alles in der Küche ab. Wann immer wir Besuch hatten, und das war oft, weil sich bei uns die Leute ständig besuchen, hielt man sich dort auf. Nur bei besonderen Anlässen wichen wir auf die gute Stube, unser Zimmer, aus. Wir hatten inzwischen auch ein paar Stühle. Dann gab es noch eine Art Sofa, das war eine schmales Bett mit Sitzkissen am Rücken, und – nicht zu vergessen – das Bett meiner Eltern. Das war breiter, und meine *anne* rollte jeden Morgen die Bettdecke zusammen, legte eine bunte Wolldecke drauf, so dass man dort prima sitzen und sich anlehnen konnte. Die Wände waren mit Teppichen bespannt, die meisten davon mit Tieren bestickt. An einer Wand stand ein Tisch, darauf hatte *anne* einen Gaskocher gestellt. Damit kochte sie im Sommer. Im Winter kochte sie im offenen Kamin. Der wurde in der kalten Jahreszeit den ganzen Tag über beheizt. Nur in der Nacht ging das Feuer aus. Abends diente uns das Kaminfeuer auch als Lichtquelle, denn Petroleum war rar und teuer. Nur einmal in der Woche kam ein Versorgungswagen, der die Dorfbewohner mit dem wertvollen Stoff belieferte. Wir nahmen meistens anderthalb Liter, das reichte für gut eine Woche. Ging es uns früher aus, hatten wir eben kein Licht im Zimmer, nur den offenen Kamin. Die Böden in unserem neuen Haus waren aus Holz. Wir hatten sie mit *annes* Teppichen belegt, und an den Fenstern hingen geblümte Vorhänge. Das wirkte alles sehr heimelig und gemütlich.

Unser Haus hatte einen weiteren Luxus, eine große Terrasse. Im Sommer spielte sich dort das Leben ab. Hier saßen die Frauen auf dem Boden und schwatzten miteinander oder halfen einander bei der Arbeit – das kam oft vor. Zum Beispiel im Spätsommer, wenn sie Bulgur zuzubereiten hatten. Zunächst musste der Weizen gekocht und getrocknet werden. Danach wurde er in einem großen Steingefäß mit einem Stock zerstoßen, so dass die Schale vom Korn absprang. Dann wurde der Weizen wieder gekocht und anschließend auf Tüchern in der Sonne getrocknet. Das dauerte Tage, weil der Weizen sehr hart sein musste. Erst danach konnte er gemahlen werden. Dazu benutzten die Frauen zwei große, runde Steine, die übereinander gelegt wurden. Der obere hatte einen Griff und ließ sich drehen. Dazwischen legten sie die bereits zerstoßenen Weizenkörner und drehten den oberen Stein so lange, bis der Weizen grobkörnig gemahlen war. Das war eine wichtige Arbeit, denn Bulgur gehörte in meiner Kindheit zu den Grundnahrungsmitteln.

Meine Mutter machte auch Butter, Buttermilch und Käse selbst. Die Milch bekamen wir von einem Nachbarn. Sie musste zunächst abgekocht werden. Danach stellte *anne* die Milch zwei, drei Tage zum Gären beiseite, an einen warmen, dunklen Ort. War der Joghurt fertig, schüttete sie etwa fünf Liter in ein Butterfass und kippte Wasser dazu, danach wurde die Flüssigkeit mit einem Holzklöppel so lange geschlagen, bis die Butter fertig war. Als Nebenprodukt entstand dabei Buttermilch. *Ayran* liebten wir Kinder besonders. Es gab ihn oft zur Bohnen- oder Kichererbsensuppe.

Meine Mutter war eigentlich rund um die Uhr mit der Lebensmittelbeschaffung beschäftigt. Ab Februar baute sie Gemüse an, ab Frühsommer wurde geerntet und die verschiedenen Früchte bis in den Herbst hinein weiterverarbeitet. Meine Familie war, wie die meisten im Dorf, Selbstversorger. Den Weizen und Roggen, den wir anbauten, haben wir in die Mühle meines Großvaters gebracht und Mehl dafür bekommen. Den Mais aßen wir solange es ging frisch, und im Winter war er getrocknet und konnte in der Suppe gekocht werden.

Obwohl *anne* ein hartes Leben hatte und viel aushalten musste, war sie ein fröhlicher Mensch. Ich kann mich nicht einmal erinnern, dass sie uns je geschimpft oder gar geschlagen hätte. Wie unglücklich sie in ihrer Ehe tatsächlich war, habe ich als Kind nicht begriffen. Auch als ich größer war, hat sie mit mir nie darüber gesprochen. Viele Dinge habe ich erst vor kurzem erfahren. So soll mein Vater sogar einmal überlegt haben, sich scheiden zu lassen. Nein, er hatte nicht vor, seine erste Liebe zu heiraten, er wollte einfach gehen. Sein Bruder Ahmed hatte ihn auf die Idee gebracht. Der hatte anscheinend mitbekommen, wie unglücklich die Ehe meiner Eltern war, und schlug ihm eines Tages vor, zu ihm und seiner Familie nach Deutschland zu kommen. Dort gäbe es auch die passende Frau für ihn. Sie hätten sich schon umgeschaut, er bräuchte eigentlich nur noch zu kommen.

Als meine Mutter das mitbekam, war sie wie versteinert. Wir Kinder waren noch allesamt ziemlich klein, und sie war wieder schwanger. Sein Plan, sie zu verlassen, erschütterte sie bis ins Innerste, nicht, weil sie ihn so sehr liebte, sondern, weil sie nicht wusste, wie sie uns drei, vielleicht vier Kinder alleine durchbringen sollte. Sie entschied sich für die Flucht nach vorne und sagte zu ihm: »Mehmet, wenn du dir wirklich sicher bist, dass du nicht mehr mit uns leben willst, dann geh und lass mich mit den Kindern sitzen. Aber der Herrgott wird dich dafür bestrafen.« Erhobenen Hauptes verließ sie den Raum, aber kaum hatte sie die Tür hinter sich geschlossen, rannte sie aus dem Haus, hinaus aufs Feld. Schluchzend kam sie dort an. Sie war verzweifelt.

Auf dem Feld gab es eine Art Unterstand. Während der Arbeit aßen wir dort oder fanden Schutz, wenn es regnete. *Anne* nahm in ihrer Verzweiflung eine der Holzkisten und haute sie mit voller Wucht gegen den Bauch. Sie wollte dieses neue Kind nicht haben, auf gar keinen Fall. Dann stieg sie auf eine Mauer und sprang herunter, einmal, zweimal, dreimal. Das Springen und Einschlagen auf das Ungeborene, sie muss in der zehnten oder zwölften Woche schwanger gewesen sein, hat irgendwann gewirkt. Sie bekam Blutungen, die jedoch bald wieder aufhörten. Aber meine *anne* dachte sich nichts dabei. Ihre Gesundheit kam sowieso immer zu kurz, und außerdem war sie damals zu sehr mit anderen Dingen beschäftigt. Als sie wieder nach Hause kam, war Mehmet verschwunden. Sie wusste nicht, ob er sich jetzt tatsächlich auf den Weg nach Deutschland gemacht hatte oder ob er nur ins Kaffeehaus gegangen war.

Also ist sie wieder aufs Feld gegangen und hat ihre Arbeit erledigt. Abends, als wir alle schon zu Hause waren, kam auch der Vater. Er nahm seine Schirmmütze ab – das tragen die Männer bei uns – und zog seine Jacke aus. Dann setzte er sich auf einen Stuhl und fragte unwirsch, wann es etwas zu essen gebe. Er war also nicht nach Deutschland gegangen, aber sie hat auch nie erfahren, was ihn bei der Familie und in Ballidere gehalten hatte. Er sprach – wie immer – kein Wort darüber. Mutter übrigens auch nicht. Über seinen Fluchtversuch aus der Ehe legten sie beide den Mantel des Schweigens. Und es ging weiter wie bisher.

Die Blutungen hatten aufgehört, und *anne* ging davon aus, dass sich die Schwangerschaft damit erledigt hatte. Sie hatte ja auch Erfahrung. Nach meiner Schwester war sie insgesamt noch dreimal schwanger gewesen, aber jedes Mal hatte sie das Kind abgetrieben. Die Methoden waren ebenso einfach wie wirksam: Einmal hatte sie sich mit einer Hühnerfeder von unten in den Bauch gestoßen oder mit schweren Gegenständen auf den Bauch eingehauen, auch von hohen Mauern war sie schon gesprungen – immer mit Erfolg. Es gab also auch diesmal keinen Grund zur Sorge.

Am nächsten Morgen ging sie ihrer Arbeit nach, als ob nichts geschehen wäre. Das ging eine ganze Woche so. Bis es passierte. Sie war beim Vieh auf der Weide, als es ihr plötzlich schlecht wurde und sie sich mit letzter Kraft zu ihrer Freundin schleppen konnte. An deren Haustür brach sie zusammen. Ohnmächtig lag sie im Eingang. *Annes* Freundin bekam Angst und fing an zu schreien, da kam einer der Nachbarn angelaufen. Er war einer der wenigen im Dorf, der schon ein Auto besaß. Er hob meine Mutter auf, trug sie in seinen Wagen und brachte sie auf dem schnellsten Weg ins nächste Krankenhaus. Wie durch ein Wunder wurde sie – in letzter Sekunde – gerettet. Das Kind war im Bauch meiner *anne* regelrecht verfault, und sie hatte eine Blutvergiftung bekommen und wäre fast daran gestorben. Ich weiß nicht, wie Vater das damals aufgenommen hat, anmerken ließ er sich jedenfalls nichts. Wir Kinder wurden – wie immer – nicht informiert. Man sagte uns lediglich, dass Mama im Krankenhaus sei und ein paar Tage dort bleiben müsse.

Abgesehen von dieser Katastrophe, verlief unser Leben immer gleich. Es war bestimmt von Arbeit: In aller Frühe aufstehen, in die Schule gehen oder aufs Feld, zu Mittag essen, wieder arbeiten, zu Abend essen und dann ins Bett gehen, schlafen. In Ballidere gab es wenig Zerstreuung. Nur die Männer hatten ihr Kaffeehaus. Dort verbrachten sie Stunden, tranken Tee, rauchten und spielten *Tavla*. Die Frauen hatten nur sich und die Kinder. Wenn sie Zeit hatten, konnten sie sich gegenseitig besuchen. Einzige Abwechslung: Einmal im Monat war Markt. Da kamen die fliegenden Händler schon frühmorgens in unser Dorf und bauten ihre Stände auf. Bis in den Nachmittag hinein priesen sie ihre Waren an: Kleider, Jacken, Hosen, Socken, Unterwäsche, Handtücher und Stoffe. Aber da wir ohnehin nie Geld hatten, konnten wir uns dort auch nichts kaufen.

Dennoch sind wir immer hingegangen. Auf dem Marktplatz herrschte reger Betrieb. Die Frauen in ihren geblümten Röcken und den bunten Pumphosen, mit ihren bestickten Kopftüchern auf dem Kopf, liefen in Zweier-, Dreiergruppen schwatzend über den Platz. Mal hielten sie hier an, mal dort, um die Waren zu begutachten oder zu bestaunen. Anders die Männer. Sie saßen auf der Dorfbank und betrachteten das Treiben von der Ferne. Sie trugen graue oder braune Schirmmützen, Jacketts und Hosen in ähnlich gedeckten Farben. Die Kleidung war meist abgetragen, denn Geld hatten die wenigsten.

Im Sommer änderte sich unser Leben, dann spielte es sich mehr oder weniger im Freien ab. Wir Kinder konnten länger aufbleiben und auch abends noch draußen spielen. Nach der Arbeit saßen auch die Erwachsenen vor der Tür und schwatzten noch mit den Nachbarn oder Freunden. Aber der Höhepunkt eines jeden Sommers waren die Verwandten. Im Juli oder August kamen sie aus Deutschland angereist, um uns zu besuchen. Sie verbrachten dann immer zwei, drei, manchmal vier Wochen im Dorf. Das war in jeder Familie ein großes Hallo. Auch wir bekamen Besuch aus Deutschland. Der Bruder meiner Mutter lebte schon einige Jahre in Berlin und kam regelmäßig nach Hause.

Eines Tages brachte er ein großes Paket mit. Die ganze Familie hatte sich versammelt, und mein Vater packte es aus. Darin war ein rechteckiges braunes, ziemlich großes Ding. Vorne war es mit Stoff überzogen und hatte eine große Scheibe, die sich drehen ließ. Am unteren Rand war eine Leiste mit Tasten. Als mein Onkel eine Taste betätigte, ertönte plötzlich Musik. Ich erschrak! Wo zum Teufel kam die Musik her? Vorsichtig näherte ich mich dem wundersamen, braunen Kasten und schlich drum herum. Irgendwo mussten die Leute doch sein, die diese Musik machten? Der Onkel, die Eltern und all die anderen Erwachsenen, die im Raum waren, brachen in schallendes Gelächter aus. Obwohl ich nichts gesagt hatte, hatten sie meine Absicht durchschaut. Ich stand vor dem ersten Radiogerät meines Lebens. Dieser Zauberkasten hat mich im Sturm erobert. Sooft es nur irgend ging, hörte ich Radio. Eine Liebe, die ich übrigens mit meinem Vater teilte. Natürlich kam er immer an erster Stelle. Wenn er etwas hören wollte, musste ich verzichten, aber wenn er nicht zu Hause war, hing ich mit mindestens einem Ohr am Gerät. Mit seinem Geschenk hatte mein Onkel für die größte Abwechslung in meinem Leben gesorgt.

Irgendwann, ich muss so zehn oder elf gewesen sein, beschlich mich ein ungutes Gefühl. Ich spürte, dass sich – fast unmerklich – etwas zu verändern begann. Manchmal schauten mich die Erwachsenen so komisch an. Gut, ich war ein bisschen gewachsen, und auch meine Figur begann sich zu verändern, aber ansonsten war ich doch einfach noch ein kleines Mädchen. Freilich hatte ich schon mitbekommen, dass es ein Geheimnis zwischen Männern und Frauen gab, aber was das war, wusste ich nicht. Obwohl bei uns die Frauen, wenn sie unter sich sind, immer sehr offen reden, über Liebe und Sex und überhaupt. Aber das habe ich damals überhaupt nicht verstanden. Ich war doch noch ein Kind.

Das Ende der Kindheit

Als ich elf Jahre alt war, veränderte sich mein Leben schlagartig. Es war im Frühsommer, ich kam gerade aus der Schule, meine Mutter stand am Herd und kochte. Sie hatte geweint, das sah ich gleich. Ich lief zu ihr hin und nahm sie in den Arm. »*Anne, anne,* was ist denn los? Komm, sag mir, was los ist?«, bettelte ich.

Sie aber rührte weiter im Kochtopf, dann sagte sie tonlos: »Heute Abend bekommen wir Besuch.«

»Wer kommt denn?«, fragte ich neugierig.

Sie erwiderte kurz angebunden: »Tante Songül und Onkel Ahmed mit deinem Cousin.« ›Komisch‹, dachte ich. Die Verwandten lebten schon seit einigen Jahren in Deutschland, und wir hatten sie lange nicht gesehen. Außerdem wusste ich, dass meine *anne* mit Tante Songül keinen guten Kontakt hatte. Warum kamen sie plötzlich? Was wollten die drei?

Onkel und Tante mochte ich eigentlich ganz gerne. Und mein Cousin Mustafa? Zu ihm fiel mir nichts ein. Wir waren zwar fast wie Geschwister aufgewachsen, aber eines Tages waren er und seine beiden kleinen Brüder verschwunden. Ich hatte lediglich erfahren, dass sie bei der anderen Großmutter lebten, weil ihre Eltern auch nach Deutschland gegangen waren. Und jetzt kamen sie zu uns, alle drei? Warum? Da nahm *anne* mich in den Arm und sagte: »Ja, sie kommen und du kriegst einen Ring.« Sie drückte mich an sich und fing wieder an zu weinen. Ich war verwirrt und wusste nicht, was sie meinte.

»Einen Ring? Wozu?« Aber langsam dämmerte es mir, und plötzlich verstand ich, warum Mama weinte. »Oh, nein«, rief ich, »das kann nicht wahr sein.«

Sie nickte, und endlich hatte ich begriffen. Ich sollte verlobt werden, mit meinem Cousin. Mit Mustafa, der anderthalb Jahre älter als ich und fast wie ein Bruder für mich war. Wir hatten als Kleinkinder miteinander gespielt, oft hatte er mich gefüttert oder mir die Nase geputzt. Und jetzt sollten wir verlobt werden und später heiraten? Das konnte nicht sein? Ich war doch noch ein Kind.

Dann kam Vater. Fröhlich betrat er die Küche, was ungewöhnlich war, weil er meistens schlechte Laune hatte. Dass ich völlig verstört war, bemerkte er nicht oder wollte es auch nicht wahrnehmen. Doch plötzlich wandte er sich mir zu und sagte: »Heute Abend wirst du mit deinem Cousin Mustafa verlobt.« Das war's, mehr sagte er nicht. Widerspruch duldete er keinen, nie. Mama stand weiter am Herd, jetzt weinte sie wieder. Ich warf mich in ihre Arme und schluchzte hemmungslos. Da wurde mein Vater wütend und brüllte. »Was willst du eigentlich? Wen willst du hier im Dorf heiraten? Hier gibt es nur arme Schlucker. Willst du einen von denen? Du solltest froh sein, dass Tante Songül dich haben will. Dann kannst du mit nach Deutschland gehen.« Das war es also, er wollte mich loswerden. Ein Esser weniger, so hatte er sich das wohl zurechtgelegt.

Ich hatte keine Ahnung, was da im Vorfeld abgelaufen war. Weder wusste ich, dass bei uns im Dorf tatsächlich schon jemand Interesse an mir gezeigt hatte. Ein Nachbar hatte vor ein paar Monaten *anne* ganz offen gefragt: »Deine Tochter ist jetzt groß, gibst du sie mir als Schwiegertochter?«

Sie war so empört, dass sie abweisend antwortete: »Um Gottes Willen, nein, *Allah* möge das verhindern!« Hatte sie sich versündigt? Sie jedenfalls fasste Vaters Plan jetzt als Strafe Gottes auf. Auch, dass meine Mutter – im Stillen – gegen diesen Plan erbitterten Widerstand leistete, hatte ich nicht mitbekommen. Schon als Vater und Tante sich fast einig waren, hatte sie wohl zu Tante Songül gesagt: »Vergiss es! An dieser Rose darfst du nicht riechen.« Auch mit Vater hatte sie immer wieder geredet und ihm gesagt, dass diese Familie keine gute Familie sei. Aber die Einwände seiner Frau interessierten ihn nicht. Er ließ sie nicht gelten. Es war schließlich sein eigener Bruder und dessen Frau, die seine Tochter haben wollten. Für ihn war die Sache klar. Durch eine Heirat mit Mustafa bekam ich eine einmalige Chance – nämlich die, nach Deutschland, ins *gelobte Land,* zu gehen. Außerdem hatten Onkel und Tante nur Söhne, fünf an der Zahl, und keine Tochter. Sie brauchten also dringend ein Mädchen, das ihnen bei der täglichen Arbeit zur Hand ging. Da wollte man der Verwandtschaft natürlich unter die Arme greifen. Was sie unter »zur Hand gehen« verstanden, sollte ich noch auf die bitterste Art und Weise erfahren.

An jenem Nachmittag im Sommer gab es jedenfalls nicht mehr viel zu reden. Die Erwachsenen hatten über mich und Mustafa entschieden, und wir hatten uns zu fügen. Ich hatte keine Ahnung, was mein Cousin von diesem Arrangement hielt, ich wusste nur, dass mir die ganze Sache gar nicht gefiel. Ich war doch noch ein Kind, das mit Puppen spielte, wenn man es ließ. Aber ich wäre nie auf die Idee gekommen, mich zu widersetzen. Widerspruch gab's bei uns nicht, und wagte man es doch, so hatte man außer Prügel nichts zu erwarten.

Der Abend rückte näher, Mutter und ich waren in der Küche mit der Vorbereitung des Abendessens beschäftigt. Ich fühlte mich wie in Watte gepackt, fast wie betäubt und dann wieder seltsam aufgekratzt. Ich hatte keine genauen Vorstellungen, was Verlobung und Heirat bedeuteten, aber mir war klar, dass ich weggehen musste. Weg aus unserem Dorf, weg von meiner über alles geliebten *anne.* Ich hasste den Gedanken jetzt schon. Andererseits hatte ich von Deutschland viel gehört. Es musste das Paradies sein. Offensichtlich lag in *Almanya* das Geld auf der Straße, so jedenfalls erzählten es die Leute, die schon dort lebten und arbeiteten. Und ich hatte keinen Grund, ihnen nicht zu glauben.

Dann war das Essen fertig, und ich bereitete die gute Stube für den Abend vor. Ich legte also ein großes Tuch auf den Boden und stellte kleine Suppenteller darauf, legte Löffel und kleine Gabeln dazu. Zur Feier des Tages hatte meine Mutter eine besondere Suppe mit Huhn und Kichererbsen gekocht, dazu sollte es geröstete Kartoffeln mit kleinen Fleischstückchen und natürlich Brot geben. Außerdem verteilte ich noch ein paar Teller mit frischen Tomaten, Gurken, Paprika und Zwiebeln. Trinken würden wir frischen *ayran*.

Je näher die Stunde rückte, umso aufgeregter wurde ich. Inzwischen hatte ich auch jedes Gefühl verloren. Ich wusste nicht mehr, ob ich lachen oder weinen sollte. Dann ging plötzlich die Tür auf, und herein kamen Tante Songül, Onkel Ahmed und Mustafa. Schüchtern lächelte ich und begrüßte sie, indem ich Tantes Hand nahm, sie küsste und an meine Stirn drückte. Das Gleiche tat ich auch mit Onkels Hand. Diese Art von Begrüßung ist bei uns so üblich. So erweisen die Jungen den Älteren Respekt. Mustafa schaute ich nicht an. Ich war zu verlegen. Was mit meinen Geschwistern war, weiß ich nicht mehr. Ich glaube, mein Bruder war nicht dabei. Aber es waren ein paar Tanten und Onkel gekommen. Nach der Begrüßung setzten wir uns und fingen an zu essen. Die Erwachsenen plauderten über dies und das, aber worum es eigentlich ging, das sagte niemand. Dann, irgendwann, stand mein Onkel auf und sagte: »Ja, ich will *Ayşe* für meinen Sohn«, danach stand Mustafa ebenfalls auf und sagte: »Ja, ich will.« Mein Onkel gab mir den Ring, und das war's. Aber der schmale Goldreif, der wie ein Ehering aussah, war mir viel zu groß. War das ein Zeichen? Die Tante sah mein fragendes Gesicht und beschwichtigte mich gleich: »Ach, das macht doch nichts. Den lassen wir gleich morgen enger machen, *kız*, dann passt er dir.« Damit war es amtlich – ich war mit meinem Cousin Mustafa verlobt und würde ihn nach Ablauf der Verlobungszeit von drei Jahren heiraten.

Irgendjemand wollte ein Foto machen. Ich glaube, es war meine Tante. Also stellten Mustafa und ich uns an eine Wand in unserem Zimmer, nahmen uns an der Hand, und sie drückte ab – der Moment, der mein Leben verändern sollte, war für die Ewigkeit festgehalten. Dann schickten uns die Erwachsenen ins andere Zimmer. Vermutlich dachten sie, wir sollten uns ein bisschen kennen lernen. Das war mir furchtbar peinlich. Was sollte ich mit ihm reden? Wir hatten uns so lange nicht gesehen und waren uns so fern. Also saßen wir einfach nebeneinander und haben uns an den Händen gehalten. Irgendwann hat er versucht, mich in den Arm zu nehmen. Aber ich wollte das nicht und habe ihn weggestoßen und sagte: »Nein, nicht.«

Da fragte er mich ganz erstaunt: »Wieso, wir sind doch jetzt verlobt?«

Aber das war mir egal. Mir war das zu früh. Irgendwie ist es ihm dann doch gelungen, mich zu küssen. Oh, war das eklig! Danach bin ich sofort rausgelaufen und habe mir den Mund lange mit Wasser ausgespült.

Zusammen sind wir dann in die gute Stube zurückgegangen. Die anderen waren alle aufgekratzt und fröhlich. Niemand fand es merkwürdig, dass hier gerade zwei Kinder miteinander verlobt worden waren. Das war bei uns eben so. Als die Gesellschaft sich schließlich auflöste, war es spät am Abend. Ich half meiner Mutter noch beim Aufräumen und Abwaschen, danach fiel ich ins Bett. Obwohl ich todmüde war, konnte ich nicht schlafen. Viele Dinge gingen mir durch den Kopf. Wie würde es sein, dort in *Almanya*? Und wie würde es sein, verheiratet zu sein? Ich hatte Angst, wusste aber nicht wovor.

An die nächsten Tage erinnere ich mich nur noch sehr undeutlich. Der Besuch beim Juwelier, der den Ring tatsächlich enger machen konnte, und die Ohrringe, die ich noch aussuchen durfte. Oder meine Freundinnen, die vorbeikamen, um mir zu gratulieren. In ihren Augen hatte ich das große Los gezogen – ich würde nach *Almanya* heiraten und dort leben. Und das konnte nur paradiesisch sein, daran hatte niemand den geringsten Zweifel. Nach nur zwei Tagen sind Onkel und Tante mit meinem Verlobten wieder abgereist. Mustafa und ich hatten uns in der Zeit noch einmal kurz gesehen, öfter nicht.

Dass meine Kindheit mit der Verlobung zu Ende gegangen war, habe ich erst Monate später begriffen. Zunächst hatte ich gedacht, das Leben würde so weitergehen wie davor. Aber das war ein Irrtum! Der Sommer ging zu Ende, und wir Kinder mussten zurück in die Schule. Ich ging zwar immer noch nicht gerne hin, aber um die Schulpflicht kam auch ich nicht herum. Oder doch? Wie genau er das angestellt hatte, weiß ich bis heute nicht. Jedenfalls sagte mein Vater eines Morgens zu mir, das muss drei Wochen nach Schulbeginn gewesen sein, dass damit jetzt Schluss sei. Ich sei verlobt und müsse nicht mehr zum Unterricht. Lesen und Schreiben bräuchte ich sowieso nicht. Ich würde schließlich bald heiraten, und da müsse man vor allem eins können: arbeiten und eine Familie versorgen. Wie Recht er doch haben sollte. So verließ ich mit elf Jahren die Schule. Obwohl ich diese fünf Jahre besucht hatte, war ich nur bis in die dritte Klasse gekommen und konnte weder schreiben noch lesen. Dass ich nicht mehr zur Schule musste, machte mich nicht unglücklich. Im Gegenteil, ich war selig. Endlich konnte ich den ganzen Tag mit meiner *anne* verbringen. Auch wenn das harte Arbeit bedeutete, aber das war mir egal.

Vom Frühling bis in den Herbst hinein waren die Frauen bei uns mit der Essensbeschaffung beschäftigt: Anbau, Pflege und Ernte. Vor allem die Konservierung der verschiedenen Lebensmittel war wichtig, da wir damals weder Kühlschränke noch Gefriertruhen kannten. Alle Lebensmittel mussten so eingemacht werden, dass sie auch Monate nach der Ernte noch bekömmlich und genießbar waren. Die türkische Küche ist ja reich an Rezepten mit eingelegtem Gemüse. Saure Gurken, eingelegte Tomaten, Paprika oder Weißkraut gehören zu fast jeder Mahlzeit und werden das ganze Jahr über serviert. Kein Wunder also, dass die Frauen viel Mühe auf das Einlegen und Einmachen der verschiedenen Gemüsesorten verwenden.

Meine *anne* war eine gute Lehrmeisterin. Sobald ich die Schule quittiert hatte, nahm sie mich unter ihre Fittiche. Oft kam auch meine Großmutter dazu, und zu dritt arbeiteten wir tagelang an einer Gemüsesorte. Tomaten zum Beispiel haben wir grün geerntet. Sie mussten zunächst gewaschen und ihre Schalen an einigen Stellen gelöchert werden, so brachte es mir *anne* bei. Bei dieser Arbeit musste man vorsichtig hantieren, um die Früchte nicht zu zerquetschen. Danach legten wir die Tomaten in ein großes Keramikgefäß und übergossen sie mit einem Sud aus Essig, Salz, Knoblauch und Wasser. Sie mussten in der Flüssigkeit schwimmen, und zwei Monate später waren sie fertig. Ähnlich machten wir es mit Paprika und Bohnen. Vor allem die Bohnen mussten ganz frisch eingelegt werden. Es war also wichtig, dass wir schnell und sorgfältig arbeiteten. Die Bohnen wurden nicht zerkleinert, sondern als Ganzes in den Sud gelegt. Am aufwendigsten war das Weißkraut. Die riesengroßen Köpfe wurden in kleine Stücke geschnitten, gewaschen, gesalzen und dann ebenfalls in große Gefäße mit einem Wasser-Essig-Sud gelegt. Ich mochte alle eingelegten Gemüsesorten, und es machte mir großen Spaß, bei der Arbeit zu helfen. Waren wir bei uns fertig, sind wir zu *anneanne* in den Garten gegangen und haben dort weitergearbeitet.

Dazwischen mussten natürlich alle anderen Arbeiten erledigt werden. Mein Tag begann jetzt noch früher. Während ich als Schulkind immer erst um sieben aufstehen musste, war ich jetzt schon um sechs auf den Beinen. Als Erstes musste in der Frühe Wasser geholt werden. Das war oft meine Arbeit. So bin ich am Morgen meistens zu unserem Brunnen gegangen und habe zwei große Eimer voll Wasser geholt. In jeder Straße gab es einen Brunnen, und unserer lag etwa 50 Meter vom Haus entfernt. Das war eigentlich nicht weit, aber für ein Kind meines Alters war das ein ziemlicher Kraftakt, an jeder Hand einen 10-Liter-Eimer, gefüllt mit Wasser bis zum Haus zu tragen. Manchmal ist mir einer heruntergefallen, das war dann ein großes Malheur, weil ich dabei meistens nass wurde. Vor allem mein Vater hat sich darüber immer aufgeregt. Noch bevor er richtig wach war, hat er schon rumgebrüllt. *Anne* tat das nie, sie gab mir trockene Sachen zum Anziehen, und dann bin ich wieder losgelaufen. Nachdem frisches Wasser im Haus war, ist mein Vater endlich auch aufgestanden. Jetzt konnte er sich waschen und anziehen. *Anne* und ich hatten zu dem Zeitpunkt meistens schon zwei Stunden Arbeit hinter uns. Aber das war normal.

Seit meiner Verlobung befand ich mich in einem Schwebezustand – ich war kein Kind mehr, aber auch noch keine Erwachsene. Obwohl ich mich als Kind fühlte, gaben mir alle anderen zu verstehen, dass das nicht stimmte. Selbst meine Freundinnen. Wenn ich draußen mit ihnen spielen wollte, was ohnehin selten genug vorkam, weil ich keine Zeit mehr hatte, lachten sie mich aus. Ich sei doch jetzt verlobt, warum ich noch mit ihnen spielen wollte? Das hat mich tief gekränkt, und ich verstand es auch nicht. Für mich gab es also nur Arbeit, aber davon hatten wir ja reichlich. Regelmäßig wurde ich jetzt zum Schafe- und Ziegenhüten eingesetzt. Nur, dass es nun kein Spiel mehr war. Meine Cousine Fidan war in der Schule, also musste ich alleine auf die Berge. Ich genoss die Freiheit dort oben immer noch, aber früher war es unbeschwerter gewesen.

Damals ist auch die Sache mit dem Hund passiert. Ich mochte Hunde nicht besonders und ging ihnen aus dem Weg, so gut ich konnte. Das gelang mir auch meistens, bis an jenem Nachmittag. Zwei Ziegen hatten sich abgesondert, und ich versuchte, sie wieder einzufangen. Da kam plötzlich ein Schäferhund angerannt. Er war sehr aggressiv und bellte mich an. Ich hatte Angst und versuchte wegzulaufen. Aber das brachte ihn nur noch mehr in Rage. Er sprang mich von der Seite an und biss mir in den Oberschenkel. Mit einer tiefen Bisswunde bin ich an jenem Abend nach Hause gekommen. Mutter war geschockt. Vorsichtig säuberte sie die Wunde und machte mir einen Verband. Ich hatte Schmerzen und weinte. Und ich hatte Angst. Ich wusste, Vater würde sehr wütend werden, wenn er die Wunde sah. So beschlossen wir, nichts zu sagen. Weinend bin ich an jenem Abend eingeschlafen.

Am nächsten Tag hatte ich Probleme beim Aufstehen, mein Bein tat immer noch weh. *Anne* half mir. Als Vater aus dem Haus war, ist sie schnell zu einem Onkel gelaufen und bat ihn, mich ins Krankenhaus zu fahren. Ich glaube, sie hatte Angst, dass ich mich mit Tollwut angesteckt hatte. Das hat sie mir natürlich nicht erzählt, aber ich spürte ihre Sorge. Völlig verängstigt bin ich also mit meinem Onkel in die Stadt gefahren. Ich war noch nicht oft in der Stadt gewesen, aber die Schmerzen waren so groß, dass ich mich nicht darüber freuen konnte. Im Krankenhaus wurde ich schnell verarztet. Da man den Verdacht auf Tollwut tatsächlich nicht ausschließen konnte, bekam ich eine Spritze direkt in den Bauch. Das war furchtbar, die Spritze war riesengroß, und es tat sehr weh. Weinend saß ich danach neben meinem Onkel, der mich nach Hause fuhr. Ich fürchtete mich, denn ich musste jetzt jeden Tag eine Spritze bekommen, zehn Tage lang. Und ich musste es meinem Vater sagen. Wie würde er reagieren? Wie sollte ich jeden Tag in die Stadt kommen? Und wer sollte die Spritzen bezahlen?

Zu Hause kam das erwartete Donnerwetter. Mein Vater schlug wütend auf mich ein, als ob ich nicht genug Schmerzen gehabt hätte. Aber das kümmerte ihn nicht. Nachdem er sich ausgetobt hatte, ging er ins Kaffeehaus. Ich lag schluchzend auf dem Bett, *anne* machte mir Tee und tröstete mich. Danach bin ich jeden Tag alleine mit dem Bus in die Stadt gefahren. Ich musste umsteigen und war für eine Fahrt anderthalb Stunden unterwegs. Im Krankenhaus bekam ich die Spritze, und dann fuhr ich wieder nach Hause. Woher das Geld für die Behandlung kam, weiß ich nicht.

Nach meinem Unfall ging das Leben weiter – Arbeit, Arbeit, Arbeit. Mein *abi*, der die Schule inzwischen regulär verlassen hatte, und ich wurden als vollwertige Arbeitskräfte eingesetzt, und zwar jeden Tag. Gebraucht wurden wir natürlich überall, aber vor allem beim Tabakanbau. Der Tabak war ja eine Haupteinnahmequelle meiner Familie und beschäftigte uns daher rund ums Jahr. War er im Frühjahr angepflanzt, mussten die Pflanzen mehr oder weniger täglich versorgt werden. Besonders intensiv und mühsam aber war die Ernte. Mühsam deshalb, weil Tabak nachts geerntet werden muss – sobald die Sonne scheint, verlieren die Blätter ihren Saft und sind zum Schneiden zu schlapp. Also sind wir in der Erntezeit immer gegen Mitternacht oder spätestens um ein Uhr morgens aufgestanden und raus auf die Felder – Mutter, Bekir und ich. Mein Vater und meine kleine Schwester kamen nicht mit, die konnten weiterschlafen. Das fand ich ungerecht.

Ab August also weckte *anne* uns jede Nacht. Wenn sie »aufstehen, aufstehen« rief, war das vor allem für mich furchtbar, und regelmäßig verkroch ich mich unter der Decke. Obwohl ich am Abend davor immer sehr früh ins Bett ging, war ich überhaupt nicht ausgeschlafen. Manchmal musste mein Bruder mit einem unsanften Fußtritt nachhelfen. Völlig verschlafen haben wir dann ein Glas Tee getrunken und sind losgelaufen. Wir waren immer zwischen einer Stunde und anderthalb unterwegs, weil die Felder so weit draußen lagen. Es war auch schwierig für mich, den beiden Großen zu folgen, denn ich war noch klein und hatte kurze Beine. So kam ich oft mit einer Viertelstunde Verspätung auf dem Feld an.

Was dann folgte, war Schwerstarbeit. Es war dunkel, und wir hatten Petroleumlampen dabei. Nur so konnten wir die gelben Blätter erkennen. Die Tabakpflanzen, die zur Erntezeit einen Meter hoch standen, wurden von unten her geerntet. Dazu musste man in die Hocke gehen und sich in dieser Stellung vorwärts bewegen. Genau deshalb war es auch so anstrengend. Ich war zu dem Zeitpunkt etwa einen Meter dreißig groß, kippte immer wieder um und saß auf dem Boden. Sitzend aber konnte ich nicht schnell genug arbeiten. Also musste ich immer wieder aufstehen, um dann wieder in die Hocke zu gehen. Bald schon konnte ich meine Beine nicht mehr spüren.

So ging das bis Sonnenaufgang. Wir brachen die reifen Blätter ab und legten sie neben die Pflanzen, Reihe um Reihe. Spätestens um fünf, halb sechs musste die Arbeit getan sein. Dann kam mein Vater, gut ausgeschlafen, auf dem Esel angeritten. Zur Begrüßung fluchte er meistens. Denn irgendetwas hatten wir immer falsch gemacht. Danach beluden wir gemeinsam den Esel. Der wurde, je nachdem, wie viel wir in dieser Nacht geschafft hatten, mehr oder weniger schwer beladen. In der Zwischenzeit war ich richtig hungrig, und mein Magen knurrte laut. Aber das interessierte niemanden, zuerst musste die Ernte nach Hause gebracht werden.

Wir waren also auf dem Weg. Der voll beladene Esel vor uns, Vater mit einer Haselnussrute hinterher, Mutter, Bekir und ich. Müde trotteten wir die Felder entlang. Schließlich bog der Esel in den Weg zu unserem Haus ein, der führte steil abwärts und war ziemlich schmal. *Anne* rief: »Mehmet, der Weg ist nicht breit genug, da kommt der Esel nicht durch.« Da drehte mein Vater sich schnell nach ihr um, krebsrot im Gesicht schrie er, was ihr einfiele, sich in seine Angelegenheiten einzumischen. Sie habe keine Ahnung und solle gefälligst das Maul halten. Dann holte er aus und schlug auf sie ein. Mit der Gerte traf er sie mitten ins Gesicht, an den Armen und auf dem Rücken. Verzweifelt mussten wir zuschauen, wie unser Vater die Mutter verprügelte. Dazwischengehen konnten wir nicht, das hätte ihn nur noch mehr in Rage gebracht. So standen der *abi* und ich völlig erstarrt daneben und hofften, dass er bald aufhören würde. Irgendwann war er dann erschöpft und hielt inne. *Annes* Gesicht war blutüberströmt. Gebeugt stand sie da, stumm liefen ihr die Tränen über die Wangen. Als sie sich mit ihrem Kopftuch das Blut wegwischen wollte, fing er sofort wieder an zu toben. Sie solle das gefälligst lassen und endlich den Tabak nach Hause schaffen.

Aber der Esel bewegte sich nicht, seine Ladung war tatsächlich zu breit, er konnte nicht weitergehen. Da hieb Vater mit dem Stock auf das arme Tier ein und brachte ihn schließlich dazu, sich umzudrehen. Kommentarlos nahm mein Vater die breitere Straße. Der Esel passte mit seiner Fracht gut durch, genau wie *anne* es gesagt hatte. Zu Hause angekommen, mussten wir zunächst die Blätter abladen. Wir Frauen würden sie nach dem Frühstück auf Schnüre zum Trocknen aufziehen.

An diesem Tag hat mein Vater nicht mit uns gegessen, er verließ noch vor dem Abladen das Haus und kam erst spät am Abend wieder. Taten ihm solche Aussetzer Leid? Oder hat er sich geschämt? Ich glaube weder das eine noch das andere war der Fall. Für ihn war das ganz normal. Er war der Herr im Haus, sie war »nur« seine Frau und hatte sowieso nichts zu sagen. So war das immer schon gewesen, und so sollte es auch bleiben. Mein Vater war übrigens keine Ausnahme bei uns im Dorf. Es gab viele Männer, die ihre Frauen regelmäßig schlugen. Aber gäbe es einen Wettbewerb, wer seine Frau am schlechtesten behandelte, so würde mein Vater mit Sicherheit den ersten Preis gewinnen. Er machte auch nie einen Geheimnis daraus. Immer wenn er wütend war, und das war er oft, ging er – egal ob Sommer oder Winter – auf die Terrasse hinaus und fing an zu schreien, so dass man ihn im ganzen Dorf hören konnte.

Aber meine *anne* hat sich nie beschwert. Ich glaube, in all den Jahren, die sie mit meinem Vater verheiratet war, und das war fast ein halbes Jahrhundert, ist sie nur ein einziges Mal davongelaufen. Damals waren wir noch klein. Er hatte sie wieder mal – grün und blau – geschlagen, da ist sie gegangen. Nein, er hat sie nicht gesucht. Er wusste ja, dass sie wiederkommt. Schließlich waren wir Kinder im Haus geblieben, und er war sich sicher, dass sie uns nie verlassen würde. Ja, er kannte seine Frau sehr genau. Am nächsten Morgen kam sie wieder, und alles war wie vorher.

Ihr einziger Trost waren neben uns Kindern die Freundinnen. Nach solchen Vorfällen kamen sie und haben *anne* getröstet. Die Frauen in der Türkei haben sowieso sehr enge Beziehungen untereinander. Anders als hier in Deutschland, besuchen sie sich täglich, und falls keine Zeit zum Teetrinken und Schwatzen ist, helfen sie einander bei der Arbeit. Und die Frauen sind sehr offen miteinander. Sie reden viel freier über Liebe und Sex, als ich das zum Beispiel von deutschen Frauen weiß. Bei uns ist es völlig normal, darüber zu sprechen, wenn's zum Beispiel im Bett nicht mehr klappt, weil der Mann zu alt oder ständig betrunken ist. Die Freundinnen tauschen sich aus, hören einander zu und geben sich Ratschläge. Manchmal fantasieren sie auch, wie es wohl wäre, mit einer Frau zu schlafen. Da ich fast immer mit meiner Mutter zusammen war, habe ich solche Sachen natürlich auch mitgekriegt. Es schickte mich niemand aus dem Raum, wenn es mal wieder zur Sache ging. Vermutlich dachten sie alle, das muss sie ja ohnehin erfahren. Verstanden habe ich damals allerdings nicht sehr viel.

Seit meiner Verlobung trug ich ein Kopftuch, als Zeichen der Keuschheit. Hin und wieder kam ein Brief aus Deutschland, den ich aber nicht lesen konnte. Also ging ich zu meiner studierten *teyze*, Tante, und bat sie, ihn mir vorzulesen. Mustafa schrieb nicht viel, aber immer sagte er, dass er mich liebe und vermisse. Manchmal steckte er 50 oder 100 DM in den Umschlag. Das freute mich natürlich, obwohl ich wusste, dass ich das Geld nicht behalten durfte. Ich gab es immer meinem Vater, er brauchte nicht mal zu fragen. Manchmal habe ich Mustafa auch geantwortet. Ich bin also wieder zur Tante gegangen und habe ihr erzählt, was ich ihm antworten will. Sie hörte genau zu und schrieb alles auf. Auch in meinen Briefen war von Liebe die Rede, obwohl ich gar nicht wusste, was das ist – die Liebe. Aber damals war ich überzeugt, in Mustafa verliebt zu sein. Oder war es die Verlockung, nach Deutschland zu gehen, in die ich mich verguckt hatte? Inzwischen glaubte ich ja auch, das große Los gezogen zu haben.

Dann kam der Sommer, und meine Tante kündigte ihren Besuch an. Das erste Mal seit unserer Verlobung vor zwei Jahren. Zusammen mit Onkel, Mustafa und den kleinen Brüdern wollte sie bei uns im Dorf Urlaub machen. Ich war aufgeregt, wusste aber gar nicht, was mich erwartete. Wie verhielt sich eine Braut, die ihren Verlobten so lange nicht gesehen hatte? Am zweiten Tag nach ihrer Ankunft kam Mustafa vorbei. Er wollte mit mir spazieren gehen und fragte meinen Vater. Der brummte vor sich hin und sagte: »Ja, ja, geht nur!« Obwohl es ihm sicher lieber gewesen wäre, wenn ich weitergearbeitet hätte. Wir sind also hinaus auf die Straße und liefen nebeneinander her, beide verlegen. Die Nachbarn begrüßten uns, und die Männer haben die eine oder andere anzügliche Bemerkung fallen gelassen. Da fasste mich Mustafa plötzlich bei der Hand, sollten doch alle sehen, dass ich ihm gehörte. Mir war das peinlich, aber ich konnte mich nicht befreien, er hatte einen festen Griff. Wir sind dann aus dem Dorf hinausgelaufen, Richtung Opas Mühle. Das ist ein besonders schöner Weg, weil er an einem Bach entlangführt. Es war ein warmer Sommertag, aber ich konnte mich nicht wirklich entspannen. Wie sollte ich mich verhalten? Ich sollte nett zu ihm sein, aber auch nicht zu nett.

Als wir die letzten Häuser des Dorfes hinter uns gelassen hatten, versuchte Mustafa mich zu küssen. Er packte mich fest an den Schultern und drückte mir seinen nassen Mund ins Gesicht. Mit seiner Zunge versuchte er, meine Lippen zu öffnen, aber das ließ ich nicht zu. Nein, so weit durfte er nicht gehen. Wobei ich keine Ahnung hatte, wie weit er gehen konnte. Ich wusste nur, dass ich ihm nicht nachgeben durfte. Sonst war es um mich geschehen.

Solche Spaziergänge machten wir in jenem Sommer öfter. Und immer wollte Mustafa mich küssen, und immer war es mir unangenehm. Einmal sind wir zusammen mit Tante und Onkel zu Verwandten gefahren. Sie lebten in einem anderen Dorf, ungefähr eine Stunde Autofahrt von Ballidere entfernt. Das war für mich sehr aufregend, weil ich so gut wie nie von zu Hause wegkam. Diesen Ausflug sollte ich jedoch nie vergessen. Denn dort im Haus einer seiner Tanten ist es dann passiert. Ich bin ganz normal aufs Klo gegangen und stellte plötzlich fest, dass meine Unterhose blutig war. Was war das? Ich blutete! Würde ich jetzt sterben? Viele verwirrende Gedanken schossen mir durch den Kopf, aber ich fand keine schlüssigen Antworten. An wen sollte ich mich wenden? Meine Tante konnte ich nicht fragen, das wäre mir peinlich gewesen. Gott sei Dank sind wir bald wieder nach Hause gefahren. Aber das war keine große Hilfe, denn auch mit meiner Mutter konnte ich nicht darüber sprechen. Über solche

Dinge reden Mütter und Töchter nicht. Ich fing also an zu überlegen, wie ich dieses Blut stoppen konnte. In einer der Rumpelkammern bei uns im Haus habe ich schließlich ein paar Stofffetzen gefunden, sie in Stücke gerissen und in die Unterhose gelegt. Später, wenn sie voller Blut waren, habe ich sie heimlich ausgewaschen und auf dem Dachboden zum Trocknen aufgehängt.

Was war das? Blut in der Unterhose? Meine Angst hatte sich zwar ein bisschen gelegt, schließlich lebte ich noch und war nicht, wie erwartet, nach ein paar Stunden gestorben. Aber was in meinem Körper vor sich ging, verstand ich nicht. Nach ein paar Tagen habe ich mich einer Freundin anvertraut. Sie war ein bisschen älter als ich und wirkte schon ziemlich erwachsen. Als sie hörte, was passiert war, fing sie an zu lachen und erklärte mir, dass ich das jetzt jeden Monat bekommen würde und dass ich ab jetzt schwanger werden könne. Mehr sagte sie nicht. Ich war natürlich in keiner Weise aufgeklärt, sieht man mal von den intimen Frauengesprächen bei uns in der Küche oder auf der Terrasse ab. Aber die waren damals für mich völlig unverständlich.

Immerhin wusste ich, dass Kinderkriegen etwas mit den Männern zu tun hatte. Nur wie das funktionierte, wusste ich nicht. Aber mir war klar, dass ich vor Mustafa auf der Hut sein musste, ihn auf keinen Fall mehr an mich ranlassen durfte. Wer weiß, vielleicht konnte man auch durch Küssen schwanger werden? Ich traute mich nicht, jemanden danach zu fragen.

Mustafa hatte natürlich gemerkt, dass ich mich verändert hatte. Gegen die Küsserei hatte ich mich am Anfang gewehrt, aber es dann doch zugelassen. Jetzt ließ ich mich nicht einmal mehr in den Arm nehmen. Nur noch Händchen halten war erlaubt. Ich konnte ihm das auch nicht erklären, er hätte es sowieso nicht verstanden. Männer und Frauen sprachen nicht über solche Dinge, und Kinder schon gar nicht. Der Urlaub hat ihm, glaube ich, nicht besonders gut gefallen. Nach zwei Wochen sind er und seine Eltern wieder abgereist. Ich war ein bisschen traurig, denn wenn er weg war, mochte ich ihn sowieso viel lieber.

Irgendwann merkte *anne* doch, dass ich meine Periode bekommen hatte. Sie machte nicht viel Aufhebens, gab mir eine Art Gürtel und zeigte mir, wie die Stoffbinden festzumachen waren. Sonst sagte sie nichts. Aber sie war besorgt, das spürte ich. Was ich nicht wusste, war, dass jetzt einer Heirat mit Mustafa nichts mehr im Weg stand. Denn verheiratet werden können Mädchen auch in der Türkei erst dann, wenn sie ihre Tage bekommen haben. In den letzten zwei Jahren hatte die Schwägerin immer wieder gefragt, wie es aussah, ob es denn schon so weit sei. Und jedes Mal konnte Mutter wahrheitsgemäß antworten: »Nein, noch nicht.« Was Songül damals umtrieb, war ihr klar. Sie wollte Mustafa und mich so schnell wie möglich zusammenbringen. Denn ihr Sohn wurde älter und immer ungeduldiger. Wie lange würde sie ihn noch zügeln können? Meine *anne* wusste jetzt, bei der nächsten Anfrage würde sie mit »ja« antworten müssen.

Von all den Überlegungen der Erwachsenen hatte ich nichts mitbekommen. Dadurch, dass man uns Kindern nie etwas sagte, sondern uns vor vollendete Tatsachen stellte, überrollten mich die Ereignisse. Im Sommer 1978 trafen Tante, Onkel und Mustafa bei uns im Dorf ein. Im ersten Moment dachte ich: ›Ah, schau, jetzt machen sie schon wieder Urlaub.‹ Und noch während ich überlegte, wie lange sie diesmal wohl bleiben würden, sagte meine Mutter zu mir, dass es jetzt wohl bald so weit sei. Aber zu dem Zeitpunkt gab es ja noch das Problem mit den Papieren.

Ich war nämlich zu jung. Offiziell dürfen Mädchen in der Türkei (damals wie heute) erst ab siebzehn bzw. achtzehn Jahren heiraten. Einzige Ausnahme: Sind die Eltern einverstanden, ist eine Eheschließung schon mit sechzehn möglich. Aber was tun, wenn die Braut erst vierzehn ist? In diesem Fall gab und gibt es die Möglichkeit der *Imam-Ehe*, also der religiösen Eheschließung. Das minderjährige Mädchen und der – oft ältere – Mann werden zunächst nur religiös getraut. Sie geben sich vor dem *Hoca* und der Familie das Ja-Wort und sind damit – vor *Allah* – Mann und Frau. Später, wenn die Braut das vorgeschriebene

Alter erreicht hat, heiratet das Paar noch einmal auf dem Standesamt. Eine Möglichkeit, die bei uns vor allem auf dem Land genutzt wurde und wird.

Aber das hätte bei mir nicht geklappt. Da ich nach Deutschland verheiratet werden sollte, kam eine *Imam-Ehe* nicht in Frage. Ich brauchte einen gültigen Pass, um heiraten und ausreisen zu können. Da war guter Rat teuer. Mein Geburtstag war offiziell der 15. Januar 1964. Im Sommer 1978 war ich also erst vierzehneinhalb Jahre alt, und selbst mit dem Einverständnis der Eltern noch zu jung zum Heiraten. Tante Songül aber wollte nicht mehr warten. Sie brauchte die Schwiegertochter jetzt. Um die geplante Hochzeit durchziehen zu können, musste ich also um ein paar Jahre älter gemacht werden. Obwohl man Ländern wie der Türkei nachsagt, dass mit ein bisschen Bakschisch alles geht, brauchten sie einen Plan. Der war schnell gefunden, man musste das Geburtsdatum leicht korrigieren. Aber Geld allein würde nicht genügen, um einen falschen Pass in unserer Bezirkshauptstadt zu beantragen. Dort war ich registriert, und bei den Passformalitäten würde man unweigerlich auf mein richtiges Geburtsdatum stoßen. Die Behörden mussten also getäuscht werden.

Vater, Onkel und Tante haben sich also eine Geschichte ausgedacht, die ging in etwa so: In meiner Familie hätte es Streit gegeben und einer meiner Onkel sei umgebracht worden. Aus Angst vor noch mehr Blutrache sei die Familie nach dem Mord aus unserem Heimatdorf weggezogen und hätte sich jetzt in einem anderen Ort, einem anderen Bezirk niedergelassen. So oder so ähnlich wurden Vater und Onkel bei dem Amt des benachbarten Bezirks vorstellig. Zufälligerweise bräuchte nun die Tochter bzw. Nichte, so die Geschichte weiter, einen neuen Pass. Deshalb sei man hier. Man wolle neue Papiere beantragen, und das seien die Daten. Ich habe keine Ahnung, ob und wie viel Geld geflossen ist, um dem Beamten diese Geschichte zu verkaufen.

Nachdem der Antrag mit den falschen Daten gestellt worden war, mussten wir jeden Tag in die Hauptstadt des Nachbarbezirks fahren. Aber der Weg dorthin war lang und beschwerlich. Schon morgens um halb sieben fuhren wir mit einem alten, klapprigen Bus in Ballidere los. Da es keine direkte Verbindung gab, mussten wir einmal umsteigen. So erreichten wir nach anderthalb Stunden Fahrtzeit unser Ziel. Es war jeden Tag das Gleiche. Wir kamen im Amt an, und Vater oder Onkel erkundigten sich nach meinem Pass. Und jeden Tag wurden wir vertröstet. Weder Vater noch der Onkel konnten in Erfahrung bringen, wie lang es noch dauern würde. Die Tante wurde ziemlich ungeduldig und fing an zu zetern. Wahrscheinlich hatte man etwas falsch gemacht, und es würde doch nicht klappen.

Ich war zuversichtlicher, aber gesagt habe ich nichts. Nachdem sich bei mir der erste Schock gelegt hatte, wurde ich immer aufgeregter. Bald würde sich mein Leben ändern. Und die Freude vermischte sich mit der Angst. Oft wusste ich nicht, ob ich lachen oder weinen sollte. Mit Mustafa war es komisch. Er wurde immer fordernder, wollte mich ständig küssen und anfassen. Aber ich sagte ihm, dass er noch warten müsse bis zur Hochzeit, vorher würde nichts gehen. Wir waren auch nicht so oft zusammen, denn in die Stadt ist er selten mitgefahren. Ich glaube, er hat die meiste Zeit bei irgendwelchen Cousins verbracht.

Wir anderen unternahmen also zwei Wochen lang jeden Tag die gleiche Reise und waren schon ziemlich zermürbt. An einem Morgen jedoch kam mein Vater triumphierend die Treppe des Amtsgebäudes herunter. Er strahlte über das ganze Gesicht und sagte: »Es hat geklappt. Du musst nur noch unterschreiben.«

Zusammen sind wir dann zu dem zuständigen Beamten gegangen, ich malte meine Unterschrift, das hatte ich inzwischen gelernt, und nahm meinen Pass entgegen. Jetzt war es amtlich: Laut Geburtsdatum war ich am 15.1.1962 geboren worden und jetzt sechzehn Jahre alt. So war ich innerhalb von ein paar Wochen um zwei Jahre gealtert. Einer Hochzeit stand nun nichts mehr im Weg.

Die Hochzeit ist der Höhepunkt im Leben eines jeden türkischen Mädchens. Egal ob die Leute reich oder arm sind, es gibt immer ein großes Fest. Ein Fest, das sich über insgesamt drei Tage hinzieht, bei dem das ganze Dorf mitfeiert. Sogar Verwandte aus Deutschland hatten sich angesagt. Während wir in Ballidere noch mit der Beschaffung meiner Papiere und den ersten Vorbereitungen für den schönsten Tag meines Lebens beschäftigt waren, machten sich der Cousin meines Vaters mit seiner Frau und seinem erwachsenen Sohn auf den Weg. Sie sollten ein paar Tage vor dem großen Fest eintreffen. Es war immer eine große Aufregung, wenn sich jemand aus Deutschland angekündigt hatte. Diesmal war die Freude doppelt groß, weil es neben dem Wiedersehen auch meine Hochzeit zu feiern gab. Da wir ungefähr wussten, wann sie in Dortmund losgefahren waren, hatten wir den Zeitpunkt ihrer Ankunft ausgerechnet. Also warteten wir auf sie, aber sie trafen nicht ein. Mit jedem Auto, das in unserem Dorf ankam, und das waren damals nicht viele, wurden wir nervöser. Jedes Mal war es jemand anderes. Nach einer Woche qualvollen Wartens kam schließlich ein Anruf aus Deutschland. Ein Bruder meines Vaters rief an und berichtete mit gequälter Stimme, was passiert war.

Wie alle Türken, die mit dem Auto nach Hause fuhren, nahmen auch unsere Verwandten aus Dortmund die Strecke über Jugoslawien. Der Autoput war damals ebenso berühmt wie berüchtigt. Die Autobahn, eigentlich nur eine ausgebaute Landstraße, war immer stark befahren. Vor allem in den Sommermonaten stauten sich die Autoschlangen oft über viele Kilometer. Dazu kam ihr extrem schlechter Zustand – sie hatte teilweise knietiefe Schlaglöcher. All dies machte sie zu einer der gefährlichsten Strecken Europas. Dazu kam, dass viele zu schnell und völlig übermüdet fuhren, weil sie alle möglichst schnell nach Hause wollten. Auf jeden Fall ereigneten sich jedes Jahr viele Unfälle, was den Abschnitt zwischen Zagreb und Skopje zur reinsten Todesstrecke machte. Vaters Cousin war schon über achtzehn Stunden unterwegs, als sich in der Nähe von Belgrad der Unfall ereignete. Ein LKW hatte das Auto bei einem Überholmanöver übersehen und an der Leitplanke zerquetscht. Die drei Insassen waren sofort tot gewesen.

Anstatt meiner Hochzeit gab es Ende Juli 1978 deshalb eine Totenfeier. Unsere Familie hatte drei Verwandte auf einen Schlag verloren. Zur Beerdigung kamen auch viele Verwandte aus Deutschland. So war es doch noch ein großes – wenn auch ein trauriges – Familientreffen geworden.

Für mich war das Ganze natürlich furchtbar traurig. Anstatt meiner Hochzeit fand nun im Dorf eine große Beerdigung statt. Vater und auch Tante Songül, meine künftige Schwiegermutter, waren der Meinung gewesen, dass man unter solchen Umständen keine Hochzeit feiern konnte. Drei Tage nach der Beerdigung gingen wir also aufs Standesamt und ließen uns trauen. Das war eine traurige Veranstaltung, an die ich mich nur noch dunkel erinnere. Ich weiß nicht einmal mehr, wer außer den beiden Elternpaaren noch dabei war. Die Zeremonie war kurz und ziemlich nichts sagend. Aber bei uns ist die standesamtliche Trauung eher nebensächlich. Das Wichtigste bei einer türkischen Hochzeit ist immer die Feier selbst. Und meine Hochzeit sollte nun nicht zu Hause in meinem Dorf stattfinden, sondern ein paar Wochen später im fernen Deutschland.

Wieder hatte mich niemand gefragt, ob ich das auch wollte. Wie immer setzte man voraus, dass ich mich dem Willen der anderen beugen würde. Das tat ich auch, aber gefallen hat es mir nicht. Viel lieber hätte ich mit meiner Familie zu Hause gefeiert, aber das ging nun nicht. Nachdem wir die Formalitäten erledigt hatten, die Beerdigung und Trauung hinter uns lagen, ging alles ganz schnell. Meine Schwiegereltern hatten schon die Flugtickets für uns alle gekauft, so dass nun der Abschied kam. Ich musste mein Dorf, meine Familie verlassen. Das war furchtbar. Tagelang habe ich nur geweint. Wenn uns niemand beobachtete, lagen meine Mutter und ich uns in den Armen. Ich glaube, für sie war es genauso schlimm wie für mich.

Damals bin ich alle Plätze abgelaufen. Ich bin noch einmal hoch in die Berge und habe über unser Tal geschaut. Der Abschiedsschmerz hat mir schier das Herz zerrissen. Tränen liefen mir über mein Gesicht, Schluchzen kam aus meiner Kehle. All die glücklichen Momente, die ich hier oben mit Fidan erlebt hatte, gingen mir durch den Kopf. Wie sollte ich in einem völlig fremden Land leben können, ohne unsere Hügel und Berge, ohne die Felder und Wiesen? Ich war sicher, dass ich das nicht überleben würde. Mustafa, der ja jetzt mein Ehemann war, fand mich, glaube ich, ziemlich komisch. Er verstand überhaupt nicht, was ich da machte. Auch er würde bald das Dorf verlassen, aber er schien nicht einmal darüber nachzudenken. Für ihn war es etwas anderes, er lebte damals schon seit sieben oder acht Jahren in Deutschland, Heimweh nach der Türkei hatte er nur selten.

Nachdem ich mich also von all den Orten meiner Kindheit verabschiedet hatte, musste ich Abschied von den Menschen nehmen. Besonders schwer fiel mir das Lebewohl von meinen Großeltern. Sie und die Mühle waren immer mein Zufluchtsort gewesen, wie konnte ich sie verlassen? Oder meine Geschwister? Vor allem meinen Bruder würde ich vermissen, meine Schwester weniger. Wir hatten nie eine besonders gute Beziehung gehabt. Auch Vater würde mir nicht fehlen. Im Gegenteil, ich war froh, ihn loszuwerden. Damals wusste ich freilich nicht, gegen wen ich ihn eintauschte. Am schwersten aber fiel mir der Abschied von *anne*. Tage vor unserer Abreise schmerzte mir das Herz, wenn ich nur daran dachte. Aber noch war es nicht so weit. Ich hatte noch eine kleine Schonfrist – die Eltern würden uns nach Istanbul begleiten.

Ende Juli 1978 war es dann so weit. Ich hatte meine Habseligkeiten in einer kleinen Tasche verstaut – viel war es nicht, eine Hose, ein Kleid, zwei Röcke, eine paar Blusen und ein paar Unterhosen. So stand ich nun auf der Terrasse unseres Hauses. Es war sechs Uhr abends, unser Bus nach Istanbul würde in einer Stunde losfahren. Alle waren gekommen, die Großeltern, Onkel und Tanten, die Cousins und Cousinen, die Freundinnen und die Nachbarn. Mindestens zwanzig oder dreißig Leute waren versammelt. Es herrschte eine merkwürdige Stimmung, obwohl sich die meisten für mich freuten, waren sie auch traurig, manche weinten sogar. Auch ich war völlig hin- und hergerissen. Ein Teil von mir wollte bleiben, der andere wollte gehen. Was mit Mustafa war? Ich habe überhaupt keine Erinnerung mehr an ihn. Auch was seine Mutter und sein Vater gemacht haben, habe ich vergessen. Ich weiß nur noch, dass wir sechs irgendwann an diesem Abend in einem großen Reisebus saßen und auf dem Weg nach Istanbul waren.

Meine Mutter und ich saßen nebeneinander und hielten uns an den Händen. Der Bus war zwar ziemlich alt, aber längst nicht so klapprig wie die, die bei uns von Dorf zu Dorf fuhren. Dennoch war die Fahrt höllisch. Viele Stunden fuhren wir auf engen, schlechten Straßen, quer durch Anatolien. Hin und wieder hielt der Busfahrer an, so dass die Passagiere sich die Beine vertreten oder aufs Klo gehen konnten. Draußen war es dunkel, wir konnten nichts sehen, aber das war *anne* und mir sowieso egal. Eng aneinander gekuschelt, saßen wir in den Sitzen und haderten mit unserem Schicksal.

Fünfzehn, sechzehn Stunden später erreichten wir Istanbul. Es war vormittags, und auf den Straßen der Stadt herrschte reger Verkehr. Obwohl ich die Nacht kaum geschlafen hatte, war ich hellwach und furchtbar aufgeregt. So viele Autos hatte ich noch nie gesehen. Auch die großen Häuser, und die Läden und die vielen Menschen. Das war alles neu für mich. So viel Trubel hatte es in meinem ganzen Leben noch nicht gegeben. Am Istanbuler Busbahnhof angekommen, wurde unser Gepäck ausgeladen, und jetzt mussten wir den Anschlussbus suchen. Denn ein städtischer Bus sollte uns weiter zu Mustafas Großmutter bringen. Sie war die Mutter seiner Mutter, die ich noch von früher kannte. Als wir noch Kinder waren, hatte sie auf dem Land gelebt. Mustafa war bei ihr im Dorf, zwei Stunden von Ballidere entfernt, aufgewachsen. Vor ein paar Jahren hatte sie sich in Istanbul niedergelassen. Bei ihr würden wir die nächsten zwei Tage verbringen, bis wir endgültig nach Deutschland abreisten.

Das Haus der Großmutter lag in *Beylerbeyi*, dem asiatischen

Teil von Istanbul. Dort hatten sich damals viele *gecekondus* gebildet. Das waren jene Stadtviertel, die seit den 60er Jahren wie Pilze aus dem Boden schossen. Die Menschen, die vor der Armut auf dem Land in die Stadt flüchteten, bauten sich quasi über Nacht eine Hütte aus Brettern und Blech zusammen, stellten ihre Habseligkeiten unter und gingen am nächsten Tag auf Arbeitssuche. Später dann wurden diese Hütten in richtige Häuser mit einem Betonfundament und Wänden aus Stein umgebaut. Auch Strom und Wasser wurden erst nach und nach verlegt. Diese Siedlungen waren illegal, aber die Stadtverwaltung von Istanbul hatte nie wirklich etwas dagegen unternommen.

Nein, Mustafas Großmutter lebte nicht in einer Bretterhütte. Sie hatte mit dem Geld von Tochter und Schwiegersohn aus Deutschland ein Grundstück am Rande eines *gecekondus* gekauft und mit Hilfe ihrer anderen Söhne angefangen zu bauen. Als wir damals zu Besuch waren, war das Haus zweistöckig und notdürftig verputzt, aber für unsere Verhältnisse ziemlich luxuriös eingerichtet. In der Zwischenzeit besteht das Gebäude aus vier Stockwerken, und ein zweites Haus in der Nähe ist dazugekommen. Ein Teil von Tante Songüls und Onkel Ahmeds Clan lebte dort das ganze Jahr über, die anderen verbrachten immer nur den Sommer dort. In diesem Jahr hatten meine Schwiegereltern ihre vier kleineren Söhne dort gelassen. Sie hatten sie nicht bei den Vorbereitungen für die Hochzeit dabeihaben wollen. Bei der Großmutter waren sie gut aufgehoben.

Ich war damals tief beeindruckt. Die Größe des Hauses, der Straße und der Stadt überwältigten mich. Gerne hätte ich mehr gesehen. Aber wir sind nicht hinunter an den Bosporus gefahren, auch sonst haben wir nichts angeschaut. Ich weiß nicht, ob andere Türken das machen, ich jedenfalls kenne die Sehenswürdigkeiten von Istanbul bis heute nicht. An den zwei verbleibenden Tagen haben wir Verwandte besucht, ein paar meiner Onkel und Freunde und Nachbarn aus unserem Dorf hatten sich hier niedergelassen. Wir besuchten sie alle, tranken Tee und plauderten. Und die Zeit verging wie im Flug.

Am 1. August war es endgültig so weit. Um zehn Uhr sollte die Maschine abheben. In der Nacht habe ich wieder kein Auge zugetan. *Anne* auch nicht. Wir schliefen alle im gleichen Raum, und ich hörte sie leise ins Kissen weinen. Vater schnarchte. Ich glaube, er war erleichtert, mich endlich loszuwerden. Morgens sind wir zeitig aufgestanden, haben kurz gefrühstückt, aber viel habe ich nicht essen können. Ich war viel zu aufgeregt. Einer meiner Onkel, der ja auch Mustafas Onkel war, hat uns um acht Uhr an den Flughafen gebracht. Dann ging alles sehr schnell: Koffer auf einen Wagen, einchecken, Vater und Mutter verabschieden, Passkontrolle und das war's. Der Abschied war dramatisch gewesen, sogar bei Vater meinte ich ein bisschen Traurigkeit zu spüren, als er mich kurz umarmte. Aber *anne* und ich konnten uns kaum trennen. Onkel Ahmed musste schließlich zwischen uns gehen. Danach konnte ich sie nur noch durch eine dicke Glasscheibe sehen. Tränenüberströmt wandte ich mich ab.

Als Nächstes erinnere ich mich an einen Fensterplatz in diesem stählernen Vogel, dem Flugzeug. Ich staunte. Die schönen Uniformen der Stewardessen, die Mitreisenden, die ganze Atmosphäre. Mir stockte der Atem. Eine Stimme ertönte und wies uns an, den Gurt anzulegen. Das Licht ging aus, und schon bald beschleunigte die Maschine. Dann waren wir in der Luft. Es ging so schnell, dass ich nicht mal Zeit gehabt hatte, mich zu fürchten. Das Flugzeug flog einen Bogen über das Meer und stieg immer weiter in den stahlblauen Himmel hinauf. Ich lehnte mich zurück, schloss die Augen und dachte an die Berge und Hügel von Ballidere und an meine *anne*. Tränen liefen über mein Gesicht.

Mein neues Leben

1. August 1978, 12.30 Uhr, Flughafen München-Riem. Die Maschine der Turkish-Air aus Istanbul war pünktlich gelandet. Meine neue Familie und ich standen in einer langen Schlange am Einreiseschalter. Vor uns, hinter uns, überall türkische Gastarbeiter. Sie alle kamen aus dem Sommerurlaub zurück. Nur ich, *Ayşe*, ich war neu in diesem Land. An der Passkontrolle gab es keine Probleme, alle Stempel waren vorhanden, der Zollbeamte ließ mich ungehindert einreisen. Ob es wohl schwierig gewesen wäre, wenn ich einen anderen Namen getragen hätte? Denn in meinem Pass war ja immer noch mein Mädchenname eingetragen. Eine Namensänderung war nicht nötig gewesen, da ich ja einen Cousin geheiratet hatte. Ich hieß jetzt genauso wie vor der Hochzeit. Der Zollbeamte hielt mich vermutlich für die Tochter der Großfamilie. Dass er eine minderjährige Ehefrau vor sich hatte, auf die Idee wäre er sicher nie gekommen.

In der nächsten Halle drängten sich viele Menschen. Sie standen um ein Band herum, das sich durch den Raum schlängelte. Dann kamen die ersten Koffer. Ich staunte. Waren das nicht die Koffer, die wir in Istanbul abgegeben hatten? Onkel Ahmed hatte mit Mustafa inzwischen einen Wagen besorgt. Die Schwiegermutter stand mit dem Kleinkind auf dem Arm in der vordersten Reihe. Als der erste unserer Koffer auf dem Band kam, rief sie Onkel Ahmed. Der bahnte sich einen Weg durch die Menge und hievte ihn direkt auf das Wägelchen. Es dauerte eine Weile, bis wir unser ganzes Gepäck beieinander hatten. Und alle, außer den Kleinen, waren damit beschäftigt. Die drei Jungen liefen in die Menschenmenge, immer hin und her. Sie spielten Fangen miteinander und amüsierten sich köstlich. Es war ein ziemlicher

Auftrieb, um mich herum nur türkische Wortfetzen. Das beruhigte mich ein bisschen, und ich war nicht mehr ganz so aufgeregt.

Mit dem Wägelchen und den Kindern im Schlepptau machten wir uns auf den Weg. Ich wusste nicht wohin, also lief ich hinter den anderen her. Wir durchquerten eine große Halle und stiegen dann in einen Bus ein. Hier waren auch andere Menschen. Sie waren anders gekleidet und sprachen eine andere Sprache. Das musste *Alman* sein. Es dauerte eine Weile, bis alle im Bus waren und er losfahren konnte. Nach einer kurzen Strecke hielt er an, und wir mussten wieder aussteigen. Das war ein ziemlicher Umstand, weil wir so viele Personen waren und so viel Gepäck hatten. Alle anderen stiegen auch aus. Was für ein Gedrängel! Hier gab es keine Wägelchen, also mussten wir unser Gepäck selber tragen. Onkel Ahmed und Mustafa übernahmen die Koffer, und ich schleppte mich mit den Taschen ab. Die Tante trug das Kleinkind und hatte den zweitjüngsten Sohn an der Hand. Wir erreichten ein Gebäude, dort waren wieder viele Menschen. Manche standen an einem Schalter an, andere vor blauen, eckigen Maschinen. Meine Schwiegermutter steuerte auf eine dieser Maschinen zu, warf Münzen in einen Schlitz, drückte einen Knopf, und wenig später kamen ein paar Streifen Papier heraus. Aus dem Gespräch mit meinem Schwiegervater entnahm ich, dass das wohl die Fahrscheine waren. Sie beschwerte sich, dass es so teuer sei. Wir großen Kinder kosteten offensichtlich so viel wie die Erwachsenen. Dann fuhr ein Zug ein. Wir schafften unser ganzes Gepäck in einen Waggon, schoben die Kinder hinein und stiegen schließlich selbst ein. Zum Staunen blieb keine Zeit.

Für mich war alles neu. Ich war noch nie in einem Flugzeug geflogen, auch einen Zug hatte ich noch nie gesehen, geschweige denn war ich in einem gefahren. Ich glaube, mir stand ständig der Mund offen vor lauter Staunen. Dann setzte sich dieses komische Gefährt in Bewegung und fuhr los. Rechts und links satte, grüne Wiesen, vorbei an gelben Getreidefeldern, Baumgruppen und kleinen Wäldchen. Dazwischen lagen immer wieder Dörfer, in denen wir anhielten und Leute aus- und einstiegen. So sind wir eine halbe Stunde gefahren, dann waren wir da. Unsere Endstation war ein Vorort im Münchner Osten. Aber das sagte mir damals natürlich überhaupt nichts.

Das Gepäck stand auf dem Bahnsteig. Onkel Ahmed und Mustafa mühten sich wieder damit ab. Ich trug ein paar Taschen und die Schwiegermutter den Kleinen. Müde trotteten wir eine Schotterstraße entlang. Hier sah es anders aus als bei uns. Die Häuser waren weiß gestrichen, und die meisten hatten hübsche, kleine Vorgärten, in denen bunte Blumen blühten. Dann hörten die Häuser auf, und wir liefen weiter durch grüne Wiesen, an einem kleinen Bach vorbei. Die Bienen summten, und die Vögel zwitscherten. Die Wiesen waren viel grüner als bei uns. Hier gefiel es mir.

Nach einem halbstündigen Fußmarsch hatten wir wieder Häuser erreicht und liefen durch eine kleine Siedlung. Ich spürte, dass wir neugierige Blicke auf uns zogen: Die Tante und ich mit unseren Kopftüchern, den bunten Röcken und den Pumphosen darunter. Der Onkel mit seiner Schirmmütze und den vielen Kindern im Schlepptau. Meine Schwiegermutter führte unsere kleine Karawane an. Plötzlich hielt sie vor einem Zweifamilienhaus an. »Da sind wir«, sagte sie und drückte mir das Kleinkind in den Arm. Sie holte einen Schlüssel aus ihrer Tasche und öffnete die Haustür. Über eine Marmortreppe gelangten wir in den ersten Stock. Oben waren zwei weiße Türen. In die linke steckte sie einen weiteren Schlüssel und öffnete sie. Dann schaltete sie das Licht an. Ich trat ein und stand in einem kleinen Flur, von dem zwei Räume abgingen. Es war dunkel in der Wohnung und angenehm kühl, aber es roch muffig. Die Fenster mussten dringend geöffnet werden. Hier war es also, mein neues Zuhause. Ich war angekommen in der deutschen Heimat meiner neuen Familie.

Die Ein-Zimmer-Wohnung meiner Schwiegereltern war nicht besonders groß: Der kleine Flur, eine Küche, ein Zimmer und ein WC. Badezimmer gab es keins. Aber das störte mich nicht. Da, wo ich herkam, war es ähnlich eng gewesen. Alles andere hätte mich nur noch mehr erstaunt. Inzwischen war es später Nachmittag, und wir waren alle ziemlich erschöpft. Die Männer räumten die Koffer in das eine Zimmer, und Tante hantierte mit dem Geschirr in der Küche. Ich saß auf einem Stuhl und schaute vor mich hin. Da ertönte auch schon ihre Stimme: »Komm, steh auf und hilf mir. Wir brauchen etwas zu essen.« Sie drückte mir eine Schüssel mit Kartoffeln in die Hand und bat mich, sie zu schälen. Sie selbst holte Tomaten und Gurken aus einer der mitgebrachten Taschen, wusch und schnitt sie in kleine Scheiben. Als ich mit den Kartoffeln fertig war, wies sie mich an, sie in Würfel zu schneiden. Die brieten wir dann in einer großen Pfanne.

Innerhalb kürzester Zeit hatten wir ein Essen für alle zubereitet. Als es an's Tischdecken ging, kam ich wieder ins Staunen. Hier gab es nicht nur viele Teller, auch Tassen und Gläser waren in rauen Mengen vorhanden. Was für ein Unterschied! Zu Hause hatten wir gerade mal zwei Teller, ein paar Tassen und ein wenig Besteck gehabt. Mehr brauchten wir auch nicht, denn Mutter, meine Geschwister und ich hatten sowieso immer nur aus einem einzigen Teller gegessen. Hier hatte jeder einen eigenen Teller. Als die dampfenden Kartoffeln auf dem Tisch standen, merkte ich plötzlich, wie hungrig ich war. Vor lauter Aufregung hatte ich den ganzen Tag nichts gegessen. So griff ich herzhaft zu. »Na, sie kann hoffentlich noch mehr als reinhauen«, brummte meine Schwiegermutter leise.

Nach dem Essen musste ich abwaschen. Das war schwierig, weil das Spülbecken für mich zu hoch war. Ich suchte mir also einen kleinen Schemel, auf den ich mich stellen konnte. Tante Songül brachte den Kleinen ins Bett. Die anderen Jungen alberten im Zimmer herum. Wo Mustafa war, weiß ich nicht. Vielleicht waren er und der Onkel zu den Verwandten nach unten gegangen. Im Erdgeschoss lebte nämlich eine unserer Tanten mit ihrer Familie. Tante Songül war mit dem Auspacken beschäftigt. Dann kam sie in die Küche zurück und herrschte mich an, warum ich mit dem Abwaschen noch nicht fertig sei. Als ich ihr sagte: »Ich hab's doch gleich, Tante«, erwiderte sie: »Ich bin jetzt deine *Mutter*, merk dir das. Ab sofort nennst du mich *Mutter* und deinen Onkel *Vater*, verstanden?« Was sollte das? Ich hatte doch schon eine Mutter, und sie war nur meine *Tante*, warum sollte ich sie plötzlich *Mutter* nennen? Ich wusste nicht, was ich sagen sollte, also schwieg ich und beendete meine Arbeit. Dann setzte ich mich wieder auf einen Stuhl.

Aber Hinsetzen war ganz offensichtlich nicht erlaubt. Kaum dass ich saß, kam sie schon wieder in die Küche und erteilte mir die nächste Aufgabe. Ich sollte die Betten für die Kinder fertig machen. Die drei größeren waren fünf, sieben und acht Jahre alt und schliefen in einem Stockbett. Die Betten mussten neu überzogen werden. Das sollte ich erledigen, während sie die Jungen waschen und für die Nacht fertig machen wollte. Dazu erhitzte sie Wasser in einem großen Topf. Dann trennte sie das Spülbecken, das in eine braune Küchenzeile integriert war, mit einem großen Vorhang ab und verwandelte die Küche so in ein provisorisches Badezimmer. Mit jeweils einem ihrer Söhne verschwand sie dahinter. Nach einer halben Stunde waren alle fertig gewaschen und angezogen. Erschöpft und müde krochen sie in ihre Betten.

Mustafa war inzwischen wieder aufgetaucht und saß auf dem Sofa in der Küche herum. Wir beide sollten auf Matratzen schlafen. Die waren unter den Stockbetten der kleinen Brüder verstaut. Schwiegermutters Laune war inzwischen auf einem Tiefpunkt angekommen. Grimmig erteilte sie ihre Anweisungen: »Leintücher über die Matratzen, Bettdecken in die Bezüge und dann ab Marsch.« Während Mustafa hinter dem Vorhang verschwunden war und sich wusch, erledigte ich die Arbeit. Danach ging auch ich zum Waschen. Das warme Wasser war aufgebraucht, so dass ich mit kaltem vorlieb nehmen musste. Aber das war mir gerade recht, weil mir ohnehin so heiß war. Also wusch ich mich und zog mein einziges Kleid an. Einen Schlafanzug hatte ich nicht. Die Schwiegermutter lachte laut, als sie mich sah. »Na *kız*, hast wohl kein Nachtgewand?« Dann griff sie in einen Schrank und holte ein

Nachthemd von sich heraus. Verlegen verschwand ich wieder hinter dem Vorhang, streifte mein Kleid ab und schlüpfte in das Nachthemd. Nachthemden mochte ich nicht, und dieses Exemplar war mir außerdem zu groß. Aber egal, wenigstens würde sie mich jetzt nicht mehr auslachen.

Leise sagte ich: »*Iyi geceler*, gute Nacht«, und ging ins andere Zimmer. Die Kleinen schliefen schon. Mustafa lag im Bett und wartete auf mich. Ich machte das Licht aus, schlüpfte unter die Decke und wünschte auch ihm: »*Iyi geceler.*« Als ich mich umdrehen wollte, hielt er mich fest und wollte mich küssen. Ich sträubte mich und sagte: »Nein, nicht jetzt. Du weißt, dass wir das noch nicht dürfen. Wir müssen bis zur Hochzeit warten.« Ja, ich weiß, das klingt ein bisschen komisch, weil wir ja schon auf dem Standesamt gewesen und offiziell verheiratet waren. Aber ein türkisches Mädchen darf erst nach der Hochzeitsfeier mit ihrem Mann schlafen. Die Brautleute mussten einen genauen Fahrplan einhalten, erst dann waren sie Mann und Frau. Verärgert ließ er mich los und drehte sich um. Minuten später hörte ich ihn tief atmen. Er war eingeschlafen. Gott sei Dank.

Am nächsten Morgen wachte ich wie betäubt auf. Ich fühlte mich wie gerädert. Im ersten Moment wusste ich nicht, wo ich war. Da sah ich Mustafa neben mir und die Kinder in ihren Stockbetten liegen und erinnerte mich plötzlich. Ich war in Deutschland. Ich war nicht mehr zu Hause in Ballidere. Meine *anne* war nicht da, sie war weit, weit weg. Tränen schossen mir in die Augen. Ich konnte nichts dagegen tun, sie liefen einfach. Und mein Herz tat mir weh. ›*Anne, anne*‹, schrie es innerlich in mir, ›wo bist du?‹ Aber sie war nicht da, sie konnte mich nicht einmal hören. »Sie sitzt am Flughafen und wartet auf dich«, versuchte mich eine innere Stimme zu beruhigen. Ich konnte mir nicht vorstellen, dass sie ins Dorf zurückgefahren war und ihr Leben so weitergehen würde wie bisher. Ich weinte leise vor mich hin und beruhigte mich langsam. Mustafa rekelte sich und wachte auf. Er sah meine Tränen, reagierte aber nicht. Irgendwie schaute er durch mich hindurch. Da stand auch schon die Tante in der Tür. »*Günaydın*«, rief ich. »Guten Morgen«, brummte sie zurück, »komm, steh auf, wir müssen arbeiten.« Heute war sie freundlicher gestimmt. Sie lächelte mich an und schien sich über ihre *kız*, ihre Tochter zu freuen.

Ich stand auf und ging auf die Toilette. Was für ein Anblick! Ein schmaler, rechteckiger Raum, hinten oben ein kleines Fenster, blaue Fliesen an der Wand und in der Mitte dieser komische Sitz aus weißem Porzellan. Aber anstatt eines Sitzbalkens hatte dieses Klo eine runde Öffnung mit einem Deckel oben drauf. ›Ah, das musste eins von diesen Wasserklosetts sein, die ich schon in Istanbul am Flughafen gesehen hatte.‹ Aber dort hatte ich es nicht so richtig bestaunen können. Jetzt hatte ich genug Zeit. Vorsichtig setzte ich mich drauf. Das war ein komisches Gefühl. Ein Leben lang hatte ich nur Plumpsklos gekannt. Die Toilette gefiel mir. Als ich fertig war, überlegte ich, wie es jetzt wohl weiterginge. Bis ich schließlich die Schnur entdeckte. Weiter oben an der Wand hing ein weißer Kasten mit einer Schnur. Ich zog daran und schon floss das Wasser. Was für ein Luxus!

Jetzt war ich wieder guter Dinge. Mein Heimweh hatte ich vergessen, für den Moment zumindest. Also begab ich mich in die Küche. Die Schwiegereltern, die ich jetzt »*Mutter*« und »*Vater*« nennen sollte, waren beide schon aufgestanden. Und Mutter hatte gerade das Bettzeug unter der Couch verstaut und diese dann zusammengeklappt. Ich beobachtete sie interessiert. Sie drehte sich zu mir um und wies mich an, Tee zu kochen und Eier zum Braten vorzubereiten. Ich füllte den *Semaver* mit Wasser. Dabei wurde die untere große Kanne mit Wasser gefüllt und auf den Herd gestellt. In die obere, kleinere Kanne schüttete ich Tee. Wenn das Wasser kochte, würde ich den Tee aufbrühen und auf die größere Kanne draufstellen. So würden wir den ganzen Tag über heißen Tee haben.

Nachdem das erledigt war, öffnete ich einen Schrank. Ein Licht ging an, und aus dem Inneren strömte kühle Luft, so dass ich Gänsehaut bekam. ›Komisch‹, dachte ich, und machte schnell die Tür wieder zu. »Was ist das?«, fragte ich die Schwiegermutter.

»Das ist ein Kühlschrank, *Tochter*. Da bewahren wir die Sachen auf, die kalt gehalten werden müssen.«

Ich machte also die Tür wieder auf und fand Eier, Butter, Käse, Joghurt, Tomaten, Paprika und Gurken. All diese Lebensmittel musste sie von zu Hause mitgebracht haben, denn Einkaufen war noch niemand gewesen.

Ich holte alles raus, was wir fürs Frühstück brauchten, und deckte den Tisch. In der einen Ecke, schräg gegenüber von der Küchenzeile, stand ein großer, rechteckiger Tisch mit einer Eckbank und einigen Stühlen drum rum. Acht Leute fanden hier bequem Platz. Es sah gemütlich aus. Neben der Tür stand das große Sofa mit einem kleinen Couchtisch davor. Die Schwiegermutter stand inzwischen am Herd und briet Spiegeleier. Das war auch neu für mich. Sie brauchte zum Kochen kein Feuer zu machen, so wie *anne* daheim, sondern einfach die Pfanne auf eine schwarze Platte zu stellen und einen Knopf rumzudrehen. Dass sie heiß wurde, erkannte ich daran, dass die Butter in der Pfanne schmolz.

Als die Spiegeleier auf dem Tisch standen und die Teegläser gefüllt waren, kamen Mustafa und die Kinder in die Küche. Hungrig stürzten sie sich aufs Frühstück und verschlangen gierig die Eier. Danach machten sie sich über den Käse, die Tomaten und das Brot her. Ich konnte nichts essen. Mein Magen war wie zugeschnürt. Seit ich mich hingesetzt hatte, musste ich ständig an zu Hause denken. Jetzt würden sie auch gerade frühstücken. Vater würde – wie üblich – als Erster anfangen zu essen. Die anderen würden warten müssen. Oft war es so gewesen, dass er schon fast fertig war, bevor wir überhaupt anfingen. Wie anders es doch hier lief. Es wurde gewartet, bis alle am Tisch saßen, und sprechen durfte man auch. Bei uns zu Hause war das verboten. Im Vergleich dazu war das Frühstück hier unterhaltsam, das reinste Vergnügen. Die Kinder waren übermütig und redeten unentwegt. Daran musste ich mich erst gewöhnen. Schweigend saß ich da und versuchte ein paar Bissen hinunterzubringen.

Als wir fertig waren, lief es wieder wie am Abend davor. Die Jungen und mein Onkel verließen den Raum, die Schwiegermutter gab mir kurz Anweisungen, dann ging auch sie. Ich musste den Tisch abräumen und das Geschirr spülen. Aber es ging ihr nicht schnell genug, sie trieb mich zur Arbeit an: »Beeil dich, wir haben heute noch mehr vor.« Als die Küche aufgeräumt war, hatte der Schwiegervater mit den Jungen die Wohnung verlassen. Ich weiß nicht, wohin sie gegangen sind. Mustafa war auch weg.

Schwiegermutter und ich waren allein. Es widerstrebte mir, sie *anne* zu nennen, aber ich wollte sie nicht wieder verärgern, also bemühte ich mich. Sie saß schon am Tisch und hatte eine große Kiste vor sich. Ich setzte mich zu ihr und wartete ab. Sie hatte eine Kittelschürze aus leichtem Stoff an, ihr Kopftuch war vorne am Kopf gebunden, und an den Füßen trug sie Plastikschlappen. »Setz dich hin und hilf mir«, sagte sie. Ich war ziemlich verwirrt. Irgendwie begriff ich gar nicht, was sie von mir wollte. Vor ihr standen verschiedene Kisten. In der einen war eine dicke Kabelrolle, in einer anderen lagen viele kleine, schwarze Stecker. Sie rollte etwa einen Meter Kabel von der Rolle ab und kappte es dann ab. Mit einem Spezialwerkzeug entfernte sie die Isolierung und legte die Drähte frei. Danach nahm sie einen der kleinen, schwarzen Stecker und verschraubte jeden Draht mit einem dafür vorgesehenen Zugang. Das war ziemlich schwierig, weil die Drähte sehr dünn waren. Aber meine Schwiegermutter war sehr geschickt, und innerhalb von einer Minute hatte sie den ersten Schalter mit dem Kabelstück verbunden. Während ihre Hände zwischen Kabelrolle und Schalterkisten hin und her flogen, überlegte ich, wie um alles in der Welt ich das hinkriegen sollte.

Da ich nicht verstand, was von mir erwartet wurde, fragte ich sie: »Was soll ich machen?«

Da erst schien sie zu begreifen, dass das eine Arbeit war, die ich noch nie gemacht hatte. Vielleicht stimmte sie das milde, ich weiß es nicht. Jedenfalls erklärte sie mir dann genau, was zu tun sei. Ganz langsam zeigte sie mir die Arbeitsschritte und sagte: »Schau, *kız*, das machst du so«. Als die Drähte isoliert und der Schalter verschraubt war, sagte sie freundlich: »Das ist doch gar nicht so schwer, oder?«

Ich versuchte mein Glück. Aber die Drähte waren so winzig, dass ich mich mit dem Verschrauben schwer tat. Auch die Spezialwerkzeuge waren neu für mich, und ich konnte nur sehr langsam arbeiten. Meine Schwiegermutter arbeitete sehr schnell. Sie schaffte ein Teil in weniger als einer Minute, während ich für meines drei-, viermal so lange brauchte. Nach ein paar Stunden taten meine Finger so weh, dass ich kaum mehr etwas mit ihnen halten konnte. Tante Songül arbeitete verbissen. Sie sprach nicht, schaute vor sich hin. Mechanisch rollte sie ein Kabelstück ab, schnitt es auf die vorgeschriebene Länge zu und montierte – fast ohne hinzugucken – den Schalter dran. Die fertigen Teile warf sie in eine weitere Kiste, wo sich viele schwarze Plastikschalter türmten. Es war Mittag geworden und ziemlich heiß in der Wohnung. Ich wollte ein Fenster aufmachen, aber das war ein Fehler. Sofort fing sie an zu zetern, was mir einfiele, die Fenster müssten zubleiben, weil es sonst unerträglich heiß würde. So saßen wir also, arbeiteten schweigend vor uns hin und schwitzten.

Es war fünf oder sechs Uhr abends, als die anderen wiederkamen. Die Kleinen stürmten in die Wohnung, der Onkel und Mustafa kamen hinterher. Wo sie gewesen waren, erzählten sie nicht. Aber sie wirkten ausgeruht und gut erholt. Ich wurde angewiesen, Tee zu kochen. Als ich dem Onkel ein Glas servierte, lächelte er mich freundlich an. Meine Schwiegermutter hatte die Kisten beiseite gestellt und trank auch einen Tee. Ich ging in den anderen Raum und spielte mit den Jungen. Mustafa warf mir einen Blick von der Seite zu. Wir hatten seit gestern Abend kein Wort mehr gewechselt, und auch jetzt sagte er nichts. Ich wusste nicht, ob er immer noch böse auf mich war oder nicht. Ich traute mich auch nicht, ihn zu fragen.

Dass ich spielte und lachte, passte der Tante nicht. Sie rief nach mir und erteilte schon wieder Befehle. »Schneide die Zwiebeln und würfle die Tomaten. Heute Abend gibt's Makkaroni.« Während sie selbst immer noch auf der Couch saß und ihren Tee trank, machte ich mich über das Gemüse her. Ich bemühte mich wirklich, konnte aber noch nicht so schnell arbeiten, wie sie es sich vorstellte. Leise schimpfte sie vor sich hin. Ich beeilte mich, denn neben der Tomatensauce sollte ich auch noch einen Salat machen. Tomaten, Gurken, Zwiebeln und Paprika klein schneiden, eine Salatsauce aus Salz, Zitronensaft und Öl, fertig. Gott sei Dank hatte meine *anne* mir ein wenig Kochen beigebracht. Ich weiß nicht, was die Tante gesagt hätte, wenn ich auch hier versagt hätte. Aber so konnte sie sich nur über meine Langsamkeit beschweren.

Ich war ganz nass geschwitzt, als das Essen auf dem Tisch stand, den ich natürlich auch gedeckt hatte. Die anderen setzten sich und schaufelten die Nudeln in sich rein. Wenigstens schmeckte es ihnen. Der Onkel sah mich aufmunternd an und sagte: »Gut gemacht, *Ayşe*!«

Dankbar schaute ich ihn an und aß. Ich hatte inzwischen auch richtig Hunger und langte kräftig zu. Aber es blieb nicht viel Zeit, weil die Schwiegermutter schon wieder drängelte: »Komm, beeil dich, wir müssen noch eine Runde arbeiten.«

Ich hätte am liebsten laut aufgeschrien, meine Finger taten weh, und ich war müde. Aber Widerspruch duldete sie genauso wenig wie mein Vater. So gesehen hätten die beiden Geschwister sein können. Mein Onkel war ganz anders, er war eher so wie meine *anne*. Also habe ich folgsam den Abwasch erledigt und mich dann wieder zu ihr an den Tisch gesetzt und Schalter montiert. Jetzt ging es schon ein bisschen schneller, aber zufrieden war die Tante immer noch nicht. Während ich weiterarbeitete, brachte sie die Kleinen ins Bett, auch der Onkel hatte sich schon hingelegt. Am nächsten Tag war Montag, und er musste wieder arbeiten. Mustafa war auch schon ins Bett gegangen. Ich war froh. Er würde bestimmt schon schlafen, wenn ich mit der Arbeit fertig wäre. Gegen Mitternacht, der Onkel schnarchte bereits seit ein paar Stunden, hörten wir endlich auf. Meine Finger waren taub, und die Augen fielen mir zu. Die Tante brummelte ein halbherziges *»iyi geceler«* und schickte mich ins Bett.

Vorsichtig zog ich mich aus. Ich wollte Mustafa auf keinen Fall wecken. Leise schlüpfte ich unter meine Decke. Da drehte er sich plötzlich um, keuchend riss er mir die Bettdecke weg und begrapschte mich.

Ich stammelte leise: »Mustafa, Mustafa, das darfst du nicht. Du musst noch warten.«

»Ich will nicht mehr warten«, zischte er und schob mein Nachthemd hoch. Er fingerte an meinen kleinen Brüsten herum und saugte wild an ihnen. Ich war völlig überrascht und schockiert, wollte ihn stoppen, wusste aber nicht wie. Und schon lag er auf mir. Mit aller Kraft versuchte ich, ihn herunterzuschubsen. Aber er war schwer. Dann schob er mit seinem Knie meine zusammengepressten Beine auseinander. Ich wollte schreien. Aber das ging nicht, weil sonst alle aufgewacht wären. Als ich schließlich aufgab, fuhr er in mich hinein. Sein Ding war lang und hart, immer wieder stieß er in mich hinein. Mir wurde schwindelig, ich hatte Angst, und dann fühlte ich plötzlich nichts mehr. Ich glaube, in dem Moment bin ich ohnmächtig geworden. Als ich Minuten später (oder waren es Stunden?) wieder zu mir kam, hatte er von mir abgelassen und hatte sogar seine Unterhose schon wieder an. Danach schlief er mehr oder weniger sofort ein. Ich lag da, das Nachthemd bis über die Schultern geschoben, die Beine gespreizt. Ich blutete und hatte Schmerzen, eine klebrige Flüssigkeit mischte sich mit dem Blut, alles war schmierig. Ich fühlte mich unendlich schmutzig. Das also sollte die Liebe sein? Ich lag einfach da, die Tränen liefen mir unaufhörlich über das Gesicht. Ich wollte nach Hause, nach Hause zu meiner *anne*. Irgendwann bin ich dann doch aufgestanden und aufs Klo gegangen. Dort habe ich mich notdürftig gewaschen. Ich konnte ja nicht in die Küche gehen, denn Onkel und Tante wären bestimmt aufgewacht. Kein Mensch sollte merken, was passiert war. Das Unglück würde noch früh genug bekannt werden.

In dieser Nacht schlief ich höchstens drei, vier Stunden. Am nächsten Morgen tat Mustafa so, als sei nichts gewesen. Er setzte sich an den von mir gedeckten Frühstückstisch und aß mit großem Appetit, während ich fast keinen Bissen herunterbekam. Ich hatte immer noch starke Schmerzen im Schritt, aber ich hätte mir eher die Zunge abgebissen als meiner Schwiegermutter etwas zu erzählen. Das Leintuch hatte ich heimlich sauber gemacht. Niemand hatte etwas bemerkt. Es war ein Morgen wie jeder andere. Nur für mich war nichts mehr wie zuvor. Der Schwiegervater war schon zur Arbeit gegangen, und die Kleinen tobten wie immer im Zimmer herum. Tante und ich saßen gleich nach dem Frühstück wieder an der Arbeit. Heute war ich froh, arbeiten zu können, dann brauchte ich wenigstens nicht nachzudenken. Mittags lagen in meiner Kiste schon viele schwarze Kabel mit Schaltern dran. Aber *Mutter* war immer noch nicht zufrieden mit mir. Im Eiltempo aßen wir Eier, Brot und Käse. Und während die großen Jungen zusammen mit Mustafa unten auf der Straße Fußball spielten, waren wir schon längst wieder an der Arbeit. Wir arbeiteten wieder fast bis Mitternacht. Diesmal schlief Mustafa schon, als ich in mein Bett kroch. Obwohl ich todmüde war, konnte ich nicht gleich einschlafen. Sollte so mein Leben in Deutschland aussehen? War das das Paradies, von dem ich geträumt hatte?

Die Tage verliefen immer gleich. Aufstehen, Frühstück richten, essen, arbeiten. Mittags machten wir eine kurze Pause, aßen eine Kleinigkeit, dann arbeiteten Tante und ich wieder bis zum Abendessen. Dann kochen, essen, Kinder ins Bett bringen, weiter arbeiten – bis zum Umfallen. Unsere Arbeit wurde in der ersten Woche meines Aufenthalts in Deutschland lediglich durch Besuche von Verwandten und Freunden unterbrochen. Und die kamen reichlich. Fast jeden Abend war jemand anderer zu Gast. Sie alle wollten »die Neue« aus der Türkei sehen und saßen dann in der Küche auf der Couch oder der Eckbank und beäugten mich neugierig. Sie beobachteten mich genau, während ich Tee kochte und Nüsse, Sonnenblumenkerne oder Kekse auf kleinen

Tellerchen servierte. Schwiegermutter war zufrieden, das konnte ich sehen. Aber gelobt hat sie mich nicht. Im Gegenteil, wenn unsere Gäste wieder gegangen waren, hatte sie immer irgendetwas auszusetzen gehabt.

Eines Morgens sagte sie zu mir: »Heute Nachmittag gehen wir einkaufen. Du brauchst neue Sachen zum Anziehen, *Ayşe*. So kannst du nicht unter die Leute, mit dir muss man sich ja genieren.« Ich freute mich. Endlich mal raus aus der kleinen Wohnung. In der ersten Woche hatte ich das Haus nur ein einziges Mal verlassen, um eine Tante, die einige Straßen entfernt wohnte, zu besuchen. Eifrig arbeitete ich an diesem Morgen, um sie nur ja zufrieden zu stellen. Nach dem Essen war es dann so weit. Die Kleinen waren unten bei Tante Gül untergebracht, und wir konnten ohne Kinder in die Stadt fahren. Es war ein schöner Sommertag, und der Fußmarsch zur S-Bahn ging dieses Mal viel schneller, weil wir ohne Gepäck unterwegs waren. Nach einer Dreiviertelstunde Fahrt stiegen wir schließlich aus. Eine große Menschenmenge drängte sich mit uns auf den Bahnsteig und auf eine rollende Treppe, die uns an die Oberfläche brachte. Wir musste eine Weile laufen, bis wir schließlich in einem Riesenkaufhaus landeten. So etwas hatte ich noch nie gesehen! Überall hingen Kleider, Blusen und Röcke in den verschiedensten Farben und Stoffen.

Die Schwiegermutter führte mich in die Kinderabteilung. Hier war ich richtig. Vor lauter Aufregung wusste ich nicht, was ich anprobieren sollte. Als sie das bemerkte, sagte sie zu mir: »Bleib ruhig. Schau dir alles an, und dann such in Ruhe aus. Du brauchst ein paar Kleider, einen oder zwei Röcke, Blusen und ein paar Hosen.«

Ich war überwältigt. Nie zuvor hatte ich so schöne Sachen gesehen. Nie zuvor hatte ich einfach aussuchen dürfen. Ich schwelgte im Glück und konnte mich nicht entscheiden. *Mutter* verließ schließlich die Geduld, und sie überredete mich zu dem einen oder anderen Teil. Als ich neu eingekleidet war, gingen wir noch in die Unterwäscheabteilung. Dort suchte sie ein paar Schlafanzüge, Unterhosen und Unterhemden aus. Dann blieb sie vor den Büstenhaltern stehen. Ich wurde ziemlich verlegen. Wozu brauchte ich so etwas? Ich hatte doch nur einen ganz kleinen Busen. Aber sie sagte unwirsch: »Jetzt stell dich nicht so an, so was braucht man als verheiratete Frau«, und drängelte mich in die Umkleidekabine. Danach gingen wir noch in die Knabenabteilung, Mustafa sollte auch neue Sachen bekommen. Stunden später machten wir uns, mit vielen Tüten beladen, wieder auf den Heimweg.

An diesem Abend war ich glücklich. Als wir nach Hause kamen, warteten schon alle. *Mutter* und ich beeilten uns mit dem Abendessen. Heute gab es Fleisch mit Bohnen. Auch der Schwiegervater hatte gute Nachrichten. Seit Tagen war er mit einem Cousin unterwegs gewesen, um für unsere Hochzeitsfeier ein geeignetes Lokal zu finden. Jetzt war er endlich fündig geworden: Im Nachbardorf gab es eine Gastwirtschaft mit einem großen Saal. Das musste sein, denn zu unserer Hochzeitsfeier sollten 200 bis 300 Gäste kommen. Es hatte hier in der Gemeinde noch nie eine große türkische Hochzeit gegeben. Mustafas Eltern gehörten zu den ersten Türken im Dorf, und sie lebten erst seit ein paar Jahren hier. Ich wollte wissen, wo das Lokal sei. Schließlich war es auch meine Hochzeit. Also fragte ich meinen Schwiegervater. Umständlich erklärte er mir den Weg zum »Weißen Schwan«. Ob er sich wohl darüber im Klaren war, dass ich das Haus nur in Begleitung und zu Fuß verließ? Seine Wegbeschreibung sagte mir überhaupt nichts, aber zumindest hatte er es versucht.

Mustafa war mir in den letzten Nächten nicht mehr zu nahe gekommen. Gott sei Dank musste ich immer lange arbeiten, so dass ich sehr viel später als er ins Bett ging und er dann immer schon schlief. Über jene Nacht haben wir nie gesprochen, aber er muss gespürt haben, dass er zu weit gegangen war. Jedenfalls hatte er mich seither in Ruhe gelassen. Und ich? Ich versuchte sie zu vergessen und hoffte auf ein Wunder, glaube ich. Jetzt, wo feststand, wann wir endlich Hochzeit feiern würden, wurde ich einerseits ruhiger, aber auch nervöser, weil ich nicht wusste, was passieren würde, wenn *es* herauskam.

Ein Brautkleid gab es schon. *Mutter* hatte es organisiert. Die Tochter einer ihrer Freundinnen hatte vor einer Weile geheiratet, und ich sollte nun dieses Kleid tragen. Eines Abends, die anderen waren schon im Bett, packte sie unsere Arbeit beiseite und holte es aus dem Schrank. Es war nichts Besonderes: Lang, tailliert, weiße Spitze und ein kurzer Tüllschleier. Meine Vorgängerin muss um einiges größer gewesen sein, denn das Kleid war mir viel zu lang und zu weit. Es dauerte zwei Abende, bis es geändert war. Danach saß es besser, aber gefallen hat es mir nicht. Hätten sie nicht ein neues Kleid kaufen können? Schließlich heiratete man doch nur einmal im Leben, oder?

Mein »großer Tag« rückte näher. Aber von den Vorbereitungen merkte ich wenig. Den Saal für die Feier hatte der Schwiegervater gebucht. Das Essen war ausgesucht, die Gäste eingeladen, vom Rest bekam ich nichts mit. Normalerweise dauert eine türkische Hochzeit drei Tage. Bei mir fand alles an einem Nachmittag bzw. Abend und dem darauf folgenden Tag statt. Traditionell findet am zweiten Tag vor der Hochzeit die *Hennanacht* statt. Es ist das Fest der Frauen, wo die Freundinnen der Braut in ihr Elternhaus kommen und Abschied nehmen. Sie essen, singen und tanzen miteinander. Es gibt Geschenke für die Braut, und viele Tränen fließen. Der Höhepunkt des Fests ist die Bemalung mit Henna. Das rotbraune Pulver wird angerührt, und dann werden die Handflächen und die Füße der Braut bemalt. Auch die anderen Frauen bemalen sich mit Henna als Zeichen der Verbundenheit, allerdings nur ihre rechte Hand. Die Farbe Rot steht für die Unschuld der Braut, glaube ich.

Bei mir war alles anders. Da ich nicht mehr in meinem Elternhaus lebte, mussten wir auf die Wohnung meiner im Haus lebenden Tante ausweichen. Dort fand zunächst das traditionelle Bad statt. Tante Gül badete und rasierte mich. Dabei wird die Braut enthaart – überall, der ganze Körper muss haarfrei sein.

Ich glaube, das macht man als Zeichen ihrer Reinheit. Ich erinnere mich, dass das sehr schmerzhaft war, aber es musste wohl sein. Bei dieser Gelegenheit hat mir die Tante auch einiges über die Hochzeitsnacht erzählt. Was der Mann will und mit einem macht. Aber ich habe nicht richtig zugehört, weil ich ja schon wusste, was passiert. Nur über die Folgen war ich mir immer noch nicht im Klaren. Nach dem Bad kamen die »Freundinnen«. Aber es waren nicht wirklich meine Freundinnen, denn die waren ja zu Hause in der Türkei. Zu meiner *Hennanacht* kamen nur Frauen, die ich größtenteils überhaupt nicht und erst seit kurzem kannte. Aber alle bemühten sich, mir einen netten Abend zu bereiten. Als es um das Henna ging, habe ich mich verweigert. Ich wollte nicht an Händen und Füßen bemalt werden, also habe ich mir nur ein bisschen in die Handflächen machen lassen. An diesem Abend war ich sehr traurig. Ständig musste ich an zu Hause, an meine *anne* denken, und ich fragte mich, warum sie an diesem wichtigen Tag nicht bei mir sein konnte.

Der nächste Tag, der 15. August, war mein offizieller Hochzeitstag. Ich bin um sieben Uhr morgens aufgestanden. In dieser Nacht hatte ich nicht bei den Schwiegereltern geschlafen, sondern war bei der Tante im Erdgeschoss geblieben. Nach dem Frühstück halfen mir die Frauen beim Anziehen. Das hat ewig gedauert. Hier fehlte noch eine kleine Naht, da wurde noch etwas hochgesteckt. Bis alles richtig saß, waren zwei Stunden vergangen. Danach sind wir alle zum Frisör gefahren. Die Tante, die Schwiegermutter, ein paar Freundinnen und ich. Ich hatte damals ganz lange Haare und ließ sie mir vorne hochstecken, hinten sollten sie auf die Schultern fallen. Danach wurde ich geschminkt. Das war für mich das erste Mal. Noch nie hatte ich Wimperntusche oder Lippenstift benutzt. Ich kam mir ganz fremd vor, als ich in den Spiegel guckte. Als alle Frauen fertig frisiert und geschminkt waren, machten wir uns auf den Weg nach Hause. Dort warteten bereits die Männer.

Der Schwiegervater begleitete mich zum Brautauto. Das war

der Wagen von einem entfernten Verwandten, ein BMW, glaube ich. Auf der Kühlerhaube war kein Blumengesteck, sondern eine Puppe befestigt. Ich fand das eigentlich ganz hübsch, gedacht habe ich mir nichts dabei. Auf dem Rücksitz wartete Mustafa bereits, er nickte kurz und schaute dann wieder aus dem Fenster. Wie zwei Fremde saßen wir nebeneinander. Als sich der Wagen in Bewegung setzte, folgten ihm die Autos von der Familie und den Freunden. Ein ziemlich langer Korso fuhr laut hupend über die Dörfer. Das war nett, weil ich so endlich etwas von der Gegend zu sehen bekam. Viele Leute und Kinder standen am Straßenrand und winkten uns zu. Das gefiel mir. Ein paar Stunden später, wir hatten alle Dörfer in der Umgebung abgefahren, kamen wir schließlich in dem Restaurant an, das mein Schwiegervater ausgesucht hatte.

Im Gasthaus »Zum Weißen Schwan« erwartete man uns bereits. Mustafa und ich mussten als Erste den Saal betreten. Wir sollten ganz vorne am ersten Tisch Platz nehmen. Neben mich setzte sich meine Tante Gül, deren Schwiegertochter Serpil und eine Freundin, neben Mustafa saßen seine Eltern. Nach und nach füllte sich der Saal. Es waren tatsächlich sehr viele Freunde und Verwandte gekommen. Ich kannte allerdings die wenigsten. Auf einer Bühne hatte sich inzwischen eine türkische Tanzkapelle eingefunden. Die acht Musiker spielten einen Tusch, und Mustafa und ich mussten in die Mitte des Saals. Um uns herum bildete sich ein Kreis, und Mustafa nahm mich an der Hand und versuchte sich mit mir in einem türkischen Tanz. Das sah, glaube ich, ziemlich merkwürdig aus, weil wir beide keine Übung im Tanzen hatten. Wir bewegten uns ein bisschen zur Musik, klatschten in die Hände und hofften insgeheim wohl beide, dass es bald vorbei sei. Es dauerte aber eine Ewigkeit, bis sich uns andere Paare anschlossen und mittanzten. Ich habe mich ziemlich geschämt und war erleichtert, als ich mich endlich wieder hinsetzen durfte. Ich war am Ende. Mir war schwindelig, und ein bisschen flau im Magen war mir auch. Ich musste dringend etwas trinken. Mustafa war sicher auch froh, als er mich zum Platz begleiten konnte.

An unserem Tisch angelangt, bestellte er uns ein Cola-Mix-Getränk. Alkohol wurde an diesem Abend nicht getrunken. Das schickt sich nicht bei einer türkischen Hochzeit. Dann saßen wir beide auf unseren Ehrenplätzen und haben zugeschaut, wie die anderen getanzt und gelacht haben. Ich fühlte mich wie ein Zaungast auf meiner eigenen Hochzeit. Und je näher die Nacht rückte und vor allem das, was danach kommen sollte, umso flauer wurde mir im Magen. Irgendwann gab es was zu essen. Aber ich hatte keinen Hunger. Die Schwiegermutter und die Tante haben auf mich eingeredet, dass ich irgendetwas zu mir nehmen müsse, ich würde sonst nicht durchhalten. Also habe ich ein halbes Hähnchen, Pommes frites und ein Brötchen in mich hineingezwungen.

Ich weiß nicht, warum es kein türkisches Essen gab. Aber es hätte mir sicher geholfen. Ich fühlte mich so fremd hier, so allein. Ich kannte so gut wie niemanden. Und immer wieder fragte ich mich, warum meine Familie nicht bei mir war. Warum waren meine Eltern, meine Geschwister nicht hier? Nur der Onkel war mit seiner Frau und seinen drei Kindern aus Norddeutschland gekommen. Alle anderen Familienmitglieder waren in der Türkei. Sicher wäre es viel zu teuer gewesen, sie hierher einzuladen. Außerdem hatte meinc Mutter keinen Pass, das heißt, selbst wenn sie es sich hätten leisten können, wäre eine Reise ohne Einverständnis ihres Mannes nicht möglich gewesen. Aber ich wünschte mir nichts mehr, als dass sie in dieser Stunde bei mir wäre.

Nach dem Essen wurde die Hochzeitstorte serviert. Das war ein dreistöckiges Gebilde aus Kuchen und Sahne mit einem winzigen Brautpaar und einer Rose oben drauf. Das war die erste Torte meines Lebens. Mustafa und ich mussten sie anschneiden. Danach gaben wir uns gegenseitig je eine Gabel davon. Aber ich weiß noch, dass mir die Torte überhaupt nicht geschmeckt hat. Ich fand sie viel zu klebrig und süß. Die Gäste, es müssen tatsächlich an die dreihundert gewesen sein, saßen jetzt alle und aßen ebenfalls Torte. Danach mussten wir uns wieder auf die

Tanzfläche begeben. Nach einem kurzen Tanz bekamen wir die Geschenke überreicht. Wir nahmen die Pakete und Päckchen in Empfang, bedankten uns höflich und reichten sie weiter an die Schwiegermutter, die sie auf einem Tisch an der Seite des Saals stapelte. Aber viele der Gäste schenkten uns auch Geld. Das wurde mir, ganz so wie es bei uns Brauch ist, ans Kleid gesteckt. Ich weiß nicht mehr, wie viel Geld ich auf diese Weise gegen Ende der Feier an meinem Kleid herumtrug, aber ein paar tausend Mark werden es schon gewesen sein. Die Scheine hat meine Schwiegermutter noch im Saal abgemacht und eingesteckt. Wir, Mustafa und ich, haben keinen Pfennig davon gesehen.

Die Feier ging zu Ende. Es muss so gegen elf Uhr abends gewesen sein, als mich die Schwiegereltern ins Hochzeitsauto verfrachteten. Endlich durfte ich nach Hause. Mustafa war zu diesem Zeitpunkt nicht mehr da. Dort, im Lokal, hatte ich nicht darauf geachtet. Aber zu Hause fiel mir natürlich sofort auf, dass er nicht mitgekommen war. Wo war er? Was machte er jetzt? Ich war extrem nervös. Irgendwann erfuhr ich dann, dass ihn Freunde entführt hatten. Ich fand das komisch, aber gesagt habe ich nichts. Die Schwiegermutter wollte mich ins Bett schicken. Sie sagte: »Komm, *Ayşe*, zieh dich aus und schlaf!«

Aber davon wollte ich nichts wissen, ich musste doch auf ihn warten, er war doch jetzt mein Mann! Wie es Sitte war, musste ich im Hochzeitskleid auf ihn warten. Er musste meinen Schleier heben und mich küssen. Im Schlafanzug ging das doch nicht. Außerdem mussten wir auch noch beten. Tante Gül und ihre Schwiegertochter Serpil verstanden, was ich meinte. Sie blieben und warteten mit mir. Um vier Uhr morgens schließlich kam Mustafa.

Er nahm mir den Schleier ab und küsste mich. Danach hat er mir sein Geschenk gegeben. Es war eine kleine goldene Kette, die mir sehr gefiel. ›Vielleicht wird doch noch alles gut?‹, dachte ich in diesem Moment bei mir. Wir haben eine Kleinigkeit gegessen und uns dann auf das gemeinsame Gebet vorbereitet. Dazu mussten wir uns waschen und umziehen. Ich bin in ein ganz normales Kleid mit langen Ärmeln geschlüpft und habe das Kopftuch umgebunden. Das ist wichtig. Beim Gebet müssen alle Körperteile bedeckt sein. Dann hat Tante Gül mit uns gebetet. Sie saß mit dem Rücken zu uns und bat Allah, unsere Ehe auf einen guten Weg zu bringen.

Danach sind wir in unser Zimmer gegangen. Das gehörte zur Feier des Tages uns ganz allein. Dort bekam ich plötzlich panische Angst. Würde er mich wieder vergewaltigen? Würde es wieder wehtun? Aber Mustafa schaute mich nicht einmal an. Müde zog er sich aus, legte sich hin, und innerhalb von Sekunden war er eingeschlafen. Ich konnte es nicht glauben. Er wollte gar nicht? Er wollte nicht mit mir schlafen? Ich zog mich ebenfalls aus und legte mich hin. Aber geschlafen habe ich in dieser Nacht kaum. Am nächsten Morgen sind wir so gegen zehn Uhr aufgewacht. Ich wollte nicht aufstehen, denn ich hatte Angst.

Vorsichtig ging ich dann doch auf die Toilette. Ich schlich leise über den Flur, damit mich keiner hörte. Aber da hatte ich mich getäuscht. Als ich die Klotür aufsperrte, stand *Mutter* schon im Flur. Auf mein *»Günaydın«* antwortete sie: »Dir auch einen guten Morgen.« Aber dann kam sie gleich zur Sache und sagte: »Und, wo ist das Leintuch?«

Ich versuchte tapfer zu sein und antwortete: »Es gibt kein Leintuch. Da ist nichts.«

Sie schaute mich völlig entgeistert an und fing sofort an zu schreien. »Was, kein Blut auf dem Leintuch? Was? Du bist eine *oruspu*, eine Hure? Ich habe meinen Sohn mit einer Hure verheiratet!« Sie schrie so laut, dass man es sicher bis hinaus auf die Straße gehört hat. Ich stand da, barfuß, im Schlafanzug, die Tränen liefen mir über das Gesicht. Ich schluchzte und wollte es ihr erklären, wollte ihr sagen, dass es Mustafa gewesen ist. Dass er mich schon vor zwei Wochen genommen hatte. In jener Nacht, in der alle tief und fest geschlafen hatten. Von der Vergewaltigung wollte ich gar nicht reden, dass hätte sie sowieso nicht geglaubt. Aber *Mutter* war außer sich. Sie riss die Tür zur Küche auf und berichtete ihrem Mann mit schriller Stimme, was passiert war, obwohl der es ja längst gehört haben musste. Ich schlich mich zurück in unser Zimmer, setzte mich auf die Matratze und umschlang meine Beine mit meinen Armen. Mustafa lag noch im Bett und schaute mich ziemlich verstört an.

Die Tür wurde aufgerissen. *Mutter* baute sich vor mir auf, wieder schrie sie: »Das war's! Ich schicke dich noch heute in die Türkei zurück. Für eine Hure ist in meinem Haus kein Platz.«

Ich war verzweifelt. Es schüttelte mich am ganzen Körper. Wie konnte sie so etwas sagen? Es war doch ihr eigener Sohn, der mich entjungfert, entehrt hatte. Aber immer, wenn ich zum Sprechen ansetzte, fuhr sie mir über den Mund: »Du Hure, du hast gar nichts zu sagen. Ich habe ja gleich gewusst, was du für eine bist!«

Der Schwiegervater saß – völlig apathisch – in der Küche auf dem Sofa und starrte vor sich hin. Sie war inzwischen wieder in der Küche angekommen und tobte weiter. Mustafa war aufgestanden. Er nahm mich in den Arm und versuchte mich zu trösten. Dann sagte er: »Komm jetzt, lass uns erst einmal gehen.« Ich war froh, dass mir jemand sagte, was jetzt zu tun sei, weil ich zu keiner Entscheidung in der Lage war.

Wir zogen uns an und verließen die Wohnung. Ihr Geschrei und Gezeter von wegen *kleine, dreckige Hure* verfolgte uns tatsächlich bis auf die Straße hinunter. Mustafa und ich machten uns auf den Weg in unsere eigene Wohnung. Die hatte der Schwiegervater für uns gemietet. Es war ein kleines Ein-Zimmer-Apartment ganz in der Nähe. Dort sollten wir nach unserer Hochzeit wohnen. Nein, nicht wirklich wohnen, das Zimmer war nur zum Schlafen gedacht. Essen und alles andere würden wir weiterhin in der Wohnung der Schwiegereltern. Das Apartment war zwar klein, hatte aber einen unbezahlbaren Luxus – ein richtiges Bad mit Dusche und Badewanne. Als wir ankamen, ging ich als Erstes unter die Dusche. Ich ließ das heiße Wasser über meinen Körper fließen. Dabei liefen mir wieder die Tränen über das Gesicht. In meinem Kopf hämmerte es. Ich war zu keinem vernünftigen Gedanken fähig. Was würde werden? Würde sie mich wirklich nach Hause schicken? Was würde Vater sagen? Zurückgeschickt, als entehrte Braut. Das war mein Ende, mein Todesurteil.

Ich weiß nicht, wie lange ich unter der Dusche stand, aber irgendwann hat Mustafa mich rausgeholt. Er stellte das Wasser ab und gab mir ein Handtuch. Dann zog er mich ins andere Zimmer und versuchte mich – unbeholfen zwar – aber doch immerhin zu trösten. Ich war immer noch ziemlich verstört, da sagte er, dass er mit seiner Mutter reden würde. Ihr sagen würde, was passiert sei in jener Nacht vor zwei Wochen. Dass er mich entjungfert habe und niemand anderer. Ich sah ihn dankbar an. Das wollte er wirklich für mich tun? Er, der doch auch so große Angst vor seiner Mutter hatte. Fest entschlossen verließ er die Wohnung. Ich legte mich auf das Bett. Gekrümmt und völlig apathisch lag ich da und wartete. Wartete auf den Urteilsspruch der Familie.

Die Ehehölle

Am Tag nach unserer Hochzeit hat sich Mustafa das erste – und letzte – Mal vor mich gestellt. An jenem Morgen ist er tatsächlich zu seiner Mutter gegangen und erklärte ihr, was in der zweiten Nacht nach meiner Ankunft passiert war. Er berichtete ihr, dass *er* mir die Unschuld geraubt hat und kein anderer Mann. Dass es eine Vergewaltigung war, hat er ihr – natürlich – nicht erzählt. Aber das wäre wohl auch zu viel verlangt gewesen. Mit seinem Geständnis waren die Zweifel an meiner Ehre ausgeräumt – offiziell zumindest. Ich durfte in Deutschland bleiben, musste nicht wieder zurück in die Türkei.

Aber seit jenem Tag schien dennoch etwas zerbrochen zu sein. Obwohl sie die Wahrheit gehört hatte, konnte (oder wollte?) sie mir nicht glauben. Sie fing an, mich zu hassen. Nie wieder nannte sie mich *kız*, selten fand sie ein freundliches Wort für mich. Auch bei meinem Namen nannte sie mich nicht mehr. Statt *Ayşe* hieß ich bei ihr jetzt meistens *atgötü*, was so viel wie Pferdearsch heißt. Mit ihrer offenen Ablehnung kam ich schlecht zurecht. *Ich* hatte doch nichts Unrechtes getan. Außerdem mochte ich sie ja. Ja, auf irgendeine Weise liebte ich sie sogar. Sie war doch jetzt wie eine Mutter für mich. Aber sie betrachtete mich nicht mehr als ihre Tochter. Ich war nur noch die kleine, billige Hure, die man von früh bis spät schuften lassen konnte.

Irgendwann gegen Mittag kam Mustafa und holte mich. Die anderen saßen schon beim Essen am Tisch. Als ich die Küche betrat, waren alle still. Ich setzte mich an meinen Platz und würgte ein paar Bissen hinunter, obwohl ich keinen Appetit hatte. Mustafa schaute mich manchmal von der Seite an. Aber was genau seine Blicke bedeuten sollten, konnte ich nicht ausmachen. Nach dem Essen räumte ich den Tisch ab und spülte das Geschirr. Als ich fertig war, setzte ich mich an den Tisch zu meiner Schwiegermutter und arbeitete stumm neben ihr her. Ich bemühte mich, die kleinen Schalter im gleichen Tempo wie sie zu montieren. Es gelang mir auch immer besser. Vor dem Abendessen hatten wir eine neue Kabelrolle angefangen, und gegen Mitternacht waren wir damit fertig. Obwohl ich todmüde war – ich hatte in der Nacht davor ja kaum geschlafen –, räumte ich noch auf. Dabei fiel mir auf, dass alle unsere Geschenke in einer Ecke im anderen Raum gestapelt waren. Ob wir die wohl in die andere Wohnung bringen durften? Aber zu fragen traute ich mich nicht.

Es war schon halb eins, als ich endlich zu Hause war. Heilfroh, dass dieser Tag vorbei war, ging ich in meine neue Wohnung. Irgendwie freute ich mich sogar. Das war nun mein Reich, wenigstens hier würde ich meine Ruhe haben. Da sollte ich mich aber getäuscht haben. Kaum hatte ich den Schlüssel rumgedreht, schlug Mustafa seine Augen auf. »Da bist du ja endlich«, knurrte er.

Ich begrüßte ihn mit einem kurzen *»merhaba«* und zog mich aus.

Er beobachtete mich aus den Augenwinkeln, wie ich meine Sachen auf den einzigen Stuhl in der Wohnung legte. Als ich in der Unterhose dastand und meinen Schlafanzug anziehen wollte, zog er mich aufs Bett. ›Nicht schon wieder‹, dachte ich noch, aber da hatte er mich schon überwältigt. Nein, er küsste mich nicht, und gestreichelt hat er mich auch nicht. Wie vor zwei Wochen warf er sich auf mich und drang ohne viel Aufhebens in mich ein. Er rammelte mich wie ein Tier. Leblos lag ich da und ließ es geschehen. Als er fertig war, rollte er keuchend von mir herunter und drehte sich zur Seite. Wieder hatte er mich vergewaltigt. Nur diesmal war es offiziell erlaubt.

Morgens musste ich immer früh aufstehen. Kam ich später als sieben Uhr in die andere Wohnung, war *Mutter* wütend. Seit dem Eklat wegen des Betttuchs war sie ja immer schlecht gelaunt, aber es gab auch dazu noch eine Steigerung. Dann sprach sie überhaupt nicht mit mir, und ich konnte ihr den ganzen Tag lang überhaupt nichts recht machen. Also bemühte ich mich und kam pünktlich um sieben Uhr, um Frühstück zu machen. Ich hatte meistens nicht mehr als fünf oder höchstens sechs Stunden geschlafen und war entsprechend müde. Wenn ich kam, war *Vater* schon weg, er musste um halb sechs aufstehen, um rechtzeitig in der Arbeit zu sein. Ich kümmerte mich also für den Rest der Familie ums Frühstück. Um halb acht standen die Kleinen auf. Mustafa kam meistens später. Aber mit ihm schimpfte sie nie. Im Gegenteil, er wurde regelrecht hofiert, egal wann er eintraf.

Ab September wurde alles anders. Das neue Schuljahr begann, und die beiden mittleren Jungs mussten nun jeden Morgen um halb acht auf dem Weg sein, um rechtzeitig zum Unterricht zu kommen. Mustafa musste auch früher aufstehen. Anfang des Monats trat er seine Lehre an. Er wollte Maler werden und hatte eine Lehrstelle hier im Ort gefunden. Seine Firma war gleich um die Ecke, und Arbeitsbeginn war sieben Uhr. Um halb acht waren dann alle weg, nur die zwei Jüngsten blieben bei uns. *Mutter* hielt nichts von Kindergärten, das war was für die Deutschen, nicht für uns Türken.

Auch ich war mit meinen vierzehn Jahren noch schulpflichtig. Die Gemeinde hatte die Schwiegereltern auch, kurz nachdem sie mich angemeldet hatten, angeschrieben und aufgefordert, mich ab September in die Schule zu schicken. Ich sollte mich am 1. Schultag in der hiesigen Schule vorstellen. Aber meine Schwiegermutter dachte nicht im Traum daran. Ich war schließlich nicht zum Rumsitzen nach Deutschland gekommen. Ich sollte arbeiten und Geld verdienen. Und das konnte ich auch ohne Schulbildung. Also ignorierte sie die Aufforderung und ließ den Termin verstreichen. Vermutlich hat sie den Brief einfach weggeworfen. Danach ist jedenfalls nie mehr eine Aufforderung gekommen.

Nach sechs Wochen Deutschland war ich fest in die Heimarbeit meiner Schwiegermutter eingespannt. Täglich arbeiteten wir, mit kleinen Unterbrechungen, von morgens um acht bis in die Nacht hinein. War eine Kabelrolle fertig, wurden die Schalter in einer Kiste hinter der Küchentür verstaut. Und zweimal in der Woche brachte *Mutter* die fertigen Teile weg. Wohin *sie* sie gebracht hat? Keine Ahnung! Ich bekam lediglich mit, dass sie die Wohnung mit den gestapelten Kartons verließ und Stunden später mit neuen Kisten wieder kam. Natürlich ließ sie mich nie ohne Arbeit zurück. Während sie weg war, musste ich auf die Kleinen aufpassen und möglichst noch die Wohnung putzen, Wäsche waschen oder sonst irgendetwas im Haushalt erledigen. Müßiggang gab es bei ihr genauso wenig wie bei meinem Vater.

Damals hatte ich großes Heimweh. Es verging kein Tag, an dem ich nicht an meine *anne* zu Hause in Ballidere dachte. Immer wieder ging es mir durch den Kopf: ›Wie es ihr wohl geht? Ob sie mich auch so vermisst, wie ich sie?‹ Ich wusste es nicht. Seit meiner Ankunft in Deutschland hatten wir keinen Kontakt gehabt. Briefe schreiben konnte ich nicht, und ein Telefon besaßen wir nicht. Ich litt unsäglich unter der Trennung, und immer wenn ich alleine war, vergoss ich bittere Tränen. Dennoch gewöhnte ich mich langsam an mein neues Leben.

Morgens, wenn Mustafa und die Kinder gegangen waren, arbeitete ich mit *Mutter*. Ich war inzwischen genauso flink wie sie. Und vormittags schafften wir meistens 450 bis 500 kleine Schalter. Mittags, wenn die Jungen aus der Schule kamen, gab es eine Kleinigkeit zu essen. Käse oder Eier mit Brot. Manchmal gab es auch Würstchen, rote oder weiße. Die roten Würstchen kannte ich, mochte sie aber nicht besonders. Die weißen hingegen hasste ich. Einmal habe ich eines probiert, da hat es mir den Magen gehoben, und ich musste spucken. Ich glaube, das war auch der Grund, warum *Mutter* sie so oft gekauft hat. Manchmal hat sie auch mittags in der Metzgerei an der Ecke warmen Leberkäse besorgt. Dieses rote, fleischähnliche Etwas mochte ich genauso wenig wie die Weißwürste. Heute weiß ich, dass in den meisten dieser Produkte Schweinefleisch verarbeitet wird. Und es ist mir immer noch schleierhaft, wie *Mutter* das kaufen konnte.

Wir waren doch Muslime und aßen kein Schweinefleisch! Bei uns zu Hause in der Türkei gab es das jedenfalls nicht.

Zu essen hatten wir immer genug. Vor allem Fleisch. Das hat mich am Anfang begeistert. Ich mochte doch Fleisch so gerne und hatte es viele Jahre entbehren müssen. Trotzdem war es mir nach einer Weile über. Vielleicht lag es daran, dass wir jeden Tag Fleisch aßen oder weil es immer gleich zubereitet war: Es gab Bohnen mit Fleisch oder Fleisch mit Bohnen, je nachdem wie viel sie jeweils davon noch hatte. Ich verstand nicht, warum *Mutters* Küche so eintönig war, wo die türkische Küche doch so abwechslungsreich ist. Meine *anne*, die ja unter viel härteren Bedingungen lebte, brachte jeden Tag etwas anderes auf den Tisch. Aber sie kochte auch viel mehr Gemüse.

Beim Essen störten mich auch andere Dinge. Ich bekam zum Beispiel so gut wie kein Obst. Das fand ich besonders schlimm, weil ich vor allem Äpfel liebte. Zu Hause hatten wir fast das ganze Jahr über Äpfel gehabt, und hier gab es sie so selten. Also bat ich *Mutter* eines Tages, welche zu kaufen. Aber sie kam ohne einen einzigen Apfel zurück. Ich bin sicher, dass sie das absichtlich gemacht hat. So war das auch mit Brot. Ich hatte schon bald nach meiner Ankunft das deutsche Mischbrot kennen und lieben gelernt. Besonders die knusprige Kruste mochte ich. Immer wenn es frisches Brot gab, schnitt ich als Erstes die Kante ab und bestrich sie mit Butter. Das war köstlich. Aber *Mutter* ärgerte das anscheinend sehr. Sie beschwerte sich, dass ich zu viel Brot essen würde und kaufte dann wochenlang keins mehr. Es gab dann wieder selbst gebackenes türkisches Brot. Das mochte ich zwar auch, aber nicht so gerne.

Unser Speiseplan war, wie gesagt, sehr eintönig. Wenn ich mich heute daran erinnere, so schien er hauptsächlich aus Eiern und Käse und Fleisch und Bohnen zu bestehen. Das habe ich lange nicht verstanden. Aber irgendwann kam ich dahinter: Meine Schwiegermutter war extrem geizig und hat sich jeden Pfennig vom Mund abgespart. Zum Einkaufen zum Beispiel hat sie mich nie mitgenommen. Obwohl sie immer jemanden brauchte, der ihr beim Tragen half. Aber sie ist immer mit Mustafa oder *Vater* zum Einkaufen gegangen. Jeden Freitag oder Samstag sind sie zu zweit oder zu dritt in den Ort gelaufen. Dort gab es damals einen großen Supermarkt, in dem sie für die ganze Woche einkauften. Aber sie besorgte immer nur das Einfachste und Billigste. Abgepacktes Mischbrot, H-Milch, Scheibenkäse, abgepackte Wurst. Ich hatte damals überhaupt keine Ahnung. Wusste nicht, was es hier alles zu kaufen gab, oder was die Deutschen aßen. Auch, dass es in der Stadt richtige türkische Geschäfte gab, wo man Lebensmittel von zu Hause bekam, war mir nicht bekannt.

Trotz Heimweh und der schlechten Stimmung, die seit jenem Morgen im August bei uns herrschte, hatte ich mich einigermaßen eingelebt. Vielleicht lag es daran, dass ich jeden Tag vierzehn bis sechzehn Stunden arbeiten musste und keine Zeit zum Nachdenken oder Trübsal blasen hatte. Mustafa sah ich nur morgens oder abends bzw. nachts im Bett. Inzwischen hatte ich mich sogar an den Sex gewöhnt, obwohl er nie zärtlich war. Manchmal glaube ich, ich wollte ihn damals einfach lieben. Er war schließlich mein Mann, den musste man doch lieben, oder? Wenn ich ihm zu Willen war und mit ihm schlief, wann und wie oft er wollte, war alles in Ordnung. Schwierig wurde es, wenn ich zu müde war oder keine Lust hatte. Dann schnaubte er vor Wut und verprügelte mich. Oft bin ich deshalb mit blauen Flecken und Prellungen herumgelaufen. Und häufig hatte ich am nächsten Tag Schmerzen von den Schlägen, die er mir in der Nacht davor verabreicht hatte.

Aber ich wollte ihm eine gute Ehefrau sein. Dass ein Mann seine Frau schlägt, war ja nichts Neues. Jahrelang hatte ich hautnah miterlebt, wie meine Mutter von Vater verprügelt wurde. Schläge vom Ehemann waren für mich also ganz normal. Freilich träumte ich manchmal von einem liebevollen Ehemann und einer glücklichen Ehe, aber ich hatte keine genauen Vorstellungen davon. Mein Schwiegervater hat *Mutter* zwar nicht geschlagen, aber ein besonders liebevolles Verhältnis hatten die beiden auch nicht. Früher, als Mustafa und ich noch verlobt waren, war es anders gewesen. Er war zärtlich, hatte meine Hand gehalten und mich geküsst. Warum machte er das jetzt nicht mehr? Ich setzte alles daran, um das zu ändern. So fing ich zum Beispiel an, Mustafa vom Bahnhof abzuholen. Er musste ja einmal in der Woche in die Berufsschule nach München fahren und kam meistens gegen vier, halb fünf zurück. Also habe ich meine Schwiegermutter gefragt, ob ich ihn abholen dürfe. Ich weiß nicht genau, warum sie es erlaubt hat. Es war jedenfalls so. Ich durfte die Arbeit unterbrechen und meinem Mann entgegengehen. Wo der Bahnhof war, wusste ich inzwischen. Also beeilte ich mich, um rechtzeitig vor der Ankunft des Zuges dort anzukommen.

Beim ersten Mal war ich ganz aufgeregt. Da kam er. Ich lief auf ihn zu und begrüßte ihn freudig. Er brummte ein halbherziges *»merhaba«* und lief weiter. Ich beschleunigte meinen Schritt, um ihm nachzukommen. Dann fasste ich ihn an der Hand. Aber Mustafa war das gar nicht Recht. Ungeduldig schüttelte er meine Hand ab und lief noch schneller, und ich hinter ihm her. Aber er war größer als ich und hatte längere Beine. Irgendwie hatte ich keine Chance. Da er am Schluss fast rannte, war er viel schneller zu Hause als ich. *Mutter* hat das, glaube ich, gefreut. Sie war ihm wohl überhaupt eine schlechte Beraterin. Denn sie muss ihm gesagt haben, dass eine Ehefrau am besten mit Schlägen zu bändigen sei. Wobei ich ja alles andere als rebellisch war. Aber verprügelt hat er mich trotzdem regelmäßig – manchmal mit Grund, manchmal ohne. Na ja, auf jeden Fall habe ich noch eine Weile versucht, auf ihn zuzugehen, um ihm nahe zu kommen. Aber, was ich auch tat, es war alles vergeblich. Er wollte weder meine Hand halten, noch mich in den Arm nehmen, geschweige denn mich küssen. Er wollte mich nur *ficken* und das am liebsten jede Nacht zweimal.

Irgendwann blieb das Blut aus. Es muss im Spätherbst gewesen sein, und ich hätte längst schon meine Periode bekommen sollen.

Gut, ich wusste nicht genau, wann ich meine Blutungen hatte, aber einmal im Monat, das hatte sich inzwischen eingespielt. Außerdem war mir immer schlecht, ständig. Morgens, vor dem Frühstück, musste ich schon spucken. *Mutter* hat das natürlich bemerkt, und irgendwann ist sie mit mir zum Arzt gegangen. Der untersuchte zuerst sie und dann mich. Ich habe natürlich kein Wort verstanden. Aber auf dem Nachhauseweg hat sie mir erzählt – sie muss einen guten Tag gehabt haben –, dass wir beide schwanger seien. Ja, richtig! Meine Schwiegermutter und ich waren gleichzeitig schwanger. Sie sollte ihr Kind im Juli bekommen und ich meines im August. An dem Tag war ich glücklich. Ich würde ein Kind bekommen und endlich jemanden haben, der nur mir gehörte. Das war schön. Dass ich selbst fast noch ein Kind war, kam mir nicht in den Sinn.

Was Mustafa zur Schwangerschaft gesagt hat, weiß ich nicht mehr. Aber in diesen neun Monaten hat er mich weniger geschlagen, und beim Sex war er auch vorsichtiger. Vermutlich hatte ihn seine Mutter dazu angehalten. Unser Verhältnis hat sich dadurch allerdings nicht verbessert. Mustafa war nach wie vor mürrisch und schlecht gelaunt. Die Schwangerschaft verlief hingegen gut. Ich hatte nach den ersten drei Monaten keine Beschwerden mehr, und das Kind gedieh prächtig. Anders erging es jedoch meiner Schwiegermutter. Sie war damals ja immerhin schon über vierzig, und es war ihre sechste Schwangerschaft. Vielleicht lag es auch daran, dass sie zwischendrin abgetrieben hatte. Ihr jedenfalls ging es während der Schwangerschaft nie wirklich gut. Sie sah schlecht aus und fühlte sich auch so. Trotzdem sind *Vater*, Mustafa und ich irgendwann im April oder Mai ohne sie nach Norddeutschland gefahren. Wir wollten meinen Onkel besuchen. Ich war außer mir vor Freude, endlich, nach fast einem Jahr, würde ich jemanden aus der Familie meiner Mutter wieder sehen.

Mutter und die Kinder blieben also in München zurück, während wir uns über das Wochenende auf den Weg in den Norden machten. Wir fuhren mit dem Zug und brauchten den ganzen Tag, bis wir endlich in dem kleinen Städtchen eintrafen, wo mein Onkel mittlerweile lebte. Die Freude war groß. Denn hier wohnte nicht nur der Bruder meiner Mutter mit seinen Angehörigen, sondern es lebten auch viele Freunde und Nachbarn aus unserem Dorf in dieser Stadt. Ich ging wie auf Wolken. Hier erfuhr ich endlich, wie es meiner *anne* und den Geschwistern ging. Und ich hörte, dass mein großer Bruder bald heiraten und auch nach Deutschland kommen würde. Ich war überglücklich und wäre am liebsten gleich dort geblieben, um auf ihn zu warten. Und prompt schlug mein Onkel vor, dass Mustafa und ich uns bei ihm in der Nähe niederlassen sollten. Aber mein Mann und auch der Schwiegervater wollten nichts davon wissen. Wir sollten bei den Schwiegereltern bleiben.

Drei Tage später waren wir wieder in München. Die Kinder waren ganz aus dem Häuschen, als wir ankamen, aber *Mutter* war verdächtig still und sah noch schlechter aus als sonst. *Vater* war beunruhigt, aber sie wiegelte es ab – es sei nichts, alles wäre in Ordnung. War es aber nicht. Sie hatte an diesem Wochenende viel gearbeitet, die ganze Wohnung geputzt, unter anderem auch die Kühltruhe. Dazu hatte sie sich wohl weit hinunterbeugen müssen, und seitdem hatte sich das Baby nicht mehr bewegt. Aber das hatte sie ignoriert. Mir fiel auf, dass ihre Lippen blau angelaufen waren, und ich drängte sie, zum Arzt zu gehen. Da ihre Vorsorge sowieso auf den nächsten Tag fiel, ging sie endlich hin. In der Praxis stellte man fest, dass das Baby tot war. Sie wurde sofort in die Notaufnahme des nächsten Krankenhauses gebracht. Das Kind war offensichtlich schon Tage davor gestorben und hatte ihren Körper langsam vergiftet. Warum es gestorben war, wusste niemand. *Mutter* hat den Eingriff gut überstanden, aber seelisch ging es ihr sehr schlecht. Ich glaube, sie hätte dieses Kind gerne noch gehabt. Vielleicht wäre es ja ein Mädchen geworden.

Da hatte ich fast ein schlechtes Gewissen, dass meine Schwangerschaft weiterhin so unproblematisch verlief. Ich wurde immer runder und freute mich auf das Baby. Mitte August war es dann so weit. Ich hatte schon geschlafen. Als ich mitten in der Nacht aufwachte, merkte ich, dass ich in einem See aus Blut lag. Die ganze Matratze war durchtränkt. Ich weckte Mustafa und bat ihn, mich ins Krankenhaus zu bringen, weil es wohl so weit sei. Aber davon wollte er nichts wissen, er drehte sich wieder um und brummte: »Lass mich schlafen, ich muss morgen früh aufstehen.«

Das konnte doch nicht wahr sein. Ich wand mich unter den Wehen, und mein Mann fühlte sich in seinem heiligen Nachtschlaf gestört. Das brachte mich so in Rage, dass ich ihn das erste Mal, seit wir verheiratet waren, anschrie: »Was ist dir wichtiger, ich und das Kind oder dein Schlaf?«

Er war ziemlich erstaunt, einen solchen Tonfall war er von mir nicht gewöhnt. Aber als er das viele Blut sah, kam er in Bewegung. Er zog sich schnell an und lief zu den Schwiegereltern. *Mutter* betrat die Wohnung, warf einen kurzen Blick auf mich und brach sofort zur nächsten Telefonzelle auf. Sie verständigte einen Krankenwagen, der kurz darauf eintraf. Die Sanitäter untersuchten mich erst einmal, aber alles schien in Ordnung zu sein. Nur woher das viele Blut kam, erklärten sie mir nicht. Ich hatte Angst und fing wieder an zu weinen. *Mutter* fuhr mich an, ich solle jetzt endlich still sein, ich wäre schließlich nicht die erste Frau, die ein Kind bekäme. Also war ich still, obwohl ich starke Schmerzen hatte und nicht wusste, was jetzt mit mir passiert.

Die Sanitäter brachten mich ins Krankenhaus. *Mutter* und Mustafa sind zwar noch mitgekommen, aber bei mir geblieben sind sie nicht. Sie ließen mich einfach allein. Und dann lag ich da, ohne ein Wort Deutsch zu sprechen, und wartete darauf, dass mein Kind kam. Ich hatte keine Ahnung, was als Nächstes passieren würde. Ich wusste zwar inzwischen, wie Kinder gemacht werden, aber wie sie aus einem rauskommen, wusste ich nicht. Die Geburt zog sich den ganzen nächsten Tag hin. Immer wieder hatte ich Wehen, die kamen und gingen. Und weit und breit war kein Mensch, der mir irgendetwas erklärte. Ich lag im Bett und betete leise: *»Bismillahi, Rahmani, Rahim…, im Namen*

Gottes, des Barmherzigen, erbarme dich und steh mir bei.« Das größte Problem war, dass ich das Krankenhauspersonal nicht verstand. Hier war niemand, der Türkisch sprach, und ich konnte kein Wort Deutsch. Von meinen Verwandten ließ sich niemand blicken. Sie dachten wahrscheinlich: ›Die wird ihr Kind schon kriegen, dazu braucht sie uns nicht.‹ Dabei hätte ich den Beistand so nötig gehabt. Allein die stündlichen Untersuchungen. Immer wieder kam die Hebamme zum Nachschauen, und ein paar Krankenschwestern standen auch dabei und guckten zu. Oh, war mir das peinlich. Wie habe ich mich geschämt. Aber irgendwann am Abend ging es dann sehr schnell. Die Presswehen brachen über mich herein, und die Hebamme zeigte mir mit Gesten, was zu tun war. Also habe ich gepresst, weil sie auch presste. Um Mitternacht war es dann so weit. Mein Baby, ein gesunder, kleiner Junge – 3700 Gramm schwer, 52 Zentimeter groß – war geboren. Er hatte sogar schon einen blonden Flaum auf dem Kopf. *Can* sollte er heißen. Das bedeutet Leben auf Türkisch.

Am 19. August also war mein Sohn zur Welt gekommen. Ich war außer mir vor Freunde. Die Schmerzen hatte ich längst vergessen. Stolz saß ich im Bett mit meinem Baby im Arm und wartete auf Besuch. Ich weiß nicht, ob man sie verständigt hatte oder ob sie sowieso gekommen wären. Am Tag nach Cans Geburt tauchten sie plötzlich auf. Als Erstes kam die Schwiegermutter. Sie war mild gestimmt und schien sich über das Baby zu freuen. Als sie es in den Arm nahm, gab es mir einen Stich, ich wusste, dass sie jetzt an ihr totes Baby dachte. Aber den Gedanken verdrängte ich ganz schnell wieder, weil das nicht zu ändern war. *Mutter* hatte mir zur Feier des Tages etwas mitgebracht – ein Stück Torte. Hatte sie vergessen, dass ich keine Torte mochte? Aber ich war viel zu glücklich, um mich zu ärgern, also ließ ich das Stück unberührt auf dem Nachttisch stehen und unterhielt mich mit ihr. Zum ersten Mal seit fast einem Jahr sprach sie wieder normal mit mir. Als *Mutter* wieder gegangen war, warf ich die Torte weg. Am

Abend ist dann auch Mustafa gekommen. Auch er schien sich zu freuen. Obwohl es merkwürdig aussah, als er das Baby im Arm hielt. Er war ja selbst noch ein Junge. Bei mir war es sicher ähnlich. Mit fünfzehn Jahren war ich zum ersten Mal Mutter geworden, Mustafa war noch keine siebzehn.

Nach einer Woche konnte ich das Krankenhaus verlassen. Ich war froh, denn das Essen schmeckte mir nicht, und ich verstand immer noch kein Wort Deutsch. Aber mittels Zeichensprache hatten es die Kinderschwestern immerhin geschafft, mir das Wickeln beizubringen und auch beim Stillen haben sie mir in den ersten Tagen sehr geholfen. Dennoch fühlte ich mich mit dem Neugeborenen ziemlich unsicher. Ob ich das alles hinkriegen würde? Mustafa und *Mutter* holten mich aus der Klinik ab. Wie selbstverständlich trug *sie* das Baby, und Mustafa und ich trotteten hinter ihr her. Vielleicht hätte ich damals protestieren sollen. Es war doch schließlich mein Kind.

Ganze vierzig Tage lang war ich dann Mutter meines Sohnes. Ich habe ihn gestillt, gewickelt und umsorgt. Natürlich hat sie mir dabei geholfen und mir das Baby auch oft abgenommen. Sie war ja die erfahrene Mutter. Und ich war ihr dankbar für die Hilfe. Zeitweilig half ich *Mutter* da auch schon wieder bei der Heimarbeit. Eigentlich war es ideal, ich arbeitete zu Hause und hatte das Baby immer bei mir. Aber nach sechs Wochen sollte sich mein Leben wieder radikal ändern. Und wieder hatte mich keiner gefragt. *Mutter* hatte für mich eine feste Anstellung in der Firma besorgt, für die sie seit Jahren Heimarbeit machte. Am 1. Oktober 1979 sollte ich meine erste Arbeitsstelle in Deutschland antreten.

Nein, ich habe nicht protestiert. Vielleicht war ich mit dem Kind überfordert. Außerdem war Can ja versorgt. Er war den ganzen Tag bei *Mutter*, und abends und nachts würde er bei mir sein. So jedenfalls hatte ich das geplant. An meinen ersten Arbeitstag erinnere ich mich gut. Ich war um fünf Uhr aufgestanden und ging dann mit einer Freundin von uns, die in der gleichen Firma arbeitete, zusammen dorthin. Als wir ankamen, stellte sie mich dem Schichtführer vor. Der war sehr freundlich und brachte mich an meinen Arbeitsplatz. Die Freundin blieb eine Weile bei mir, um zu übersetzen. Aber die Aufgabe war nicht schwierig: Ich sollte wieder Schalter montieren, nur diese waren größer als die, die wir zu Hause zusammenbauten. Der Vorarbeiter gab mir eigenes Werkzeug und zeigte mir, wie diese Schalter zu montieren seien. Im Prinzip waren es die gleichen Teile, nur größer eben. Wozu sie gebraucht wurden, wusste ich nicht. Das interessierte mich auch nicht. Hauptsache, ich konnte arbeiten und Geld verdienen. Das würde die Schwiegermutter glücklich machen. Der erste Tag verging wie im Flug. Wenn ich Verständigungsprobleme hatte, kam eine türkische Kollegin und half mir. Um vierzehn Uhr, nach acht Stunden, war mein erster Arbeitstag beendet. Ich war müde, aber zufrieden.

Ich musste zu Fuß nach Hause laufen. Dort, wo wir wohnten, gab es keinen Bus, und ich hatte kein Fahrrad. Es war noch warm, und ich genoss den Spaziergang. Aber meine Freude verflog, als ich die Wohnung betrat. *Mutter* stand in der Tür und machte mir Vorwürfe. Warum ich so lange gebraucht hätte? Ich hätte doch schon vor einer halben Stunde daheim sein müssen? Böse zischte sie: »Ich weiß genau, wie lange man von der Arbeit nach Hause braucht. Ich bin schließlich den Weg selbst lang genug gegangen. Setz dich hin und hilf mir endlich.« Wie ein geprügelter Hund ging ich in die Küche und setzte mich an den Tisch. Die kleinen Schalter warteten schon. Nicht mal Can hatte ich richtig begrüßen können, zum Essen war natürlich auch keine Zeit, schweigend schob Mutter mir die Kiste hin. Wir arbeiteten dann durch bis abends um sechs. Danach gab es Abendessen, wie üblich – Bohnen und Fleisch.

Nach dem Essen erledigte ich die Hausarbeit. Kümmerte mich um Berge von Geschirr und machte die Küche sauber. *Mutter* brachte die Kinder ins Bett. Auch meinen Sohn. Er sollte – bis auf Weiteres – bei ihr schlafen. Das verstand ich nicht. Warum konnte er nicht mit zu uns kommen? Ich stillte ihn schließlich noch. Aber wieder habe ich geschwiegen. Ich ließ sie gewähren.

Vielleicht war ich damals auch ein wenig froh, ungestört schlafen zu dürfen. Obwohl ich schon seit fünf Uhr morgens auf den Beinen war und den ganzen Tag in der Fabrik gearbeitet hatte, machten *Mutter* und ich auch an diesem Tag bis kurz nach Mitternacht Heimarbeit. Halbtot fiel ich schließlich ins Bett, heilfroh, dass Mustafa schon lange schlief. Es gelang mir gerade noch, den Wecker auf fünf Uhr zu stellen, bevor mich ein bleierner Schlaf übermannte.

Als am nächsten Morgen der Wecker klingelte, habe ich ihn nicht gehört. Es war einer von diesen altmodischen, extrem lauten Weckern, den man sicherlich bis in die Nachbarwohnung hörte, so laut schrillte er. Aber ich schlief wie eine Tote. Da wurde ich durch plötzliche und heftige Faustschläge auf Rücken und Schultern aus dem Schlaf gerissen. Mustafa musste erst um halb sieben aufstehen und war außer sich, dass er schon um fünf geweckt worden war. Morgens vor dem Aufstehen schon eine Tracht Prügel – so begann nicht nur dieser Tag.

Von dieser Warte aus betrachtet, war die Arbeit in der Fabrik die reinste Erholung. Kein gewalttätiger Ehemann, keine nörgelnde Schwiegermutter, stattdessen einfach nur Ruhe. Die meisten Kollegen waren nett. Bald schon freundete ich mich mit einigen der türkischen Arbeiterinnen an und schwatzte in den Pausen mit ihnen. Das war neu für mich. Außerhalb der Familie hatte ich bis jetzt zu niemandem Kontakt gehabt. Nun lernte ich junge Frauen kennen, die schon länger in Deutschland lebten. Sie erzählten mir aus ihrem Leben, wo sie herkamen, wie ihre Männer waren und wie viele Kinder sie hatten. Hier lernte ich auch die ersten deutschen Wörter. Sie sagten mir, dass *kahve* Kaffee heißt, oder *çay* Tee. Aber ich war natürlich noch weit davon entfernt, die Sprache meiner neuen Heimat zu verstehen.

Ich weiß nicht mehr genau, wie, aber irgendwann brachte ich den Mut auf, meine Schwiegermutter zu fragen, ob sie mir ein paar Sachen in *almanca* beibringen würde. Sie lebte jetzt schon seit über zehn Jahren in diesem Land und sprach – für mein Gefühl – fließend Deutsch, und für mich war sie damals eine gute

Lehrmeisterin. Ich zeigte auf Gegenstände, und sie nannte mir den deutschen Begriff dafür. Wenn ich auf *ekmek* deutete, sagte sie Brot. So habe ich jeden Tag ein paar neue Wörter gelernt. Und nach ein paar Monaten hatte ich zumindest einen gewissen Grundwortschatz. Natürlich hätte ich die Sprache auch durch das Fernsehen lernen können. Aber wir hatten zu der Zeit keinen Apparat. Erst nachdem ich schon zwei, drei Jahre in Deutschland war, kaufte die Schwiegermutter ein Fernsehgerät. Allerdings hätte ich ohnehin keine Zeit zum Gucken gehabt. Bei der Arbeit hätten wir auch nicht fernsehen können, weil man sich trotz aller Eintönigkeit konzentrieren musste. Auch für andere Vergnügungen war nie Zeit. Ich kann mich nicht erinnern, dass wir einmal ins Kino gegangen wären oder zum Tanzen oder in ein Restaurant. Nein, mein Leben sah immer gleich aus: Aufstehen, arbeiten, essen, arbeiten, drei, vier Stunden schlafen, wieder arbeiten. Meinen Sohn habe ich in seinem ersten Lebensjahr kaum gesehen.

Nachdem ich zehn Monate in meiner Firma gearbeitet hatte, beantragte ich Urlaub. Das erste Mal seit zwei Jahren wollte ich nach Hause fahren. Nicht um Urlaub zu machen, nein, meine Reise hatte einen anderen Zweck. Ich fuhr in die Türkei, weil ich Can zu meiner Mutter bringen wollte. Im ersten Jahr hatte ja die Schwiegermutter quasi rund um die Uhr auf den Kleinen aufgepasst. Aber dann, mehr oder weniger von einem Tag auf den nächsten beschloss sie, dass damit jetzt Schluss sei. Wie üblich erklärte sie sich nicht, sondern sagte nur: »Du musst für Can eine andere Lösung finden, ich kann nicht mehr für ihn da sein.« Diskutieren konnte man mit ihr nicht, das wusste ich, also blieb mir nichts anderes übrig, als ihn zu meiner *anne* zu bringen. *Vater* hatte auch Urlaub und wollte mich und den Kleinen begleiten. Die anderen blieben in München. So sind wir drei eines Tages Ende Juli in den Zug nach Istanbul gestiegen. Natürlich konnten wir uns keinen Schlafwagen leisten. Nein, wir hatten Sitzplätze in der zweiten Klasse und mussten die ganze Fahrt auf unseren Sitzen ausharren. Das war besonders wegen Can anstrengend, weil er noch so klein war und keinen eigenen Sitzplatz hatte. So musste er entweder bei mir oder *Vater* auf dem Schoß sitzen. Ich weiß nicht mehr wie, aber irgendwie haben wir diese vierzig Stunden überstanden. In Istanbul angekommen, machten wir einen kurzen Stopp, um etwas zu essen, dann stiegen wir in den Bus und fuhren weiter nach Zentralanatolien.

Was war das für ein Hallo, als wir dort ankamen! Mustafa hatte ein paar Wochen vor unserer Abfahrt einen Brief geschrieben und meinen Eltern angekündigt, dass ich kommen würde. Auch ich war furchtbar aufgeregt, als der Bus endlich in unserem Dorf hielt. Von der langen Fahrt völlig übermüdet, stieg ich mit wackligen Beinen aus. Da lagen wir, meine *anne* und ich, uns auch schon in den Armen. Wir lachten und weinten zugleich. Immer wieder schob meine geliebte Mutter mich von sich und bestaunte mich von oben bis unten: Ja, das war ihre *Ayşe*. Schließlich registrierte sie auch meinen Schwiegervater und den Kleinen. Er begrüßte sie und legte ihr Can in den Arm. Als sie ihren kleinen Enkel sah, liefen ihr wieder die Tränen über das Gesicht. Auch Can fing an zu weinen, als er seine Großmutter das erste Mal sah. Ich hatte inzwischen meinen Vater und die kleine Schwester begrüßt. In diesem Augenblick freute ich mich sogar, ihn wieder zu sehen.

Auf dem Weg nach Hause kamen die Nachbarn aus ihren Häusern und begrüßten uns. Jeder einzelne brachte mein Herz zum Klingen – endlich war ich wieder daheim. Wie hatte ich sie alle vermisst. Meine *anne* hatte mein Lieblingsessen vorbereitet, Weinblätter mit Bulgur. Aber ich konnte vor lauter Aufregung kaum essen. Nach und nach kamen alle Freunde, um uns zu begrüßen. Die Küche füllte sich, und wir alle saßen auf dem Boden, aßen und feierten meine Heimkehr.

Die nächsten zwei Wochen vergingen wie im Flug. Meine *anne* war natürlich hocherfreut, als ich ihr sagte, dass ich meinen Sohn gerne bei ihr in der Türkei lassen würde. Sie hatte volles Verständnis für meine Situation, und ich wusste, dass er bei ihr gut aufgehoben sein würde. Außerdem gab es ja noch meine kleine Schwester Hanife, die auf Can aufpassen konnte, weil Mutter immer noch sehr hart arbeiten musste. Inzwischen hatte auch mein Bruder unser Dorf verlassen und fiel als Arbeitskraft aus. Er hatte geheiratet und war ebenfalls nach Deutschland gegangen. Seit einem knappen Jahr lebte er bei seinen Schwiegereltern in der Nähe von Hamburg. *Anne* und ich erzählten uns alles, was in den vergangenen zwei Jahren passiert war. Nur, wie es mir mit Mustafa und der Schwiegermutter ging, berichtete ich ihr nicht. Damals dachte ich wohl, dass noch alles gut werden würde – irgendwann.

Als es Zeit zum Abschied Nehmen wurde, brach mir schier das Herz. *Anne* wieder zu verlassen fiel mir ungeheuer schwer. Mein einziger Trost war, dass Can bei ihr sein würde. Sie wäre nicht so allein. Aber was war mit mir? Wer würde mich trösten, mich in den Arm nehmen? Ich ließ meiner Mutter noch ein bisschen Geld da, aber viel war es nicht, weil ich selbst keines hatte. Der Schwiegervater hatte die Reisekosten übernommen, auch meinen Rückflug nach München hatte er bezahlt. Und bei unserer Ankunft in Ballidere hatte er mir hundert Lira in die Hand gedrückt, das waren damals etwa zwanzig Mark. Allein bestieg ich also den Bus nach Istanbul. Mein Schwiegervater hatte noch länger Urlaub und wollte noch ein paar Wochen bleiben. Von der Busfahrt habe ich nichts mitbekommen, weil ich in Gedanken bei meinem Sohn und meiner *anne* war. Ich wusste nicht, wann ich die beiden wieder sehen würde, schwor mir aber, diesmal nicht wieder zwei Jahre vergehen zu lassen.

Als das Flugzeug in München-Riem landete, war mein Herz schwer. Was würde mich erwarten? Mustafa holte mich vom Flughafen ab. Ob er sich freute? Ich wusste es nicht, gelacht hat er jedenfalls nicht, als er mich sah. Er begrüßte mich kurz, nahm mein Gepäck, und schweigend fuhren wir mit der S-Bahn nach Hause. Diesmal war alles anders. Ich kannte den Weg, nichts mehr war neu für mich. Während mir damals alles in bunten Farben entgegenstrahlte, wirkte es jetzt eintönig, fast grau. Das lag nicht nur am Regen, der gerade fiel. Zu Hause empfing mich die Schwiegermutter – ebenfalls ziemlich frostig. Schweigend nahm sie die Geschenke von *anne* in Empfang. Die hatte mir selbst gemachte Nudeln, Bohnen, Bulgur und eingelegte Gurken und Tomaten für die Meinen mitgegeben. »Was soll ich denn damit?«, fragte sie verächtlich. Dann nahm sie die Tüten und warf sie achtlos in den Mülleimer. Entsetzt und mit Tränen in den Augen wandte ich mich ab. Warum machte sie das? Sie wusste doch, wie hart *anne* dafür hatte arbeiten müssen.

Zum Abendessen gab es Fleisch mit Bohnen. Ich brachte kaum einen Bissen herunter, hatte Herzstechen und schreckliches Heimweh. Jetzt vermisste ich nicht nur meine *anne*, sondern auch meinen Sohn. An diesem Abend musste ich nicht abwaschen und aufräumen. Entgegen ihrer sonstigen Gewohnheit, entließ mich *Mutter* heute ungewöhnlich früh. Mustafa wartete schon, und ich ahnte, was jetzt kommen würde. Zusammen gingen wir in unsere Wohnung. Aber dort musste ich erst einmal das Chaos beseitigen. Mein Mann, der die Angewohnheit hatte, alles, was er auszog, fallen zu lassen, hatte in den zwei Wochen meiner Abwesenheit kein einziges Stück Wäsche aufgehoben. Als ich mit Aufräumen fertig war, setzte ich mich müde aufs Sofa und kämpfte mit den Tränen. Mustafa, der weder meine Müdigkeit noch meine Trauer verstand, riss mich hoch und schimpfte: »Na, was ist, *oruspu*? Was hast du Nutte, warum heulst du?« Dann nahm er mich. Er hat sich nicht mal die Zeit zum Ausziehen genommen. Er riss mir die Unterhose herunter, öffnete seinen Hosenschlitz und drang in mich ein. Nachdem er bekommen hatte, was er wollte, ging er. Vermutlich traf er sich mit irgendwelchen Freunden. Weinend legte ich mich aufs Bett und schlief ein.

Mein einziges Glück war inzwischen die Arbeit in der Fabrik. Obwohl die Arbeit anstrengend war, freute ich mich, meine Arbeitskolleginnen wieder zu sehen. Besonders mit einer Kollegin hatte ich mich angefreundet. Ihr Name war Hatice. Sie war schon zwanzig, also vier Jahre älter als ich. Auch sie hatte man vor ein paar Jahren aus der Türkei hierher geholt und mit einem Deutschtürken verheiratet. Auch sie war die Arbeitssklavin ihrer Schwiegermutter und ihres Mannes. Während meine mich mit Heimarbeit traktierte, musste meine Freundin Hatice nach Fabrikschluss putzen gehen. Geld hat auch sie nie gesehen. Wir hatten ja beide einen Job in der gleichen Firma, arbeiteten damals 42 Stunden in der Woche, aber wie viel wir verdienten, wussten wir nicht. Mein Lohn ging auf das Konto bei einer Bank, die ich nur von außen kannte. Als ich anfing zu arbeiten, nahm die Schwiegermutter mich mit, und wir eröffneten gemeinsam ein Konto. Damals hatte ich ihr eine Vollmacht gegeben. Seither war ich nie wieder bei dieser Bank gewesen. Sie hatte mir verboten, dorthin zu gehen und Geld abzuheben. Bei meiner Freundin Hatice war es noch krasser. Das Geld, das sie beim Putzen verdiente, holte ihr Mann persönlich ab. Ja, wirklich. Einmal im Monat ist er bei ihren Putzstellen vorbeigefahren und hat kassiert. Das war fast so wie bei einer *oruspu*. Aber Nutten kassieren wenigstens selber, auch wenn sie das Geld dann bei ihrem Zuhälter abgeben müssen.

Von Gelddingen hatte ich in den ersten Jahren hier in Deutschland überhaupt keine Ahnung. Ich wusste nicht, was das Leben kostet, wie viel Miete man bezahlte, was man für Lebensmittel rechnen musste, was Kleidung kostete. Ich wusste gar nichts. Das Geld hat bei uns *Mutter* verwaltet, alles lief bei ihr zusammen: Mein Lohn, der vom Schwiegervater, das Geld für unsere Heimarbeit und das, was Mustafa verdiente. Der hatte seine Lehre inzwischen abgebrochen und schlug sich mit Gelegenheitsjobs durch. Aber oft hat er auch gar nicht gearbeitet. Brauchte er auch nicht, schließlich verdiente ich ja für zwei. Unfair war nur, dass ich selbst nie einen Pfennig bekam. Nicht einmal Taschengeld hat *Mutter* mir gegeben. Ich brauchte kein Geld, so war ihre Meinung. Ich ging ja nie alleine aus dem Haus. Wenn ich überhaupt herauskam, dann höchstens mit der Familie, um irgendwelche Verwandte oder Freunde zu besuchen.

Erst Jahre später habe ich erfahren, dass *Mutter* damals im Monat über etwa 12 000 DM verfügte. So viel verdienten wir alle zusammen. Davon musste sie die Miete bezahlen, aber das machte sicher nicht mehr als 500, 600 DM aus. Dazu kam noch ein bisschen was für Strom, Heizung und die Müllabfuhr. Für Essen, Kleidung, Medikamente und Sonstiges hat sie zu der Zeit aber bestimmt nicht mehr als 1500 DM ausgegeben. Da bin ich ziemlich sicher, weil sie uns, ihre achtköpfige Familie, extrem kurz gehalten hat. Jedenfalls hat sie an die 10 000 DM in die Türkei überwiesen, und zwar jeden Monat. Aber, wie gesagt, das wusste ich zu der Zeit nicht.

Ich hätte allerdings sowieso nichts unternommen, selbst wenn ich es gewusst hätte. Wir Türken werden so erzogen: Die Älteren kennen das Leben und wissen, was zu tun ist. Sie können deshalb über uns, die Jungen, verfügen. Und wir müssen ihnen Respekt entgegenbringen. So einfach ist das. An diesem Prinzip habe ich lange nicht gezweifelt. Sie war fast wie meine Mutter und sorgte für mich. Gut, sie schikanierte mich und setzte mich ständig unter Druck. Aber war sie nicht wie alle Schwiegermütter? Sie hielt die Fäden meines Lebens in der Hand, und zwar alle.

Semra

Ich lebte jetzt drei Jahre in Deutschland. Aber dass ich nicht im Paradies gelandet war, hatte ich schon bald begriffen. Das Geld lag auch in *Almanya* nicht auf der Straße. Nein, hier wurde hart gearbeitet. Sechzehn bis achtzehn Stunden am Tag habe ich geschuftet. Frühschicht in der Fabrik, danach daheim am Küchentisch. Auch meine Ehe war nicht das, was ich mir erträumt hatte. Prügel und Vergewaltigung waren an der Tagesordnung. Aber ich bin ein optimistischer Mensch, irgendwie glaubte ich lange Zeit, dass eines Tages alles gut werden würde. Und, ich hatte meinen Glauben. Ich trug ein Kopftuch und hielt den Ramadan ein. Nein, ich bin keine streng gläubige Muslimin. Aber ich bete, wenn auch nicht fünfmal am Tag, so doch morgens beim Aufstehen und abends vor dem Einschlafen. Wann immer ich das Haus verlasse, spreche ich mit Gott und bitte ihn um seinen Schutz.

Und ich war eine gute Ehefrau. Wann immer Mustafa Sex wollte, hat er ihn bekommen, freiwillig oder unfreiwillig. Spaß gemacht hat es mir selten, am Anfang vielleicht, aber dann nicht mehr. War das auch der Grund, warum ich nicht mehr schwanger wurde? An mangelnder Häufigkeit kann es jedenfalls nicht gelegen haben. Denn er hat mich mindestens drei-, viermal in der Woche bestiegen. Anders kann ich es nicht nennen. Wie auch immer, ich wurde nicht schwanger. Nein, verhütet habe ich damals auch nicht. Ich hatte doch keine Ahnung. Ich wusste weder, dass es die Pille gab, noch hatte ich von Spiralen oder Monatsspritzen gehört. Für mich war das auch in Ordnung. Ich hatte sowieso nur zwei Kinder gewollt, und eins war für mich auch völlig ausreichend. Ich liebte Can und würde ihn bald zurück nach

Deutschland holen. Aber ich hatte nicht mit meiner Schwiegermutter gerechnet. 1981, in meinem dritten Jahr in Deutschland, fing sie an zu nörgeln. »Warum wirst du nicht schwanger, *atgötü*? Pferdearsch, was ist mit dir los, du wirst doch nicht unfruchtbar geworden sein?« Ich hörte ihre Sticheleien alle, aber ernst genommen habe ich sie nicht. Es kam mir auch nicht in den Sinn, dass sie mit ihrem Sohn darüber sprechen würde. Und dass sie sich bei ihm nicht mit Sticheln begnügen würde. Nein, nachdem ein weiteres Jahr ins Land gezogen war und sich bei mir immer noch kein zweites Kind ankündigte, hatte sie – hinter meinem Rücken – den Plan Semra ausgearbeitet.

In jenem Sommer fuhren wir alle in die Türkei, mit dem eigenen Auto. Die Schwiegermutter hatte einen Ford Transit gekauft. Mustafa hatte seit kurzem den Führerschein, es sollte seine erste große Fahrt werden. In unserem Ford konnte man bis zu neun Personen befördern. Wir waren zwar zu zehnt, aber zwei der Kinder zählten nicht wirklich, sie waren noch zu klein. Mit uns kamen noch mein Bruder Bekir und meine Schwägerin Zeynep. Die beiden lebten seit kurzem in München, weil sie im Norden keine Arbeit gefunden hatten. Jetzt wollten sie in Oberbayern ihr Glück versuchen. Bekir hatte tatsächlich schon eine Stelle angenommen, Zeynep suchte noch. In jenem August fuhren wir also wie viele Türken mit Sack und Pack über Österreich, Ungarn, Jugoslawien, Bulgarien in die Türkei.

Die Fahrt dauerte drei Tage. Und dabei sind wir sozusagen ohne größere Pause durchgefahren. Mustafa hat sich mit meinem Bruder abgewechselt. War Mustafa müde, übernahm Bekir und fuhr so lange, bis mein Mann wieder frisch fürs Lenkrad war. Wir anderen waren auf den hinteren Sitzen eingepfercht und harrten aus. Dass man sich kaum bewegen konnte, war besonders für die Kinder schlimm. Wann immer wir anhielten, sprangen sie aus dem Auto und tobten wie wild über die Rastplätze. Ziemlich müde und erledigt kamen wir schließlich in Istanbul an. Wir machten einen Tag im Haus von Mustafas Großmutter Pause, und ich staunte nicht schlecht, als ich die Fortschritte am Haus sah. Aus den ursprünglich zwei Stockwerken waren inzwischen vier geworden, von denen das dritte bereits fertig gestellt war. So hatten wir eine eigene Wohnung und jeder von uns ein eigenes Bett. Bei der Gelegenheit wurde es mir auch bewusst, wie viel Geld *Mutter* jeden Monat überwies. Da war mir plötzlich klar, warum wir in Deutschland so sparsam lebten. Weil das ganze Geld, das wir verdienten, hierher floss. Natürlich habe ich nichts gesagt. Das stand mir nicht zu. Aber irgendwie hat das einen Stachel in mein Fleisch getrieben, der sich über die Jahre immer tiefer bohrte und keine Ruhe mehr gab.

Nach einem Tag Ruhepause sind wir weitergefahren, Richtung Ballidere. Das war wieder ziemlich anstrengend, weil die Straßen damals in einem sehr schlechten Zustand waren. Eine Autobahn gab (und gibt es bis heute) nicht. So sind wir über enge Landstraßen den ganzen Weg in mein Heimatdorf gefahren. Es dämmerte schon, als wir endlich ankamen. Das halbe Dorf war auf den Beinen und erwartete uns auf dem Marktplatz. Als ich meine *anne* mit Can an der Hand entdeckte, waren alle Strapazen der langen Reise vergessen. Selig stürzte ich mich in ihre Arme, und wir begrüßten uns stürmisch. Der Kleine war inzwischen zwei Jahre alt und konnte sogar schon sprechen. Stolz führte sie mir meinen Sohn vor. Dann entdeckte *anne* Bekir. Sie hatte nicht gewusst, dass er mitkommen würde, und war völlig überrascht. Seit seiner Hochzeit hatte sie ihren Ältesten nicht mehr gesehen.

Die Eltern hatten harte Zeiten hinter sich, denn Bekirs Hochzeitsfeier hatte sie sehr viel Geld gekostet. Bei meinem großen Bruder ist es anders gelaufen als bei mir. Eine ehemalige Nachbarin hatte Mutter angesprochen und ihr gesagt, dass ihre Tochter Zeynep an Bekir interessiert sei. Die Zuneigung muss gegenseitig gewesen sein, so dass *anne* Vater von den Heiratsplänen ihres Ältesten berichtete. Aber der blockte zunächst ab. »Geht nicht, wir haben kein Geld«, soll er geknurrt haben. Aber als er erfuhr, wer die Auserwählte war, änderte er seine Meinung. Zeynep und ihre Eltern lebten schon lange in Deutschland, und so würde Bekir auch die Chance erhalten, in das reiche *Almanya* zu gehen. Doch da war immer noch das Problem mit dem Geld. Denn heiraten konnten nur jene, die es sich auch leisten konnten. Da meine Familie, wie die meisten im Dorf, nur nach dem Verkauf der Tabakernte über Bargeld verfügte, war es schwierig. Der Tabakverkauf zog sich hin, und beinahe wäre die Hochzeit geplatzt.

Aber inzwischen war der Sohn versprochen, ein Rückzieher nicht mehr möglich. Als Erstes haben sie, so erzählt mir *anne*, meine Schwiegereltern angeschrieben. Immerhin waren mein Vater und mein Schwiegervater Brüder, und sicher würden sie den armen Verwandten in der Türkei Geld für eine Hochzeit leihen. Aber da hatten sie sich getäuscht. Eine Antwort auf ihre Anfrage ist nie gekommen und natürlich auch kein Geld. Also ist Vater auf die Bank gegangen und hat einen Kredit beantragt. Es müssen ein paar hunderttausend Lira, also ein paar tausend Mark, gewesen sein, die er damals aufnahm. Das war viel Geld für einen anatolischen Kleinbauern, und beim Unterschreiben war ihm sicher klar, dass er viele Jahre brauchen würde, um diese Summe zurückzuzahlen. Und prompt gab es gleich bei der ersten Rate Probleme. Die Tabakernte war immer noch nicht verkauft, und Vater konnte das Geld für die Bank nicht aufbringen. Da ist Bekirs Schwiegermutter eingesprungen. Sie schickte Geld aus Deutschland, so dass die Bank rechtzeitig bezahlt werden konnte. Danach ist es wohl leichter geworden. Die Eltern hatten ja jetzt nur noch ein Kind, meine Schwester Hanife, bei sich, und auch die würde wohl bald verheiratet werden.

Ich habe die Tage in Ballidere genossen. Die meiste Zeit verbrachte ich bei *anne* und ließ mir genau berichten, wann Can seine ersten Gehversuche unternommen hatte und wie es war, als er anfing zu sprechen. Es war herrlich, und ich hätte noch ewig bleiben können. Aber die Schwiegereltern und Mustafa wollten weiter. Sie wollten eine Schwester weiter im Landesinneren besuchen, und ich sollte im Dorf bleiben, so war ihr Plan. Dass sie mich nicht dabeihaben wollten, wunderte mich schon. Normalerweise duldete die Schwiegermutter es nicht, dass ich viel Zeit bei meinen Eltern verbrachte. Ja, sie ging sogar so weit, dass sie mir verbot, meine Mutter *anne* zu nennen, denn das war sie ja jetzt. Ich wäre gerne noch in Ballidere geblieben, aber meine Schwägerin Zeynep überredete mich mitzufahren. Ich verstand erst nicht warum, bis sie mir erzählte, dass *Mutter* eine neue Hochzeit plane. Ich brauchte eine Weile, um zu verstehen, was sich hinter meinem Rücken abgespielt hatte. Die Schwiegermutter, enttäuscht darüber, dass wir erst ein Kind hatten und ein zweites nicht kommen wollte, hatte Pläne geschmiedet und für Mustafa eine zweite Frau gesucht – Semra, eine Tochter ihrer Schwester.

Ja, es stimmt, einem Muslim ist es erlaubt, drei bis vier Frauen zu haben. Aber doch nur, wenn er es sich leisten kann. Und was Mustafa betraf, so konnte er sich noch nicht einmal eine Frau leisten. Er hatte damals keine feste Arbeitsstelle und verdiente nur hin und wieder Geld. Ich war diejenige von uns beiden, die das Geld nach Hause brachte. Das schien die Schwiegermutter jedoch nicht zu stören, sie hatte sich in den Kopf gesetzt, eine neue Schwiegertochter zu finden, und es war ihr offensichtlich gelungen. Ich war wütend. Nicht, weil ich meinen Mann noch liebte. Nein, er war mir egal, aber was würde mit Can passieren? Ich packte also den Stier bei den Hörnern und fragte ihn, wie er sich das vorstelle mit der anderen Frau.

Da sagte er: »Das ist doch einfach, du bleibst hier in der Türkei, und Semra und der Junge kommen mit mir nach München.«

Ja, so hatten sich das Mutter und Sohn zurechtgelegt. Ich wusste von einer Cousine, dass eine türkische Frau im Falle einer Scheidung keine Chance hat, ihre Kinder zu bekommen. Sie werden immer dem Mann zugesprochen, egal was in der Ehe vorgefallen ist. Aber konnte ich Can aufgeben? Das kam für mich nicht in Frage. Also erklärte ich Mustafa, dass er seine Semra ruhig mit nach Deutschland nehmen könne, aber dass ich auch mitfahren und auf keinen Fall hier in der Türkei bleiben würde. Schließlich hätte ich dort meine Arbeit und sei nicht bereit, die aufzugeben. Ich würde mich auch nicht scheiden lassen – Zweitfrau hin oder her. Genervt und wütend kamen wir bei den Verwandten an.

Semra war eine hübsche Person, aber sie war viel älter als Mustafa. Bestimmt war sie über dreißig, bemerkte ich mit Genugtuung. Freudig begrüßte sie meine Schwiegereltern und Mustafa, mich nahm sie nur am Rande zur Kenntnis. Meinen Mann erkannte ich kaum wieder. Er lief zu Höchstformen auf, turtelte, hielt Händchen und war wie ausgewechselt. Höflich, zuvorkommend und liebenswürdig. Er führte Semra aus, zum Essen, ins Kino. Ich dagegen blieb zu Hause mit unserem Sohn. In den vier Jahre Ehe hatte ich noch nie ein Kino von innen gesehen. Aber er war ja jetzt auf Brautschau. Doch das Glück währte nicht lange. Nach zwei Tagen hatte er Farbe bekennen müssen und ihr gesagt, dass ich mit einer Scheidung nicht einverstanden sei und sie nur die Zweitfrau werden könne. Das aber wollte Semra nicht. Sie entschied sich gegen Mustafa und blieb in ihrem Dorf. Wir reisten ab und fuhren mit Can über Istanbul zurück nach Deutschland.

Die Schwiegermutter war wütend. Noch Wochen danach ließ sie mich spüren, dass ich das Allerletzte war. Aber ich wusste innerlich, dass ich das Richtige getan hatte. Mustafa liebte ich zwar nicht mehr, aber ohne meinen Sohn konnte ich nicht leben. Drei Monate später war ich wieder schwanger. Ohne eine Regung nahm meine Schwiegermutter die Nachricht auf. An ihrer Haltung mir gegenüber änderte sich nichts. Für sie war und blieb ich die *Nutte*.

Die zweite Schwangerschaft machte mir zu schaffen. Besonders am Anfang. Wieder war mir ständig schlecht. Dann kam der Brand. In meiner Firma war eines Nachts Feuer ausgebrochen. Als ich zur Frühschicht kam, war der Brand zwar gelöscht, aber alle Maschinen mussten gereinigt werden. Ich konnte das nicht, weil mir sowieso ständig übel war. Also bin ich zum Schichtführer gegangen und habe ihm mitgeteilt, dass ich schwanger sei und diese Arbeit auf keinen Fall machen könne. Er hat mich dann für den Tag heimgeschickt. Ich weiß noch, wie ich mich nach Hause schlich, in unser kleines Apartment. Mustafa hatte zur Abwechslung mal wieder einen Job, war also nicht da. So konnte ich mich ins Bett legen und einfach schlafen. Es war herrlich. Nachmittags um halb drei ging ich dann in die andere Wohnung zu *Mutter* und tat so, als sei ich gerade aus der Arbeit gekommen. Ich erzählte ihr von dem Feuer und der ganzen Aufregung in der Firma. Aber sie interessierte das nicht wirklich. Sie saß an ihrer Heimarbeit und erwartete, dass auch ich endlich damit anfing.

Im Mai 1982 kam mein zweites Kind zur Welt. Es war wieder ein Sohn, wir nannten ihn Muhammed. Die Geburt war diesmal einfacher gewesen. Zur Entbindung bin ich ins gleiche Kreiskrankenhaus gegangen, aber im Unterschied zu damals verstand ich jetzt Deutsch und konnte mich mit den Schwestern und der Hebamme verständigen. Insgesamt war die Geburt nicht so schwierig gewesen, und schon nach drei Tagen durfte ich wieder nach Hause. *Mutter* war indes höchst erbost. Sie wollte dieses Kind nicht. Warum, weiß ich nicht. Vielleicht weil es ihre Pläne, Mustafa neu zu verheiraten, durchkreuzte. Dann wäre sie mich ein für alle Mal los gewesen. Aber jetzt, mit dem zweiten Sohn, hatte sie keine Chance. Ich würde bleiben.

Das Leben mit zwei Kindern wurde nicht einfacher. Can war inzwischen drei Jahre alt und blieb den Vormittag über bei *Mutter*. Das Baby allerdings, das wollte sie nicht haben. Es sei zu viel Arbeit. Was nun? Nach sechs Wochen Mutterschutz musste ich wieder zurück an meinen Arbeitsplatz. Mit Mustafa war nicht zu rechnen. Er schlug sich nach wie vor mit irgendwelchen Jobs durch und lungerte dann wieder wochenlang zu Hause herum. Aber ein Baby konnte man ihm nicht anvertrauen. Ich habe auf *Mutter* eingeredet, gebettelt, immer wieder, bis sie endlich nachgab und sich bereit erklärte, auch auf den Säugling aufzupassen. Für mich war das ideal. Vormittags war ich in der Fabrik, und nachmittags hatte ich beide Kinder bei mir.

Eines Tages, es muss im November gewesen sein, kam ich nach Hause, und *Mutter* war nicht da. ›Komisch‹, dachte ich, ›sie ist doch sonst immer hier.‹ Aber heute war nur der Schwiegervater da. Er, der kleine Can und einer meiner Schwager saßen beim Fernsehen. Nachdem ich ihn begrüßt hatte, erkundigte ich mich nach *Mutter*. Da sagte er beiläufig: »Ach, hat sie dir das nicht gesagt? Sie bringt den kleinen Muhammed nach Istanbul. Jetzt müssten sie eigentlich schon da sein.«

Ich starrte ihn fassungslos an und fing an zu schreien und zu weinen. Sie hatte mein Baby weggebracht, war mit ihm einfach in die Türkei geflogen, ohne mich zu fragen, ohne es mit mir abzusprechen! Ich brach zusammen. Als Mustafa abends nach Hause kam, fauchte er mich an. Ich solle mich nicht so anstellen, das Baby sei doch im Weg gewesen. Ich hätte nicht auf den Kleinen aufpassen können, und *Mutter* sei das nicht mehr zuzumuten. Er hatte es also gewusst und mir nichts gesagt. An diesem Abend fühlte ich mich betrogen und verraten wie noch nie in meinem Leben. Es vergingen drei Jahre, bis ich meinen kleinen Sohn Muhammed wieder sah. Aber das ist eine andere Geschichte.

Erste Gehversuche

Wenige Monate nach Muhammeds Geburt stellte der Arzt bei einer Nachsorgeuntersuchung eine neue Schwangerschaft fest. Wie konnte das sein? Jahrelang war ich nicht schwanger geworden und jetzt gleich nach der Geburt schon wieder. Aber dieses Kind wollte ich nicht. Da war ich mir ganz sicher. *Mutter* war gegen eine Abtreibung. Sie wollte unbedingt, dass ich auch dieses Kind austrage. »Ein Türke braucht viele Kinder«, so waren ihre Worte. Aber wer auf das Baby aufpassen würde, das sagte sie nicht. Wäre es mit ihr nicht so schwierig gewesen, dann hätte ich es mir vielleicht überlegt. Aber so? Nein, ein weiteres Kind kam nicht in Frage. Inzwischen kannte ich mich in Deutschland auch ein bisschen aus bzw. hatte ein paar türkische Freundinnen, die mir weiterhalfen. Hatice wusste von einer Stelle in der Stadt, wo man hingehen konnte. Ich sprach mit Mustafa, und zusammen sind wir dorthin gegangen. *Mutter* wusste nichts davon. Ich wollte nicht mehr mit ihr darüber sprechen. Das war einzig und allein unsere Sache.

Bei dieser Beratungsstelle, ich glaube, es war eine kirchliche Stelle, hat man versucht, mich zu überreden. Sie sagten mir, ich würde jeden Monat an die 250 DM bekommen, wenn ich das Baby behielte. Aber wie lange würden die zahlen? Ein Jahr, zwei Jahre? Und was wäre danach? Mustafa hätte sich darauf eingelassen. Klar, er kümmerte sich auch nicht um die Kinder. Er sah nur das Geld. Aber wie sollte ich das machen? Ich musste doch arbeiten, und *Mutter* würde ganz sicher nicht auf das Kind aufpassen, das hatte sie mehrmals gesagt. Ich konnte froh sein, dass sie Can übernommen hatte. Nein! Mein Entschluss stand fest. Nachdem ich eine Bescheinigung zum Schwangerschaftsabbruch bekommen hatte, machte ich sofort einen Termin in einer kleinen Klinik. Eine Woche später bin ich morgens hingefahren und war nachmittags bereits wieder zu Hause. Der Fall war erledigt, ich war nicht mehr schwanger.

Damals war ich schwer angeschlagen. Die Geburt, das Baby, die neue Schwangerschaft, die Abtreibung, und dann war auch noch Muhammed weg. Ich war am Rande eines Nervenzusammenbruchs. Es war eine schlimme Zeit. Aber irgendwie musste es ja weitergehen. Nachdem ich mich damit abgefunden hatte, dass auch mein zweiter Sohn für einige Zeit in der Türkei bleiben würde, ging es mir langsam wieder besser. Immerhin hatte ich ja noch Can und meine Arbeit. Dann, eines Tages, hat der Schwiegervater mir ein Fahrrad besorgt. Was für eine Freude! *Sie* hat natürlich sofort gelästert und gesagt: »Was soll *die* denn mit einem Fahrrad, damit kann sie doch sowieso nicht fahren.« Aber das war mir egal. Ich musste es eben lernen. Wochenlang habe ich verbissen geübt. In jeder freien Minute bin ich runter auf die Straße gegangen und habe mir das Fahrrad genommen. Einer meiner kleinen Schwager hat mir dabei geholfen und mich gehalten, während ich in die Pedale trat. Und irgendwann ging es tatsächlich. Ich konnte fahren, alleine, ohne fremde Hilfe. Das war großartig. Ich musste nicht mehr ganz so früh aufstehen und war auch mittags schneller zu Hause. Ich habe dieses Fahrrad geliebt. Mit ihm war ich auf eine – nie gekannte – Weise wenigstens ein bisschen unabhängig.

In diese Zeit fiel auch unser Umzug. Wir hatten ja seit meiner Ankunft in Deutschland zu acht bzw. neunt in ein und derselben Ein-Zimmer-Wohnung gehaust. Gut, Mustafa und ich schliefen in unserem kleinen Apartment, aber unser Leben spielte sich doch zum größten Teil bei den Schwiegereltern ab. Vielleicht war es die Geburt von Muhammed gewesen, die den Umzug beschleunigte. Ich weiß es nicht. *Mutter* jedenfalls teilte mir irgendwann mit, dass wir umziehen würden. Sie wollte eine gemeindeeigene Wohnung mieten. Wir könnten uns da eine größere Wohnung leisten, weil die insgesamt billiger seien, so war ihre Kalkulation. Und die Rechnung ist aufgegangen. Nach einigem Suchen fand sie tatsächlich ein Haus für die ganze Familie. Es hatte fünf Zimmer und eine Küche und würde für uns alle groß genug sein. Mustafa und ich sollten zwei eigene Zimmer bekommen.

So kam es, dass unsere Großfamilie Ende 1981 ein altes Haus am Rand unseres Dorfes, ganz in der Nähe einer Ausfallstraße, bezog. Aber wir konnten uns nur im Erdgeschoss einrichten, weil das Obergeschoss baufällig war. Mustafa und ich hatten jetzt ein Schlafzimmer und ein eigenes Wohnzimmer, die Küche teilten wir mit den Eltern. Can schlief bei uns im Zimmer, aber das störte nicht, er war ja noch klein. Ich empfand es zwar als wohltuend, nicht mehr jeden Abend nach der Heimarbeit die Wohnung wechseln zu müssen, aber *Mutters* Nähe hatte auch Nachteile. Sie hatte noch mehr Kontrolle über mich. Bisher hatte ich wenigstens nachts meine Ruhe vor ihr gehabt, aber irgendwann hatte sie angefangen, einen eigenen Akkord einzuführen: In einer Stunde schaffte man gut 60 Stück. An einem Acht-Stunden-Tag kam also jede von uns auf knapp 500 Schalter. Doch wir arbeiteten oft bis nach Mitternacht, so dass wir an einem normalen Zwölf-Stunden-Tag mindestens eintausendfünfhundert Stück montierten. Das ging natürlich auf Kosten meines Schlafes. Wenn ich drei bis vier Stunden zusammenbrachte, war es viel. Morgens war ich oft so müde, dass ich in der Fabrik kaum die Augen aufhalten konnte. Meine Kollegen wussten alle Bescheid und haben mich bedauert. »Durftest du wieder nicht schlafen, *Ayşe*?«, fragten sie mich, wenn ich vor Müdigkeit fast umkippte.

Abgesehen davon, dass ich noch mehr arbeiten musste, veränderte sich wenig. Gut, wir lebten nicht mehr so beengt, und die Kinder hatten einen Garten zum Spielen, aber insgesamt blieb alles so wie bisher. *Mutter* war und blieb die Chefin unserer Großfamilie. Sie verwaltete das Geld, traf die Entscheidungen, ging einkaufen und schaffte an. An ihrer Autorität hat niemand gerüttelt. Auch ich nicht. Ich war damals ja noch keine zwanzig und irgendwie froh, dass ich mich um nichts außer meiner Arbeit kümmern musste. Obwohl manche Dinge anfingen, mich zu stören. Denn je länger ich hier lebte, umso mehr nahm ich wahr. Da war zum Beispiel die Sache mit dem Geld. Ich hatte ja praktisch am Tag nach meiner Ankunft angefangen zu arbeiten, aber meinen Lohn hatte ich nie gesehen. Nicht einmal Taschengeld bekam ich. Zur Arbeit nahm ich mir etwas zu essen und eine Thermoskanne Tee mit. Manchmal hätte ich mir aber gerne etwas gekauft. Ein Fischbrötchen zum Beispiel, die gab es in unserer Kantine. Ich liebe Fisch und hätte zu gern mal eines probiert, aber das konnte ich mir nicht leisten. Die paar Mark, die Mustafa mir ab und zu zusteckte, reichten gerade mal für einen Kaffee.

Ähnlich ging es Hatice. Wir waren ja seit vielen Jahren Kolleginnen und mit der Zeit gute Freundinnen geworden. Und wir hatten ein ähnliches Schicksal. Auch sie sah nie einen Pfennig. Auch sie wurde von ihrem Mann regelmäßig verprügelt und – im wahrsten Sinne des Wortes – wie eine Sklavin gehalten. Sie ging ja nach der Arbeit in der Fabrik noch putzen. Abends wurde sie dann von ihrem Mann abgeholt, und er achtete genau darauf, dass sie nie einen Schritt alleine machte. Manchmal ging er sogar so weit, dass er sie ans Bett fesselte, wenn er noch mal weggehen wollte. Während er mit seinem schnittigen Golf GTI über die Dörfer brauste und sich in irgendwelchen Land-Diskotheken vergnügte, war sie die ganze Nacht mit Handschellen am Pfosten ihres Ehebettes angekettet. Hätte sie mir morgens nicht oft die Striemen an den Handgelenken gezeigt, ich hätte es wahrscheinlich nicht geglaubt. Es gab also noch eine Steigerung zu meinem lausigen Leben. Fast war ich dankbar, dass ich nur Prügel bezog und zum Sex gezwungen wurde.

Daran hatte sich jedoch nichts geändert. Mustafa wollte mich zwar nicht mehr jeden Tag, aber genommen hat er mich immer mit Gewalt. Inzwischen hatte ich mich daran gewöhnt, ich kannte ja nichts anderes. Aber von den Freundinnen wusste ich, dass Sex auch schön sein konnte. Nur wie das funktionierte, wusste ich nicht. Mit *Mutter* hätte ich nie darüber reden können. Sie hatte mir damals nicht geglaubt und würde es auch jetzt nicht tun. Für sie war und blieb ich die Nutte. Und sie ließ es mich jeden Tag spüren.

Bei der Arbeit zum Beispiel. Wir saßen ja Tag für Tag an einem Tisch und arbeiteten schweigend nebeneinander her. Das wäre doch eine Gelegenheit gewesen, miteinander zu reden. Aber sie schwieg lieber. Ich glaube, es hat sie einfach überhaupt nicht interessiert, wie es mir ging. Dass ich zum Beispiel seit morgens um fünf auf den Beinen war, achteinhalb Stunden Fabrik hinter mir hatte und oft hundemüde war. Manchmal fielen mir einfach die Augen zu. Doch *Mutter* hatte eine wirksame Methode, mich wach zu halten. Jedes Mal, wenn ich kurz einschlief, rammte sie mir eins der kleinen messerscharfen Spezialwerkzeuge in den Oberschenkel. Ich habe heute noch Narben an diesen Stellen. Schwierig wurde es, wenn ich Spätschicht hatte. Dann musste ich von zwei bis zehn Uhr abends in der Fabrik arbeiten. Meine Heimarbeit wurde dann in den Morgen verlegt. Oft aber konnte ich einfach nicht aufstehen, weil ich zu müde war. Wenn Mustafa mich nicht aus dem Bett prügelte und ich zu spät an unserem Tisch saß, hat sie mich manchmal wieder ins Zimmer geschickt und die Tür zugesperrt. Darüber war ich nicht wirklich böse, denn dann konnte ich wenigstens noch ein bisschen schlafen. Außerdem war ich sicher, dass sie mich mittags wieder herauslassen würde, weil ich ja in die Fabrik musste. Sie hat sehr darauf geachtet, dass ich nur ja keinen Arbeitstag versäumte. Schwierig wurde es für mich eigentlich nur dann, wenn sie mich am Wochenende einsperrte. Dann ging sie mit dem Rest der Familie spazieren, während ich zu Hause sitzen und arbeiten musste. Oft habe ich in dieser Zeit einfach geschlafen, aber das blieb nicht ohne Folgen. Denn wenn ich meine Stückzahl nicht erfüllt hatte, gab es Ärger. Meine Schwiegermutter hat dann herumgeschrien, mich eine Schlampe geschimpft und tagelang nicht mehr mit mir gesprochen. Aber wie hätte ich mich wehren sollen? Mit Mustafas Hilfe? Nein, der hätte mir sowieso nicht beigestanden. Er war immer auf *Mutters* Seite. Also blieb mir nichts anderes übrig, als dieses Leben zu erdulden.

Eines Tages beschloss *Mutter*, den Führerschein zu machen. Sie wollte endlich selbst Auto fahren. Ich fand das mutig. Denn mittlerweile wusste ich, dass sie nicht so gut Deutsch sprach, wie ich am Anfang gedacht hatte. Aber das schien sie nicht zu bekümmern. Wild entschlossen meldete sie sich bei der örtlichen Fahrschule an und begann mit dem Unterricht. Mustafa, der ja schon ein paar Jahre zuvor den Führerschein gemacht hatte, half ihr. Er wusste von einem Übungsplatz, wo man gegen eine geringe Gebühr privat fahren üben konnte. Die beiden haben also jedes Wochenende zusätzlich zu den wöchentlichen Fahrstunden dort geübt. Einmal haben sie mich mitgenommen. Und als Mustafa vorschlug, dass ich es auch mal probieren solle, fragte *Mutter* nur gehässig: »Wie soll *die* denn Auto fahren lernen? *Die* ist doch viel zu blöd!« Als ich das hörte, packte mich die Wut. Das wollte ich nicht auf mir sitzen lassen, *der* würde ich es zeigen. Mustafa ließ mich also auf dem Fahrersitz Platz nehmen und erklärte mir die Pedale: »Gas, Kupplung, Bremse. Erst Kupplung drücken, Gang rein, Gas geben und gleichzeitig Kupplung langsam kommen lassen und los geht's.« Aufmerksam hörte ich zu und versuchte dann, das Auto zu bewegen. Natürlich gab ich zu viel Gas und ließ die Kupplung zu schnell los, so dass das Fahrzeug stotterte, zwei Meter fuhr und abstarb. Und *Mutter*? Sie saß hämisch grinsend auf dem Rücksitz und sagte: »Habe ich doch gleich gesagt, dass der Pferdearsch zu blöd ist.« Obwohl ich ihre Gemeinheiten gewöhnt war, hat mich das sehr verletzt. Ich hatte keine Lust mehr, den Führerschein zu machen. Und sie hatte ihr Ziel erreicht.

Mutter hat die Prüfung beim zweiten Anlauf geschafft. Aber sie brauchte sehr viele Fahrstunden. Das war für mich eine gewisse Genugtuung. Danach ist sie sehr stolz gewesen und hat praktisch keinen Schritt mehr zu Fuß gemacht. Mein Schwiegervater hat übrigens bis heute keinen Führerschein. Das hat sie ihm nicht erlaubt. *Vater* spielte sowieso eine untergeordnete Rolle. Sie war die Chefin, und daran gab es nichts zu deuteln. Er hatte seine Arbeit in der Gärtnerei und brachte jeden Monat Geld nach Hause, das war für *Mutter* das Wichtigste. Nein, er war kein gelernter Gärtner. Er hatte als Gehilfe angefangen und es in den über 25 Jahren sogar zum Vorarbeiter gebracht. Er war fleißig und machte seine Arbeit gut. Bei den Kollegen in seiner Firma war er jedenfalls ziemlich beliebt.

Vater war ein ruhiger Mensch, der sich auch in der Familie im Hintergrund hielt. Mit seinen Jungen ging er ab und zu mal Fußballspielen, aber Kindererziehung war ansonsten *Mutters* Sache. Im Haushalt half er, wie die meisten türkischen Männer, nur wenig: Er ging mit zum Einkaufen und war für unser Fleisch zuständig. Alle vier bis sechs Wochen ging er zu einem Bauern im Dorf und kaufte ein Schaf. Das trieb er dann über die Dorfstraße zu uns nach Hause. Ich glaube schon, dass er darauf achtete, dass ihn niemand sah. Denn sicher hätte man sich gefragt, was ein Türke mit einem einzelnen Schaf auf der Straße machte. Dass er es tatsächlich bei uns in der Küche schlachtete, wusste außerhalb unserer Familie niemand.

Dort wurde das Schaf nach islamischem Brauch geschächtet. *Vater* hat das Tier an drei Beinen festgebunden und dann mit einem einzigen Schnitt die Halsschlagader durchtrennt. So kann das Schaf bei lebendigem Leib ausbluten, wie es vorgeschrieben ist. Deshalb wird es auch so merkwürdig festgebunden. Es soll sich noch ein bisschen bewegen, um seine letzten Lebensgeister entweichen zu lassen. Das ist eigentlich keine sehr blutige Angelegenheit. *Vater* hatte ja in der Türkei gelernt, wie man Schafe schächtet. Bei uns in der Wohnung hatte er immer ein paar Schüsseln parat, um das Blut des Tieres aufzufangen. *Mutter* half ihm dabei.

War das Tier erst mal tot, trennte er zunächst den Kopf und dann die beiden Vorderfüße ab. Danach hängte er es an den beiden Hinterläufen auf und begann – ganz vorsichtig – das Fell abzuziehen. Das ist ziemlich schwierig, weil die Fettschicht leicht am Fell hängen bleibt. Aber das darf auf keinen Fall passieren, denn sonst fängt das Fell an zu schimmeln. Mit seinem kleinen, scharfen Messer hat *Vater* also das Fell vorsichtig zentimeterweise gelöst. War das geschehen, öffnete er mit einem gekonnten Schnitt den Bauch und entnahm die Gedärme. Erst danach entfernte er Leber und Lunge. Das Herz kam zum Schluss.

Einmal, *Vater* war gerade dabei, ein Tier zu zerteilen, passierte ganz in der Nähe von uns, auf der Hauptstraße, ein Unfall. Es war mitten in der Nacht, und *Vater* und *Mutter* hatten den Krach von der nahen Straße nicht gehört. Erst als die Polizeisirenen ertönten, wurden sie aufmerksam. Aber da sie nicht wussten, was passiert war, dachten sie, die Polizei hätte von der Schlachtaktion Wind bekommen und käme jetzt, um dem Ganzen ein Ende zu setzen. Also fingen die beiden – zu Tode erschrocken – ganz hektisch an, das Tier bzw. die Fleischteile zu verstecken. Man wollte auf keinen Fall *in flagranti* erwischt werden.

Ich habe damals von der ganzen Sache gar nichts mitbekommen, weil ich – wie so oft – nach der Arbeit in einen todesähnlichen Schlaf gefallen war. Aber am nächsten Morgen, ich wollte gerade die Waschmaschine anschalten, war ich doch ziemlich überrascht. Denn in der Maschine fand ich nicht die schmutzige Wäsche, die ich am Abend davor noch sortiert hatte, sondern rohes Fleisch. *Mutter* erzählte mir dann, was passiert war. Sie hatten in ihrer Panik das zerlegte Tier in der Waschtrommel versteckt. Da konnte ich mir das Lachen nicht verkneifen. *Mutter* fand das hingegen überhaupt nicht witzig. Wütend pfiff sie mich an und befahl mir in ihrem Feldwebelton, endlich mit dem Lachen aufzuhören und das Fleisch für die Kühltruhe abzupacken. Das tat ich dann natürlich, aber in diesem Fall mit einer ziemlich heiteren Miene.

Der Islam spielte bei uns in der Familie eigentlich keine besonders große Rolle. Klar, wir Frauen hielten unseren Kopf bedeckt, so wie es die Religion vorschreibt. Aber komplett verhüllt haben wir uns nicht. Mutter und ich trugen – ganz nach türkischem Brauch – lange, bunte Röcke mit Pumphosen darunter, und langärmlige Blusen oder Pullover darüber. Und selbstverständlich hielten wir jedes Jahr den Fastenmonat Ramadan ein. Beten habe ich übrigens von meiner Schwiegermutter gelernt. Zu Hause in der Türkei war dafür nie Zeit gewesen, obwohl meine Eltern durchaus gläubig sind. So lernte ich in meiner ersten Zeit hier in Deutschland, wie sich gläubige Muslime auf das Gebet vorbereiten. Dass sie sich vor jedem Gebet Gesicht mit Mund und Nase, die Stirn, die Ohren und den Hals sowie die Arme und Füße bis zu den Knöcheln reinigen. Auch wie sie ihren Körper beim Gebet halten, brachte sie mir bei. Sie zeigte mir, wann der Oberkörper gebeugt wird, wann man sich wieder aufrichtet bzw. auf dem Teppich niederkniet und in die Hocke geht, um sich in Richtung Mekka zu verneigen. Von ihr lernte ich auch den genauen Wortlaut der Gebete. Dass man immer mit *Allah Ekber* (Allah ist groß) beginnt und erklärt, welches der fünf Gebete man verrichten will. Im Grunde meines Herzens bin ich eine gläubige Muslimin, aber wirklich praktiziert habe ich den Glauben immer nur während des Fastenmonats Ramadan.

In unserem bayerischen Dorf gab es eine große Moschee, da kamen sogar Leute von den umliegenden Gemeinden hin. Nein, das war keine Moschee mit einem Minarett, sondern ein ganz normales Wohnhaus. Im Erdgeschoss gab es zwei Räume, einen größeren für die Männer und einen kleineren für die Frauen. Während des Fastenmonats Ramadan war dort immer ziemlich viel los. Hier traf man sich nach dem Fastenbrechen. Denn wir Moslems dürfen in dieser Zeit ja nur vor Sonnenaufgang und nach Sonnenuntergang essen. *Mutter* hatte meist eine Suppe gekocht und andere türkische Speisen zubereitet. War die Sonne schließlich untergegangen, hat sich die ganze Familie in der Küche versammelt und gegessen. Das war immer ein Festmahl, obwohl man nie wirklich viel essen konnte, weil man den ganzen Tag gefastet hatte. Nach der Mahlzeit sind wir dann in die Moschee gegangen. Der *Hoca* hielt sich immer im Gebetsraum der

Männer auf, und wir Frauen konnten ihn über Lautsprecher im Raum nebenan hören. Das hat mir gut gefallen. Denn neben dem Beten blieb immer auch Zeit, mit den Freundinnen zu schwatzen. Für mich war das eine willkommene Abwechslung, weil ich außer meiner Familie und meinen Arbeitskollegen ganz selten andere Menschen sah. Heute gehe ich allerdings nicht mehr in die Moschee, ich brauche den äußeren Rahmen nicht mehr. Ich habe meinen Gott immer bei mir.

Aber insgesamt nahmen es die Schwiegereltern – damals zumindest – nicht besonders genau mit dem Glauben. *Mutter* kaufte Schweinefleisch oder -wurst, und *Vater* trank am Feierabend sein Bier. Auch mit dem Kopftuch kann es ihr nicht so ernst gewesen sein, denn irgendwann legte sie es einfach ab. Das war zu der Zeit, als die anderen Schwiegertöchter zu uns kamen. Zwei von Mustafas Brüdern waren inzwischen groß und hatten in der Türkei geheiratet. Sie feierten eine Doppelhochzeit. Natürlich kamen die jungen Frauen wieder aus der näheren Verwandtschaft, diesmal von der Seite der Schwiegermutter. Und beide trugen ein Kopftuch, als sie hierher kamen. Aber schon nach kurzer Zeit in Deutschland legten sie es ab. Ich glaube nicht, dass sie um Erlaubnis gefragt haben, sie haben es einfach gemacht. Auch meine Schwiegermutter hat es von einem Tag auf den nächsten nicht mehr getragen, ließ sich einen Kurzhaarschnitt machen und ging jeden Monat zum Friseur.

Nun wollte auch ich meine Haare offen tragen. Meine Kolleginnen und Freundinnen hatten mir schon oft gesagt, dass ich mit meinem Kopftuch viel älter aussah. Schließlich fragte ich *Vater*, ob ich es ablegen dürfe. Der aber hat sofort auf stur geschaltet und ist wütend geworden. Obwohl er mir gegenüber immer zurückhaltend, ja fast freundlich war. »Du kannst es schon probieren, *Ayşe*«, sagte er, »aber ich werde höchstpersönlich dafür sorgen, dass du dein Kopftuch wieder trägst.« Als ich ihn fragte, was genau er damit meinte, antwortete er: »Ja, wenn du's mir nicht glaubst, dann nimm es ab. Aber danach gehen wir in den Wald, und ich schlag dich windelweich.« Dann setzte er, etwas versöhnlicher, hinzu: »*Allah* will nicht, dass du ohne Kopftuch rumläufst, verstehst du.« ›Aha‹, dachte ich, ›*Allah* will es nicht!‹ Das hat mich eine Weile beschäftigt, weil ich nicht verstand, wieso *Allah* nichts dagegen hatte, dass sich *Mutter* und meine Schwägerinnen unbedeckt in der Öffentlichkeit zeigten. Allerdings traute ich mich nicht, das Thema bei *Vater* noch einmal anzuschneiden. Von mir erwartete man immer absoluten Gehorsam. Wäre ich so frech wie meine Schwägerinnen gewesen und hätte es einfach abgelegt, wäre vielleicht gar nichts passiert.

Mein Deutschland

Seitdem ich in diesem Land lebte, kannte ich nur die Arbeit. Vierzehn bis sechzehn Stunden täglich buckelte ich, zuerst in der Fabrik, dann zu Hause bei der Heimarbeit. Wenn ich einmal tatenlos dasaß, was selten genug vorkam, stand sofort die Schwiegermutter hinter mir und trieb mich an. Sie befahl mir zu putzen, Wäsche zu waschen, zu bügeln oder zu kochen, zu tun gab es immer etwas. Herausgekommen bin ich nie. Nie sind wir essen oder mal ins Kino gegangen. Ich kannte unser Dorf und die norddeutsche Kleinstadt, in der mein Bruder lebte. In München war ich ein paar Mal gewesen, aber in der Stadt kannte ich mich nicht aus. Die einzige Abwechslung in meinem Leben waren die Reisen in die Türkei, aber das kam auch nur alle zwei, drei Jahre vor, weil es zu teuer war. Nach acht Jahren Deutschland fühlte ich mich wie in einem langen, schwarzen Tunnel, ohne rettendes Licht am Ende.

Doch plötzlich veränderte sich mein Leben. Es begann alles mit einer weiteren Schwangerschaft, die nicht geplant war. Denn eigentlich wollte ich keine Kinder mehr. Mit der Verhütung hatte es nicht geklappt. Die Pille hatte ich nicht vertragen, und mit der Drei-Monats-Spritze war ich immer dicker geworden, also hatte ich sie abgesetzt und war prompt wieder schwanger geworden. Vielleicht lag es auch daran, dass ich meine beiden Söhne so vermisste. Denn Muhammed war seit Jahren ohne Unterbrechung bei der Großmutter in Istanbul, und auch Can war immer wieder dort. Mal lebte er für ein Jahr bei uns, dann wieder in der Türkei. Im Gegensatz zu Muhammed hatte er eine enge Beziehung zu mir, und ich vermisste ihn sehr. Vielleicht sehnte ich mich unbewusst nach einem weiteren Kind. Ich weiß es nicht.

Diesmal jedenfalls kam eine Abtreibung nicht in Frage. Ich würde dieses Kind bekommen.

Mutter war diesmal zufrieden, als sie von der neuen Schwangerschaft hörte. Endlich erfüllte sich ihr Traum von einer großen Familie mit vielen Enkelkindern. Auch Mustafa schien sich zu freuen. Aber mit fortschreitender Schwangerschaft bekamen wir Probleme. Denn mir wurde immer klarer, dass es so nicht weitergehen konnte. Immer arbeiten, essen, schlafen und wieder arbeiten. Und wenn Kinder kamen, trug man sie aus, brachte sie zur Welt und schickte sie dann zu den Verwandten in die Türkei. Nein, so wollte ich nicht mehr leben. Es musste etwas geschehen.

Das Haus, in dem unsere Großfamilie seit Jahren lebte, war ohnehin zu klein geworden. Mustafas Brüder waren inzwischen fast erwachsen und breiteten sich immer mehr aus. Ein weiteres Kind würden wir nicht unterbringen können. Und dann war da ja noch Muhammed, der irgendwann ganz zu uns nach Deutschland kommen würde. Plötzlich wusste ich, was zu tun sei: Wir mussten ausziehen. Vorsichtig erklärte ich Mustafa, dass alles zu eng sei und wir eine größere Wohnung bräuchten. Erst hat er gedacht, ich wollte mit der ganzen Familie umziehen. Als ich ihm dann klar machte, dass ich nur von unserer Familie, also von ihm, mir und den Kinder sprach, wurde er wütend. Davon wollte er überhaupt nichts wissen. Auch *Mutter* stellte sich stur, als sie davon hörte. »Wieso will *sie* ausziehen? Es ist doch viel besser, wenn wir alle unter einem Dach wohnen. Oder hat sie es etwa nicht gut bei mir?«, schimpfte sie los. Dass sie von mir immer nur in der dritten Person sprach, ist ihr gar nicht aufgefallen. Das war normal! Seit Jahren wurde ich von der ganzen Familie, aber vor allem von ihr, wie ein Gegenstand behandelt.

Ich wollte endlich raus aus diesem Haus, weg von *ihr*, in meine eigenen vier Wände. Und Mustafa? Er hatte noch nie ohne seine Familie, ohne seine Mutter gelebt und konnte sich das wahrscheinlich gar nicht vorstellen. Aber ich ließ nicht locker. Immer wieder sprach ich mit ihm, fragte ihn, wie wir in unseren zwei Zimmern zu fünft leben sollten. Und immer wieder gab es Streit.

Irgendwann gab er schließlich nach. Seine Bedingung: Die Wohnung musste billig und in der Nähe der Familie sein. Wahrscheinlich hat er gedacht: ›Das schafft sie ohnehin nicht.‹

Im Herbst 1986 kam unsere kleine Tochter zur Welt. Der ganze Clan stand Kopf. Nach all den Jungen in unserer Familie hatte ich das erste Mädchen zur Welt gebracht. Wir nannten sie Birgül, das bedeutet »Eine Rose« auf Deutsch. Als ich mein kleines Töchterchen in den Armen hielt, war ich stolz und glücklich. Auch Mustafa war selig und meine Schwiegermutter erst recht. Sofort nach der Geburt kam sie ins Krankenhaus und herzte das Baby, wollte es gar nicht mehr hergeben. Später, als ich mit dem Kind wieder zu Hause war, brachte sie jeden zweiten Tag ein neues Kleidchen. Sie schien wie ausgewechselt. Plötzlich war sie wieder wie früher. Auch mich nahm sie nach all den Jahren wieder in den Arm. Würde jetzt doch noch alles gut werden?

Can war inzwischen aus der Türkei zurückgekommen, weil er hier eingeschult wurde. Er freute sich, wieder bei uns zu sein, und vergötterte sein kleines Schwesterchen. In der Wohnung wurde es – wie erwartet – zu eng. Nun lebten wir zu viert in den zwei kleinen Zimmern. Can schlief in unserem Wohnzimmer, das Baby war bei uns im Schlafzimmer. Und natürlich schlief Birgül nicht durch. Alle drei, vier Stunden wachte sie auf und wollte trinken. Mustafa hörte sie nicht immer, aber wenn, dann fühlte er sich in seinem Schlaf gestört. Das passte ihm gar nicht und er schimpfte ständig. Bald sah er ein, dass wir mehr Platz brauchten. Kurz nach Birgüls Geburt ging ich also auf Wohnungssuche. Nachdem ich meine Stelle gekündigt hatte, war endlich Zeit dafür. Ich wollte zu Hause bleiben und Birgül selbst großziehen. *Mutter* würde mir nicht mehr dazwischenfunken und das Kind in die Türkei schicken. Aber natürlich musste ich Geld verdienen, denn wovon sollten wir leben? Mustafa hatte sich ein paar Monate zuvor selbstständig gemacht, aber auf sein Einkommen war kein Verlass. Ich übernahm also die Heimarbeit, die *sie* und ich so viele Jahre zusammen gemacht hatten. Natürlich verdiente ich alleine viel weniger, aber irgendwie würde es schon gehen. Es war Winter geworden, als ich ein kleines Häuschen am anderen Ende des Dorfes fand. Der größere Abstand war mir gerade recht. Außerdem war die Miete günstig.

Dennoch bereitete mir das Geld nach wie vor Kopfzerbrechen. Mustafa und ich machten mit den Schwiegereltern immer noch gemeinsame Kasse. Ich wusste nicht, wie viel Geld wir tatsächlich im Monat zur Verfügung hatten und wie viel wir brauchten, zumal Mustafa ja kein festes Einkommen hatte. Er hatte seinen Traum wahr gemacht und sich einen LKW gekauft. Seit ein paar Monaten arbeitete er als selbstständiger Fahrer für eine Firma im Nachbardorf. Mir kam die ganze Geschichte sonderbar vor, weil auf dem Laster der Name der Firma stand, diese aber keinen Pfennig in das Fahrzeug gesteckt hatte. Außerdem musste er das Benzin selbst bezahlen. Das war alles unser Geld, das heißt eigentlich das Geld von der Bank. Denn kaum hatte Mustafa den Plan gefasst, da war er schon zur Bank gegangen und hatte einen Kredit aufgenommen. Mich hatte er vorher natürlich nicht gefragt.

Mutter schien das zu gefallen. Jedenfalls kann ich mich nicht erinnern, dass sie Ärger gemacht hätte. Bei ihm war *sie* sowieso nie streng. Er hatte vor Jahren seine Lehre abgebrochen und nie wieder eine neue begonnen. Im Gegensatz zu seinen Brüdern. Die beiden mittleren Söhne hatten eine Berufsausbildung abgeschlossen und verdienten inzwischen ihr eigenes Geld. Mustafa war seit seinem siebzehnten Lebensjahr Gelegenheitsarbeiter. Ich glaube, so nennt man das. Er hatte mal hier einen Job, mal dort und dazwischen war er immer wieder arbeitslos. Ein regelmäßiges Einkommen hatte er bis jetzt nie gehabt. Ich weiß nicht, warum *Mutter* ihm das durchgehen ließ, aber für sie machte ihr Ältester immer alles prima. So muss es wohl auch mit seiner Selbstständigkeit gewesen sein. Und ich? Ich war froh, dass er überhaupt arbeitete und hoffte, dass wir den Kredit rechtzeitig zurückzahlen könnten.

Das neue Haus war ein Traum. Es war klein und ein bisschen windschief, aber wir hatten es für uns allein. Im Winter konnten wir zwar auch nur im Erdgeschoss wohnen, weil dort der einzige Ofen stand, aber im Sommer hatten wir noch zwei Räume im ersten Stock. Endlich hatten wir genug Platz. Nachdem ich es gefunden hatte, war alles sehr schnell gegangen. Auch *Mutter* hat sich nicht mehr gewehrt. Sie sah wohl ein, dass sie uns ziehen lassen musste. Mitten im Winter sind wir also umgezogen. Unser Auszug war ein ziemliches Fiasko. Es war bitterkalt, und draußen lag viel Schnee. Die Kinder waren ständig im Weg. Gott sei Dank hat mir *Mutter* das Baby abgenommen, sonst hätte ich nicht helfen können. Während ich unsere Habseligkeiten in Kisten verpackte, beluden die Männer den LKW. Mustafa musste nur einmal fahren, dann war alles in der neuen Wohnung. Zuvor hatten er und Vater vom *Sperrmüll* alte Möbel besorgt, weil wir so gut wie keine eigenen Möbel hatten. Auch Geschirr oder sonstige Haushaltsutensilien fehlten uns. Die Hochzeitsgeschenke, die wir vor vielen Jahren bekommen hatten, waren alle in *Mutters* Haushalt eingegangen. Ich sah keinen Sinn darin, sie danach zu fragen. Aber sie muss wohl eingesehen haben, dass wir ein paar Sachen brauchten, und hat uns eine Kiste mit dem Nötigsten gepackt.

Am Abend waren wir fertig und saßen völlig erschöpft zwischen den alten Möbeln, den Kartons und Kisten. Ich hatte den Ofen befeuert und machte uns was zu essen. Während die Suppe vor sich hin köchelte, suchte ich die Kiste mit den Küchenutensilien. Aber ich fand nur zwei Teller, zwei Messer, zwei Gabeln und zwei Löffel. Alles für zwei Personen! Aber wir waren doch zu dritt. So blieb uns nichts anderes übrig, als in Schichten zu essen. Und das nicht nur am ersten Abend. Monatelang haben erst Mustafa und Can gegessen und dann ich. Ich bin überhaupt nicht auf die Idee gekommen, in den nächsten Laden zu gehen, um Geschirr und Besteck zu kaufen. Ich war es einfach nicht gewöhnt, mit Geld umzugehen.

Wir verfügten ja auch nach unserem Auszug immer noch nicht über unser eigenes Geld. Ich wusste zwar, wo die Bank war, aber hingehen und Geld abheben konnte ich nicht. *Mutter* hat es nicht erlaubt. Sie hat nach wie vor für uns alle eingekauft und mir dann die Lebensmittel gebracht. Ich kochte für meine Familie das, was *sie* eingekauft hatte. Wenn ich für eines der Kinder ein Paar Schuhe oder einen Pullover brauchte, musste ich zu ihr betteln gehen.

Es dauerte Monate, bis ich – endlich – den Mund aufmachte. Ich sagte zu Mustafa: »So geht das nicht weiter. Wir arbeiten jetzt beide und verdienen Geld, aber wenn ich etwas kaufen will, muss ich zu *Mutter* gehen und sie fragen. Wir können uns nicht mal eigenes Geschirr leisten. Ich muss euch beim Essen zuschauen, weil wir nur zwei Teller und zwei Gabeln haben.« Er hörte sich alles an, stand auf und ging zu *Mutter*. Dort sprach er ein Machtwort, und am nächsten Tag wurde unser Geld tatsächlich getrennt.

Ich kann mich gut erinnern, wie ich das erste Mal zur Bank ging, um Geld abzuheben. Endlich konnte ich über mein Konto selbst verfügen. Mustafa ist mitgekommen, und es dauerte etwa eine halbe Stunde, bis alle Formalitäten erledigt waren. Wir veranlassten einen Dauerauftrag für die Miete und zahlten fällige Rechnungen. Dann nahm ich die Vollmacht, die ich *Mutter* vor vielen Jahren erteilt hatte, zurück. Als wir alles erledigt hatten und ich mein erstes Geld in der Tasche wusste, ging ich wie auf Wolken. Von dem Tag an habe ich die Finanzen unserer Familie geregelt. Mustafa kümmerte sich nicht mehr darum. Er half mir lediglich beim Lesen der verschiedenen Rechnungen, aber beim Rechnen konnte er mir bald nichts mehr vormachen. Obwohl ich es in der Schule nicht wirklich gelernt hatte, beherrschte ich inzwischen das Einmaleins. Und auch schwierige Aufgaben verstand ich. Endlich war ich selbstständig, brauchte *sie* nicht mehr zu fragen, um nichts mehr zu bitten. Das war eine große Genugtuung für mich.

Aber es war nicht einfach, einen eigenen Haushalt zu führen. Das große Kind in die Schule bringen, das Baby versorgen, die Heimarbeit, dann Einkaufen, Wohnung putzen, Wäsche waschen. Am Anfang war ich ziemlich überfordert. Nein, es lag nicht daran, dass es zu viel Arbeit gewesen wäre. Denn arbeiten konnte ich ja. Das war es nicht. Ich wusste und konnte viele Dinge einfach noch nicht. Alles war neu für mich. Ich wusste ja nicht einmal, wo es Brot und Milch zu kaufen gab. So ist Mustafa in den ersten Wochen immer mitgekommen. Er hat mir die einzelnen Läden gezeigt oder ist mit mir ins nächste Dorf gefahren, wo es inzwischen einen großen Supermarkt gab. Aber natürlich habe ich auch das schnell gelernt, und nach einiger Zeit hatte ich unser Leben im Griff. Obwohl der Anfang schwierig gewesen war, hätte ich nicht mehr tauschen wollen. Das Leben ohne *Mutter* gefiel mir gut.

Auch unsere Ehe lief besser. Mustafa war zwar immer noch ein Pascha, aber das kannte ich ja. In den ersten Jahren, die wir allein lebten, haben wir uns ganz gut verstanden. Manchmal ging er sogar mit mir und Birgül im Kinderwagen spazieren, und auch zum Eisessen hat er mich öfter eingeladen. Er war viel entspannter. Früher hatte er mich ja fast jeden zweiten Tag verprügelt, aber jetzt kam das nur noch ganz selten vor. Alle zwei, drei Monate, vielleicht, ist er ausgerastet. Und zwar meistens dann, wenn ich nicht mit ihm schlafen wollte. Wütend hielt er mich am Handgelenk fest und boxte mich, auf die Arme, die Schultern und ins Kreuz. Aber er schlug mich nie ins Gesicht. Wenn er sich ausgetobt hatte, fiel er über mich her. Wie viele Nächte habe ich mich in den Schlaf geweint, weil er wieder einmal völlig lieblos Sex mit mir gemacht hatte? Warum konnte er nicht ein bisschen zärtlich sein? Mich mal streicheln oder liebkosen? Das machten andere Männer mit ihren Frauen doch auch? Das erzählten mir jedenfalls meine Freundinnen. Nur wie sich das anfühlte, das wusste ich nicht.

Mustafa versuchte ein guter Vater zu sein. Gut, er kümmerte sich nicht besonders viel um die Kinder. Aber wenigstens hat er sie nie geschlagen. Im Gegenteil, unsere Birgül hat er vergöttert. Sie war seine Prinzessin. An den Wochenenden lag er oft mit ihr im Wohnzimmer auf dem Fußboden und hat sie mit seinen Beinen hochgestemmt. Sie hat dann vor Freude immer gequietscht.

Stundenlang haben sie sich so beschäftigt. Birgül war in ihren Vater genauso vernarrt wie er in sie.

Im Sommer 1987 kam Muhammed aus Istanbul. *Mutter* stand eines Tages mit meinem inzwischen fünfjährigen Sohn vor unserer Tür. Ich bin fast zusammengebrochen, erkannte mein Kind kaum wieder. Es war völlig apathisch und hatte hohes Fieber. Was ich nicht wusste, war, dass man *Mutter* benachrichtigt und gebeten hatte, den Kleinen abzuholen, weil er so krank sei. In Istanbul hatten sie nicht weitergewusst und gehofft, dass man ihm in München würde helfen können. *Mutter* ist also wie damals hinter meinem Rücken in die Türkei geflogen und hat meinen kleinen Sohn zurückgeholt. Wir haben ihn dann gleich ins Krankenhaus gebracht, wo die Ärzte eine Meningitis feststellten. Wieder musste ich ihn alleine lassen. Vor Angst bin ich fast verrückt geworden. Nach Tagen zwischen Bangen und Hoffen kam schließlich die erlösende Nachricht, er würde durchkommen und wieder ganz gesund werden. Nach ein paar Wochen konnten wir ihn endlich nach Hause holen. Wäre ihm etwas passiert, ich hätte es *ihr* nie verzeihen können.

Endlich hatte ich meine beiden großen Kinder wieder bei mir, und ich schwor mir, sie nie mehr herzugeben. Can ging zur Schule, Muhammed kam in den Kindergarten, Birgül konnte bald schon laufen und fing an zu plappern. Sie war immer der Liebling aller Familienmitglieder. Ich war den ganzen Tag zu Hause und konnte mich so um meine Kinder kümmern. Wenn sie in der Schule waren oder schliefen, erledigte ich meine Heimarbeit. Oft habe ich auch abends und nachts gearbeitet und an die 2000 DM im Monat verdient. Mustafa brachte zwischen 1000 und 1500 DM nach Hause. Wenn die Miete bezahlt war und die Rate für den Kredit, kamen wir gerade so hin. Schwierig wurde es, als Mustafas Geschäfte nicht mehr so gut liefen. Dann musste ich einspringen. Gott sei Dank hatte ich meine Heimarbeit. Denn damals konnte man das wöchentliche Pensum meistens erhöhen. Also habe ich ein paar Kisten mehr in der Woche bearbeitet und ein paar Nachtschichten eingelegt. Aber trotz dieser Mehrarbeit habe ich nie mehr so viel geschuftet, wie zu *Mutters* Zeiten.

Die hatte inzwischen ganz mit der Heimarbeit aufgehört und eine feste Putzstelle angenommen. Meine beiden Schwägerinnen mussten nicht so hart arbeiten wie ich. Eine bekam relativ schnell ihr erstes Kind und fiel sowieso aus. Und die andere? Die hatte, soviel ich weiß, auch eine Putzstelle. Ich erinnere mich nur noch daran, dass mich das sehr geärgert hat. Mich hatte nie jemand gefragt, ob ich vielleicht mit dem Arbeiten aufhören wollte, um daheim bei meinem Kind zu bleiben. Ganz selbstverständlich bin ich sechs Wochen nach jeder Geburt wieder in die Fabrik gegangen. Und während ich dort schuftete, hat *Mutter* meine Kinder in die Türkei geschickt. Die Kinder meiner Schwägerinnen wurden nie zu den Großeltern gebracht. Das fand ich ungerecht.

Das Verhältnis zu meiner Schwiegermutter war ja nie besonders gut gewesen, aber seit unserem Auszug hatte es sich noch einmal deutlich abgekühlt. Das lag auch an einer Begebenheit in der Türkei, die mich sehr aufgebracht hatte. Was passiert war? In jenem Sommer nach unserem Auszug waren wir alle zusammen in unser Dorf gefahren, um Hochzeit zu feiern. Denn *Mutter* hatte schon vor einiger Zeit die passenden Bräute für ihre beiden mittleren Söhne gefunden und plante eine Doppelhochzeit. Im August 1988 war es so weit. Wie bei allen türkischen Hochzeiten wurde drei Tage lang gefeiert. Alle kamen, die Freunde, die Nachbarn, nur meine *anne*, die hatte man nicht eingeladen. Das war wie ein Schlag ins Gesicht, wir waren doch verwandt und früher waren die beiden richtig gute Freundinnen gewesen. Ich konnte das nicht verstehen, hatte aber auch Angst, *Mutter* zu fragen. Ich wollte nicht mit ihr streiten. Also bin ich allein hingegangen. Birgül ließ ich bei *anne*.

Die Hochzeitsfeier war in vollem Gange, als plötzlich die Tür aufging und meine *anne* hereinkam. Sie hatte die kleine Birgül bei sich und ein Geschenk, ging auf meine Schwiegermutter zu und warf das Geschenk vor sie auf den Tisch. Dann machte sie auf dem Absatz kehrt und verließ den Raum. Ich war erst wie gelähmt, aber dann sprang ich auf und lief *anne* hinterher. »Warum machst du das?«, fragte ich sie.

»Ich wollte wenigstens mein Geschenk vorbeibringen, wenn ich schon nicht eingeladen bin«, sagte sie patzig.

Wie gut ich sie verstand. Ich begleitete *anne* nach Hause, ging dann aber wieder zurück zur Feier. Dort fragte ich meine Schwiegermutter: »Warum hast du sie nicht eingeladen? Sie ist doch meine Mutter und deine Schwägerin.«

Darauf hatte sie anscheinend gewartet. Sie fing an zu schimpfen und stieß regelrechte Hasstiraden aus. Diesmal war sie zu weit gegangen. Dass sie meine Mutter öffentlich beschimpfte, konnte ich ihr nicht verzeihen. Ich verließ die Hochzeit kurz darauf und sprach kein Wort mehr mit ihr.

Auch als wir zurück in Deutschland waren, hielt ich Abstand. Ich besuchte sie nicht, rief sie nicht an. Nur an den Wochenenden, wenn die ganze Familie zusammenkam, bin ich manchmal mitgekommen. Wir haben oft zusammen gekocht und gegessen, und die Kinder haben im Garten gespielt. Eigentlich mochte ich diese Zusammenkünfte, weil es ja auch meine Familie war. Aber seitdem habe ich sie gehasst. Wann immer es ging, bin ich zu Hause geblieben und habe Mustafa allein mit den Kindern hingeschickt. Aber oft war das nicht möglich. Wie *Mutter* mit dieser Situation umging? Ich glaube, es war ihr einfach egal. Sie hat ja noch nie viel Aufhebens um meine Person gemacht und ignorierte mein Schweigen einfach. Eines Tages rief sie mich morgens an und sagte, sie brauche Hilfe, ob ich nicht kommen könne. Ich dachte kurz nach, bevor ich zustimmte. Nach sechs Monaten Funkstille bin ich zu ihr gegangen. Ich habe ihre Vorhänge abgenommen und gewaschen und später am Nachmittag wieder aufgehängt. Das Eis war gebrochen, wir vertrugen uns wieder.

Mustafas Geschäfte liefen nicht gut. Manchmal verfuhr er mehr Sprit, als er Geld einnahm. Dann passierte es. Eines Tages kam er nach Hause, setzte sich an den Tisch und stierte vor sich hin. Er sprach kein Wort. Ich versuchte herauszufinden, was passiert sei, aber er wollte mir nichts sagen. Erst am nächsten Tag erfuhr ich, dass der Laster kaputt war. Mein Mann hatte vergessen, Öl nachzufüllen, und einen Motorschaden verursacht. Der LKW hatte einen Totalschaden. Das war eine Katastrophe. Denn um die monatlichen Raten für den Kredit abbezahlen zu können, musste der Laster fahren. Die Bank interessierte es nicht, ob das Auto kaputt war oder nicht. Damals redete ich mit Engelszungen auf Mustafa ein, er solle sich eine feste Anstellung suchen, damit regelmäßig Geld hereinkommt. Aber Mustafa hörte nicht auf mich. Nein, er ist einfach zur Bank gegangen, hat den Kredit aufgestockt und sich wieder einen LKW gekauft – hinter meinem Rücken. Ein paar Wochen später stand das neue Fahrzeug vor der Tür. Ich war sprachlos. Still habe ich meine Wut in mich hineingefressen.

Insgesamt hat er den LKW zweimal buchstäblich an die Wand gefahren. Denn anderthalb Jahre später ist ihm das gleiche Malheur noch einmal passiert. Wieder hatte er einen Motorschaden, weil er vergessen hatte, auf das Öl zu achten. Wieder waren 20 000 DM weg. Ich wusste nicht, wie wir diese Schulden je bezahlen sollten. Ich hatte ja keine Ahnung, was noch alles auf mich zukommen würde.

Die Wende

Im Frühjahr 1989 habe ich mein Kopftuch abgelegt. Das war nicht meine Idee. Nein, es war Mustafas! Eines Tages sagte er zu mir: »Jetzt nimm endlich dein Kopftuch ab. Wir sind hier in *Almanya*, da brauchst du deinen Kopf nicht zu bedecken.« Das hat mich ziemlich verwundert. Denn damals, als ich mich mit *Vater* wegen des Kopftuchs gestritten habe, hatte er sich herausgehalten. Wieso Mustafa jetzt darauf bestand, es abzulegen, weiß ich nicht. Vielleicht hatte er den Abstand gebraucht. Denn wir waren jetzt immerhin schon zwei Jahre weg von zu Hause und lebten unser eigenes Leben. Freilich mischten sich die Schwiegereltern immer noch ein. Sie bestimmten, wann die ganze Familie in Urlaub fuhr und redeten auch sonst gerne mit. Aber in der Kopftuchfrage haben sie sich nicht geäußert. Als ich eines Tages ohne vor ihnen stand, sagte meine Schwiegermutter gar nichts, nur *Vater* war ein paar Tage böse auf mich. Er sprach nicht mit mir und zeigte mir deutlich, dass er mit dieser Entscheidung nicht einverstanden war. Aber ich glaube, da ging es weniger um die Religion als darum, dass ich etwas gegen seinen Willen tat.

Es war jedenfalls ein komisches Gefühl, als ich eines Tages ohne Kopfbedeckung auf die Straße ging. Jetzt, zum ersten Mal seit mehr als zwölf Jahren, sollte ich mein schönes, langes, schwarzes Haar in der Öffentlichkeit zeigen. Es fühlte sich gut an. Auch die Kolleginnen und Freundinnen fanden es gut und haben mir in den ersten Tagen immer wieder bestätigt, wie hübsch und jung ich aussehen würde. Ich arbeitete inzwischen wieder in meiner alten Firma, da verdiente ich mehr Geld. Mustafa hatte dort auch angefangen, nachdem der zweite LKW ruiniert war. Jetzt mussten wir beide arbeiten, um die Schulden zurückzahlen zu können.

Aber unser Verdienst reichte nicht aus. Nach der Miete, den Nebenkosten und der monatlichen Rate für den Kredit blieb kaum mehr etwas zum Leben. Damals habe ich noch einen Nebenjob angenommen. Jeden Abend fuhr ich mit der S-Bahn in den Nachbarort und putzte nach Feierabend in einer Metzgerei die Küche und den Imbissraum. Das war gutes Geld, das wir so dringend brauchten.

Irgendwann in diesem Jahr kam ein Bescheid von der türkischen Armee. Wie alle anderen türkischen Staatsbürger, die im Ausland lebten, musste auch Mustafa seinen Reservedienst ableisten. Anstatt zu fahren, hätte man auch 10 000 DM bezahlen können. Aber das Geld hatten wir nicht. Wie hätten wir uns das leisten können? Es war schon schwierig genug, einen Monat ohne seinen Lohn zu überleben, weil er sich unbezahlten Urlaub nehmen musste. In der Zeit hat uns die Schwiegermutter geholfen. Auch sie arbeitete inzwischen in der gleichen Firma und hat mich jeden Morgen mit dem Auto mitgenommen.

Als Mustafa weg war, stellte ich fest, dass ich wieder schwanger war. Ich drehte fast durch. Ein viertes Kind? Das wollte, das konnte ich nicht bekommen. Auf gar keinen Fall. In diesen Wochen ging es mir sehr schlecht. Ich war ständig müde, und übel war mir auch. Krampfhaft suchte ich nach einer Lösung. Bei einem Besuch bei den *Eltern* erfuhr ich dann, dass auch meine beiden Schwägerinnen schwanger waren. Was für ein Zufall! Alle drei Schwiegertöchter erwarteten zur gleichen Zeit ein Kind. Aber eine von ihnen wollte das Kind nicht, sie wollte auch abtreiben. Sollte ich mit ihr in die Türkei fahren und es wegmachen lassen? Ich spielte es immer wieder durch und kam – immer wieder – zum gleichen Schluss: Dieses Kind konnte ich nicht kriegen, auf keinen Fall. Es waren fürchterliche Wochen. Aber bevor ich eine endgültige Entscheidung traf, musste ich auf Mustafa warten.

Als er endlich wieder zu Hause war, teilte ich ihm mit, wie es um mich stand. Inzwischen war ich in der zehnten Woche schwanger. Ich musste mich also beeilen. Aber von einer Abtreibung wollte Mustafa nichts wissen. Im Gegenteil, er wollte dieses Kind unbedingt haben. Wir waren gerade bei den *Eltern* zu Besuch und eine der beiden Schwägerinnen stand kurz vor der Abreise nach Istanbul. Wieder schnitt ich das Thema an und fragte Mustafa, ob ich doch mitfahren und auch abtreiben solle. Da brach die Hölle los. Er ist furchtbar wütend geworden, schrie herum und fing an, auf mich einzuschlagen. Mit einem eisernen Griff hielt er mich am Handgelenk fest, seine andere Faust ließ er auf mich niederprasseln. Ich versuchte aus dem Haus zu fliehen. Aber er war schneller, bekam mich an den Haaren zu fassen, zerrte mich zu Boden und schlug wieder auf mich ein. Mit allerletzter Kraft konnte ich aufstehen und mich ihm entwinden. Dann bin ich – so schnell ich konnte – losgelaufen. Nur weg, weg von ihm und seiner Wut.

Nach dieser Szene konnte ich nicht einfach nach Hause gehen und mich aufs Sofa setzen. Ich brauchte Luft, ich musste nachdenken. Also beschloss ich, einen Spaziergang in den nahen Wald zu machen. Während ich lief, flossen mir die Tränen ungebremst. Ich war völlig aufgelöst. Wie sollte ich mit diesem Mann noch ein Kind bekommen? Drei waren doch wirklich genug! Als ich mich wieder beruhigt hatte, machte ich mich auf den Heimweg. Mustafa wartete schon. Er war immer noch wütend und wollte wieder auf mich einschlagen. Da fing ich laut an zu weinen und zu schreien: »Mustafa, ich kann nicht mehr. Nie hast du ein gutes Wort für mich. Seit Jahren schlägst du mich, vergewaltigst mich. Nie habe ich mich gewehrt, aber jetzt kann ich nicht mehr, will ich nicht mehr.«

Ich weiß nicht, ob ihn meine Reaktion überraschte. Jedenfalls hat er aufgehört, auf mich einzuschlagen. Dafür ist er wütend aus dem Haus gelaufen.

In der Zeit hatten wir auch die Kündigung bekommen. Wir wohnten das vierte Jahr in dem baufälligen Haus, jetzt sollte es abgerissen werden. Der Vermieter wollte unbedingt, dass wir ausziehen. Zeitweise gab es keinen Strom mehr, kein Wasser.

Aber wo sollten wir eine neue Wohnung finden? Wir hatten drei Kinder, ein viertes war unterwegs. Wir konnte nicht viel Miete bezahlen. Schon seit Monaten war ich auf der Suche, bin immer wieder bei der Gemeinde gewesen, um eine kommunale Wohnung zu bekommen. Aber die waren knapp.

Mustafa war wegen meiner Abtreibungspläne immer noch erbost. Er sprach nicht mehr mit mir und kam abends immer später nach Hause. Ich fühlte mich allein und verlassen. Zum Reden hatte ich niemanden. Meine Schwägerin war inzwischen aus Istanbul zurück, schwanger war sie nicht mehr. Mein Bauch dagegen war bald nicht mehr zu verheimlichen. In meiner Verzweiflung kaufte ich mir eine riesengroße Wassermelone und haute sie mir immer wieder auf den Bauch. Aber es war zu spät! Ich war im vierten Monat und würde auch dieses Kind bekommen müssen. Dann kam die Räumungsklage. Da ich nicht lesen konnte, verstand ich natürlich nicht gleich, was das Schreiben bedeutete. Erst als meine Schwiegermutter mir den Brief vorlas, wurde mir klar, was passieren würde. Ich war am Ende mit meinen Nerven und fing verzweifelt an zu weinen. Wo sollten wir denn nun hin? Wieder bei *ihr* einziehen? Ich wusste es nicht. Und Mustafa schien das alles nicht zu interessieren. Er ging morgens zur Arbeit und kam spät abends wieder. Doch einen Tag vor der Räumung geschah ein Wunder. Die Gemeindeverwaltung rief an und bot mir eine geräumige Fünf-Zimmer-Wohnung an. Sie würde demnächst frei werden, und wir könnten einziehen. Mit dieser guten Nachricht lief ich zu unserem Vermieter und bat ihn um Aufschub, damit wir in der Zwischenzeit nicht auf der Straße saßen.

Noch am gleichen Tag unterschrieb ich den Vertrag. Hundert Quadratmeter, vier Zimmer, mitten im Ort. Sehr groß, sehr komfortabel, aber leider auch sehr teuer. 1400 DM sollte sie kosten. Das war viel Geld für uns, aber wir hatten keine andere Wahl. Finanziell waren wir immer noch in einer angespannten Situation, und es würde noch Jahre dauern, bis alles zurückbezahlt war. Mustafa hatte seine Stelle schon wieder gekündigt und saß die meiste Zeit nur zu Hause herum. Und ich? Ich hatte zwar eine Stelle, aber ich war schwanger und würde bald nicht mehr so viel arbeiten können. In meiner Verzweiflung habe ich mich – wieder einmal – um Heimarbeit beworben. Aber dort hatte man mich abgewiesen. Es gebe zurzeit nichts zu tun. Das war bitter. Wie sollte ich die Familie durchbringen? Was sollten wir essen?

Ich redete auf Mustafa ein, sich endlich wieder eine feste Stelle zu suchen. Aber davon wollte er nichts wissen. Wie immer wurde er wütend und schrie mich an: »Ich kann in keiner Firma arbeiten, verstehst du das nicht?«

»Aber Lastwagen fahren kannst du auch nicht!«, konterte ich. Das hätte ich wohl besser nicht sagen sollen, denn sofort schlug er wieder zu. Wahrscheinlich hätte er weiter auf mich eingeprügelt, aber da muss ihm wohl das Kind im Bauch eingefallen sein, und er ließ von mir ab.

Drei Monate vor der Geburt des Kindes sind wir umgezogen. Unsere neue Wohnung war der reinste Luxus. Balkon, Teppichboden in der ganzen Wohnung, ein großes Badezimmer und ein separates WC. Im Haus gab es sogar einen Aufzug. Jetzt hatten wir endlich zwei Kinderzimmer, ein großes Wohnzimmer und ein Schlafzimmer für Mustafa und mich. Alle Räume hatten Jalousien, und natürlich gab es eine Zentralheizung. Bisher hatte ich in jeder Wohnung den Ofen anschüren müssen, hier brauchte ich nur an einem Knopf zu drehen, und schon wurde es warm.

Es war wunderschön, aber wie sollten wir jeden Monat die Miete bezahlen? Nachts konnte ich oft nicht schlafen, weil ich nicht wusste, wie es weitergehen sollte. Mein Gehalt würde sich in der Zeit des Mutterschutzes erst einmal verringern, und den Putzjob musste ich wohl auch aufgeben. Hochschwanger und frisch entbunden, konnte man diese Arbeit nicht leisten. Mustafa machte jedoch keine Anstalten, sich eine neue Stelle zu suchen. Dann kam der Anruf meiner alten Firma. Sie hätten doch wieder Heimarbeit für mich. Wann ich kommen könnte? Überglücklich machte ich mich sofort auf den Weg und fing noch in derselben Nacht damit an. In den ersten vierzehn Tagen habe ich fast so viel wie früher geschuftet, aber das hat mir nichts ausgemacht. Immerhin habe ich in dieser Zeit 2000 DM verdient. Das reichte für die Miete und das Essen im nächsten Monat. Jetzt mussten meine Kinder wenigstens nicht verhungern.

Damals kamen auch meine Schwiegereltern. Nein, nicht um uns mit Geld auszuhelfen. Im Gegenteil, *sie* wollten Geld von uns. Sie hatten den Plan gefasst, eine Pilgerreise nach Mekka anzutreten. Aber der Flug nach Saudi Arabien, der Aufenthalt, all dies kostete eine Menge Geld. Also haben sie uns gefragt, ob wir ihnen ein paar Tausend Mark für die Reise geben könnten. Ich war fassungslos. Uns stand das Wasser bis zum Hals, und jetzt wollten *sie* auch noch Geld von uns. Verständnislos schaute ich meine Schwiegermutter an und fragte sie, wo ich das Geld hernehmen sollte. Kurz darauf sind die *Eltern* wieder gegangen, ich glaube, sie waren enttäuscht. Gefahren sind sie trotzdem. Irgendwie haben sie das Geld zusammengekriegt. Wahrscheinlich haben die beiden anderen Söhne ausgeholfen. Der Plan, nach Mekka zu reisen, hat mich ziemlich verwundert, denn so gläubig waren sie mir bisher nicht vorgekommen.

Eines Tages jedenfalls sind sie mit einer Gruppe türkischer Gastarbeiter aus München nach Mekka aufgebrochen. Der Flug ging über Istanbul weiter nach Saudi Arabien. Insgesamt waren sie vier Wochen dort. Während ihrer Abwesenheit kam unser kleiner Sohn Ali zur Welt. Die Geburt war problemlos verlaufen. Als ich ein paar Tage später mit dem Baby die Klinik verließ, war ich eine andere. Ich hatte mich sterilisieren lassen, und damit war das Thema Kinder für mich endgültig erledigt. Mustafa hatte ich davor kurz informiert. Er war zwar nicht wirklich einverstanden, aber was sollte er schon sagen. Das war einzig und allein meine Entscheidung gewesen.

Die Kinder, vor allem Birgül, freuten sich über das Baby. Auch ich gewöhnte mich langsam daran. Ali war pflegeleicht, schlief fast jede Nacht durch und schrie kaum. Mit diesem Kind hatte ich Glück gehabt.

Dann kamen die Pilger zurück. Mustafa hat die *Eltern* damals vom Flughafen abgeholt, während der Rest der Familie sie zu Hause erwartete. Wir Frauen hatten ein großes Essen vorbereitet, und alle freuten sich. Als sie dann in der Tür standen, hätten wir sie beinahe nicht wiedererkannt. Beide waren sonnengebräunt und für die Jahreszeit viel zu leicht gekleidet. Es war Februar und noch kalt. Aber es schien ihnen nichts auszumachen. *Mutter* hatte ein weißes, langes Kleid und ein weiße Strickjacke an, um den Kopf hatte sie ein langes, weißes Tuch geschlungen. *Vater* war ebenfalls weiß gekleidet und trug eine Stoffkappe, die für Pilger typische Kopfbedeckung. An den Füßen hatten sie Sandalen. Neben einer kleinen Tasche mit ihrem Gepäck hatte jeder noch zwei Kanister Wasser mitgebracht. Das war heiliges Wasser aus Mekka, das die Pilger kaufen konnten. *Mutter* und *Vater* wirkten irgendwie gelöst und froh. So entspannt hatte ich sie eigentlich noch nie erlebt.

Während des Essens erzählten sie von ihrer Reise. Mekka und die Atmosphäre dort seien etwas Unvergleichliches. All die Gläubigen, die aus allen Himmelsrichtungen zum großen *hac* an die Wirkungsstätte des Propheten Mohammed kämen, nie hätten sie Ähnliches erlebt. Nach dem Essen war es Zeit zum Gebet. Sie zogen sich zurück, zuerst *Mutter,* dann *Vater.* Die Religion bekam mit der Pilgerreise meiner Schwiegereltern einen anderen Stellenwert in unserer Familie. Beide beteten fortan regelmäßig fünfmal am Tag, und freitags gingen sie in die Moschee. *Mutter* trug selbstverständlich wieder ein Kopftuch. Auch uns Schwiegertöchter versuchte sie dazu zu überreden. Wann immer ich bei ihr war, fing sie an zu schwärmen und zu erzählen, wie schön es sei, jeden Tag mit *Allah* zu sprechen. Und jedes Mal fragte sie mich, ob ich es mir nicht überlegen wolle. Aber ich wollte nicht. Nein, nicht weil ich nicht gläubig war. Im Gegenteil, ich redete jeden Tag mit *Allah,* aber auf meine Weise. Ich brauchte dazu weder ein Kopftuch noch eine Moschee. *Allah* war auch so bei mir und gab mir Kraft.

Auch Mustafa änderte seine Einstellung zur Religion. Ich weiß nicht, ob das etwas mit den *Eltern* zu tun hatte oder nicht, jedenfalls bestand er darauf, die Kinder in die Koranschule zu schicken. Er wollte, dass sie unsere Religion besser kennen lernten. Ich fand das in Ordnung und war seiner Meinung (nicht dass er mich danach gefragt hätte). Sie sollten von unserer Religion erfahren und nach islamischen Werten erzogen werden. Also hat Mustafa unsere drei größeren Kinder jedes Wochenende in die Moschee gebracht. Dort haben sie Samstag und Sonntag zusammen mit anderen Kindern den Koran studiert. Natürlich konnten sie *unser Buch* nicht gleich lesen. Am Anfang hat der *Hoca* einzelne Suren vorgelesen, und alle Kinder mussten ihm nachsprechen. So haben sie die einzelnen Suren ständig wiederholt, und am nächsten Tag mussten sie sie auswendig aufsagen. Das war schon ziemlich anstrengend, vor allem für unsere Birgül, die ja gerade erst fünf Jahre alt war. Aber sie war diejenige, die sich am leichtesten tat. Ganz schnell lernte sie die arabischen Worte, und später, als sie in der Schule lesen gelernt hatte, konnte sie sogar die arabischen Schriftzeichen lesen.

Sie war unser ganzer Stolz. Wenn die Großfamilie sich an den Wochenenden zum Essen traf und alle am Tisch saßen, war sie meistens diejenige, die das Gebet sprach. Dann stand die kleine Birgül auf und sagte: *»Bismillahi, Rahmani Rahim …«*, sie dankte Allah, dass die ganze Familie anwesend war und man gemeinsam essen könne. Was für ein erhebender Moment. Sie war überhaupt ein gutes Kind. Nie hat sie widersprochen, immer gemacht, was man ihr sagte. Schimpfwörter hörte man von ihr nie. Dass sie die Koranschule hasste, habe ich erst viel später erfahren. Damals ist sie ohne zu murren fünf Jahre lang jedes Wochenende in die Moschee gegangen. Folgsam trug sie ihr Kopftuch und lernte eifrig die Suren des Koran. Der Unterricht begann um zehn Uhr und dauerte bis zwei Uhr. Zwischendrin machten sie eine Pause, in der die Kinder etwas zu essen bekamen und spielen konnten. Das haben diese wohl immer besonders genossen.

Unser Familienleben hatte sich – abgesehen von einigen Aussetzern – eingespielt. Morgens gingen die großen Jungen in die Schule, nachdem sie die kleine Schwester in den Kindergarten gebracht hatten. Besonders Muhammed kümmerte sich rührend um Birgül. Er war in der dritten Klasse, und die Grundschule war auf demselben Grundstück wie der Kindergarten. So kam er in den Pausen oft zu ihr und fragte sie, ob alles in Ordnung sei oder sie Ärger mit jemandem habe. Er war ihr Beschützer. Aber Birgül hatte nie Probleme. Sie war ohne ein Wort Deutsch zu können mit knapp vier Jahren in den Kindergarten gekommen und hatte die Sprache mühelos gelernt. Meine großen Söhne taten sich schwerer. Ihnen fehlten ja entscheidende Jahre hier in Deutschland. Besonders Muhammed hatte Schwierigkeiten gehabt, die Sprache zu lernen. Für Can war es nicht ganz so schwer. Aber die ersten Jahre in der Schule waren auch für ihn nicht leicht gewesen. Für den kleinen Ali war es vermutlich am einfachsten. Ihn hatten wir nie alleine in die Türkei geschickt, immer war er in der Familie gewesen und hatte seine zweisprachigen Geschwister um sich. Vor allem Birgül spielte viel mit ihm und trug ihn die meiste Zeit wie eine Babypuppe herum. Ja, sie wickelte und fütterte ihn sogar. Sie war so, wie *ablas*, große Schwestern eben zu sein hatten. Als Ali in den Kindergarten kam, sprach er Deutsch fast so selbstverständlich wie Türkisch.

Mein Deutsch war inzwischen ganz passabel geworden. Ich konnte mich verständlich machen, nur Lesen und Schreiben beherrschte ich immer noch nicht. Als Can in die Schule gekommen war, hatte ich mir fest vorgenommen, mit ihm zu lernen. Aber daraus ist nichts geworden, weil mir die Zeit fehlte. Ich hatte ja fast durchgängig gearbeitet und die Nachmittage und Abende mit Heimarbeit verbracht. Auch mit den beiden Jüngeren hatte ich mitlernen wollen und mir öfter ihr Lesebuch vorgenommen. Aber richtig gelernt habe ich die deutsche Sprache leider nie. Dennoch kam ich irgendwie zurecht. Ich wusste, wie man Rechnungen bezahlt, und wenn ein Brief zu lesen war, haben mir die Kinder geholfen. Um was es ging, habe ich immer sofort verstanden. Denken hat ja Gott sei Dank nichts mit Lesen und Schreiben zu tun. Als Mustafa mir allerdings eines Tages sagte, ich solle jetzt endlich den Führerschein machen, habe ich gestreikt. Wie sollte das gehen? Ich würde doch dem theoretischen Unterricht nie folgen können. Fahren, gut, das würde wahrscheinlich funktionieren, aber was war mit der schriftlichen Prüfung? Mustafa sah darin kein Problem. Immer wieder fing er damit an. Ich hätte es dann doch so viel leichter, könne die Kinder in die Schule und den Kindergarten bringen, müsste nicht immer mit dem Fahrrad zum Einkaufen usw. Gründe gab es wohl mehr als genug. Auch die Kinder fingen an zu quengeln. »Wäre doch echt gut, wenn du Autofahren könntest, Mama«, sagten die großen Söhne zu mir.

Es war an einem Sommerabend, es hatte gerade geregnet, und ich war auf dem Weg nach Hause. Can war bei mir, und wir liefen, wie so oft, an der Fahrschule vorbei. Da sagte er: »Mama, jetzt könntest du dich doch anmelden.« Tja, und das habe ich dann einfach gemacht. Ich bin hineingegangen und habe mich für Fahrstunden angemeldet. Die haben mir ein Formular mitgegeben und mir gesagt, wie viel es kostet, wann der theoretische Unterricht stattfindet usw. Als wir zu Hause waren, stürmte Can in die Wohnung und rief: »Papa, Papa, stell dir vor, Mama hat sich heute zum Führerschein angemeldet.« Mustafa war hoch zufrieden. Noch am selben Abend fragte ich ihn nach Geld. Warum? Nun, ich verdiente zwar das meiste Geld in der Familie, aber nie hätte ich es ohne seine Zustimmung ausgegeben. Nachdem er mir grünes Licht gegeben hatte, bin ich am nächsten Tag zur Bank gegangen und habe die Anmeldegebühr überwiesen und Geld für die ersten Fahrstunden abgehoben.

Die Nachricht, dass ich den Führerschein machen wollte, verbreitete sich in der Familie wie ein Lauffeuer. Sofort wollten sich meine Schwägerinnen auch anmelden. *Mutter* war das gar nicht recht. Sie maulte herum und sagte: »Wieso will *die* denn jetzt plötzlich den Führerschein machen? Dafür war sie doch damals schon zu blöd! Das wird auch jetzt nicht klappen.«

Aber Mustafa konterte nur kurz und knapp: »Das ist doch meine Sache, das geht dich gar nichts an.« Und so war es dann auch. An einem Vormittag im Herbst absolvierte ich meine erste Fahrstunde, und abends besuchte ich den theoretischen Unterricht. Es war gar nicht so schlimm, wie ich es mir vorgestellt hatte. Schließlich kannte ich die meisten Verkehrszeichen, jetzt musste ich mir nur noch merken, was sie bedeuteten. Gott sei Dank habe ich ein gutes Gedächtnis. Wenn man nicht lesen und schreiben kann, ist man auf ein gutes Erinnerungsvermögen angewiesen.

Die Fahrstunden verliefen reibungslos. Ich hatte schnell begriffen, worauf es ankam, und fuhr mindestens einmal in der Woche mit meinem Fahrlehrer über die Dörfer. Wenn ich Frühschicht hatte, vereinbarte ich nachmittags und bei der Spätschicht vormittags die Fahrstunden. Eines Morgens, die Kinder waren gerade aus dem Haus, machte ich mich wieder für die Fahrstunde fertig. Ich stand unter der Dusche, da blieb mir plötzlich die Luft weg. Ich hatte irrsinnige Schmerzen im Rücken und schaffte es kaum, aus der Badewanne herauszusteigen. Mir war sofort klar, so konnte ich nicht Auto fahren. Ich sagte die Fahrstunde ab und rief bei unserem Hausarzt an. Der wollte mich sofort sehen. Mühsam schleppte ich mich den halben Kilometer zu seiner Praxis. Der Arzt untersuchte mich kurz, gab mir eine Spritze gegen die Schmerzen und wollte mich wieder nach Hause schicken. Aber ich konnte immer noch kaum laufen. Da machte er eine Ultraschalluntersuchung und stellte fest, dass eine Niere stark gestaut war. Mit Blaulicht wurde ich ins Krankenhaus eingeliefert, wo man Nierensteine feststellte. Trotz der großen Schmerzen machte ich mir um die Familie Sorgen. Wer würde die Kinder abholen? Ihnen zu essen machen? Mustafa hatte – zufälligerweise – mal wieder einen Job und würde erst abends kommen. Er war auch nicht erreichbar. Ich hatte meinen Arzt gebeten, *Mutter* zu benachrichtigen, damit sie sich um die Kinder kümmerte. Nachdem man die Nierensteine zertrümmert hatte, wurde ich wieder entlassen. Seitdem habe ich immer wieder Nierenprobleme gehabt.

Nach meinem zweiwöchigen Krankenhausaufenthalt ging das Leben gleich weiter wie zuvor. Ich hatte keine Zeit, mich auszuruhen. Die Kinder waren bei *Mutter* gewesen, aber Mustafa hatte im Haushalt alles stehen und liegen lassen. Geschirr- und Wäscheberge türmten sich, die Betten waren nicht gemacht, und insgesamt war die Wohnung ziemlich verwahrlost. Es dauerte eine Weile, bis wieder alles im Lot war. Aber Gott sei Dank hatte ich meine Kinder. Vor allem die beiden Großen, sie und ich, wir waren ein gutes Team. Can und Muhammed haben mir immer geholfen. Während ich kochte, machte einer die Betten, der andere saugte oder machte die Wäsche. Und nach dem Essen räumten sie den Tisch ab und wuschen das Geschirr, da brauchte ich gar nichts zu sagen. Und als sie fertig waren, haben sie mir bei der Heimarbeit geholfen. Auf meine Jungen konnte ich mich immer verlassen.

Die Führerscheinprüfung bestand ich erst auf den zweiten Anlauf. Beim ersten Mal war ich an der Sprache gescheitert. Mustafa war nicht böse, er besorgte mir einen Dolmetscher, und dann ging alles gut. Als ich nach Hause kam, führte Can einen Freudentanz auf, und ich schnappte mir sofort das Auto und fuhr mit meinem Sohn erst mal ein paar Runden. Ich glaube, er war sehr stolz auf seine Mama.

Von außen betrachtet, waren wir wohl eine ganz normale türkische Familie, wie es inzwischen viele in unserem Dorf gab. Wir hatten eine hübsche Wohnung, gingen einer geregelten Arbeit nach. Unsere Kinder gingen in den Kindergarten und in die Schule. Wir grüßten die Nachbarn und hatten mit niemandem Probleme. Ja, wir waren ehrbare Leute. Wie es hinter den Kulissen aussah, wusste niemand. Nicht einmal meine eigenen Kinder wussten von den Problemen zwischen Mustafa und mir. Geschlagen hat er mich immer nachts, und vergewaltigt auch. Aber meine Schreie waren stumm, die hörte niemand.

Was in mir vorging? Bei mir kam die Familie immer zuerst.

Wir hatten schließlich vier Kinder, da gibt man nicht so leicht auf. Ich war ja auch lange optimistisch gewesen und hatte lange geglaubt, dass alles – irgendwie – gut werden würde. Und immer wieder habe ich mich zusammengerissen und geschluckt und geschwiegen.

Doch dann kam der Laden. Mustafa hatte irgendwann im Jahr 1995 eine neue Idee. Er wollte ein türkisches Lebensmittelgeschäft eröffnen, den passenden Raum hatte er auch schon. In unserer Moschee war ein Laden zu vermieten. Das ist nicht ungewöhnlich, in vielen türkischen Moscheen hier in Deutschland gibt es kleine Geschäfte. So eben auch in unserer. Sie bestand aus zwei Gebetsräumen, einem Teeraum für die Männer und eben diesem Laden. Mustafa war seit ein paar Jahren regelmäßig in der Moschee, weil er die Kinder immer in die Koranschule brachte. Jedes Wochenende hielt er sich dort auf und wusste genau Bescheid. Als man ihm das Angebot machte, hat er nicht lange gezögert. Dreißig Quadratmeter Ladenfläche für 2600 DM Monatsmiete. Er könne dort Obst, Gemüse, Brot, Käse und andere türkische Lebensmittel verkaufen, schwärmte er, nachdem er den Mietvertrag unterschrieben hatte.

Ich war fassungslos. Wir zahlten immer noch die restlichen Raten von dem LKW-Desaster ab, und mein Mann ließ sich schon wieder auf ein neues geschäftliches Abenteuer ein. Aber Mustafa ließ sich nicht beirren. Das sei der einzige türkische Laden im Dorf und der würde sicher gehen. Ich könnte ja jetzt, da ich endlich einen Führerschein besitze, den Einkauf erledigen, und er würde sich in den Laden stellen und um den Verkauf kümmern. Zu der Zeit war er bei einer Baufirma beschäftigt und musste körperlich schwer arbeiten. Er war ziemlich unzufrieden, das wusste ich. Aber er hatte ein sicheres Einkommen, und das war mir wichtig. Zumindest solange wir noch Schulden hatten. Besonders ärgerte mich, dass er – wieder einmal – hinter meinem Rücken einen Vertrag abgeschlossen und mich vor vollendete Tatsachen gestellt hatte. Aber jetzt war es schon geschehen. Der

Vertrag war unterschrieben, und im September 1995 würde er sein kleines Geschäft eröffnen.

Seit der kleine Ali im Kindergarten war, arbeitete ich wieder im Schichtdienst. Auch ohne Mustafas Laden hätte ich genug zu tun gehabt: Arbeit, Kinder, Haushalt. Aber hätte ich ihn hängen lassen sollen? Das ging doch auch nicht. Also bin ich einmal in der Woche nach der Arbeit in die Großmarkthalle nach München gefahren und habe Fleisch, Obst, Gemüse und andere türkische Lebensmittel besorgt. Mustafa arbeitete bis siebzehn Uhr auf dem Bau, ist dann in die Moschee gefahren und machte seinen Laden auf. Am Anfang lief das Geschäft ganz gut. Viele Freunde und Bekannte kamen, um zu sehen, was es alles gab. Bald hatten wir Routine. Einmal in der Woche sagte er mir, was zu besorgen war, und ich fuhr nach München und kaufte ein. Wenn ich die Ware geliefert hatte, fuhr ich wieder heim. Großartig gekümmert habe ich mich nicht. Es schien alles gut zu gehen.

Daheim warteten schon die Kinder. Ich erkundigte mich nach den Hausaufgaben, aber kontrolliert habe ich sie nie. Ich kümmerte mich nicht sonderlich um die Schule. Ich hätte sowieso nichts verstanden, weil ich ja selbst kaum Schulbildung hatte. Auch Mustafa schien das nicht zu interessieren. Nur seine beiden jüngeren Brüder haben sich immer die Zeugnisse unserer Kinder angeschaut und auch manchmal geschimpft, besonders die beiden Großen, die hatten wohl keine besonders guten Noten. Heute mache ich mir deshalb große Vorwürfe, weil sie beide keine Berufsausbildung haben. Hätte ich damals nur mehr darauf geachtet. Dabei war ich ziemlich streng, vor allem mit Birgül! Wenn sie nicht pünktlich nach Hause kam, wurde ich fast verrückt vor Sorge, und manchmal ist mir auch die Hand ausgerutscht. Einmal kam sie zu spät und völlig durchnässt vom Spielen. Ich war völlig aufgelöst und schrie sie an: »Wo warst du? Und wie siehst du aus? Du bist doch ein Mädchen und kannst dich so nicht auf der Straße rumtreiben.« Und dann habe ich einen Plastikwäschekorb genommen und ihr damit auf den Rücken gehauen, immer wieder, bis er schließlich kaputt war. Warum ich so überreagiert habe? Vermutlich weil sie unsere einzige Tochter war und ich Angst um sie hatte. Mustafa hat sie nur ein einziges Mal geschlagen. Da hatten wir auch nicht gewusst, wo sie gewesen war. Und als sie dann schließlich zur Tür hereinkam und *»merhaba«* sagte, hat er ihr ins Gesicht gehauen und sie als »Schlampe« beschimpft. Damals war sie sieben Jahre alt.

Mustafa kümmerte sich wenig um die Kinder. Wenn er Arbeit hatte, ging er morgens aus dem Haus und kam abends wieder. Dann aß er und setzte sich vor den Fernseher. Und wenn er arbeitslos war, saß er den ganzen Tag zu Hause herum oder war unterwegs. Als er den Laden hatte, kam er meistens um neun Uhr abends nach Hause. Oft haben wir uns gar nicht gesehen, weil ich ja Schicht arbeitete. Weil ich aber einmal tagsüber eine Entscheidung von ihm brauchte, fuhr ich bei ihm auf der Baustelle vorbei, er war nicht da. Sein Chef erzählte mir, dass er schon vor ein paar Wochen gekündigt habe und nicht mehr bei ihm arbeite. Wieder einmal war ich sprachlos. Intuitiv fuhr ich zur Moschee. Dort musste er sein. Und so war es auch. Mustafa hatte seinen Laden inzwischen den ganzen Tag geöffnet und saß hinter der Kasse, als ich kam. Ansonsten war der Laden leer, weit und breit keine Kundschaft. Er muss mir meine Wut angesehen haben, denn er sagte beschwichtigend: »Weißt du, die Arbeit auf dem Bau war einfach nichts für mich.«

»Ah, aber der Laden, der ist das Richtige für dich?«, fauchte ich ihn an. »Der wirft doch nicht mal die Miete ab.« Leider war dem so. Wir hatten all die Monate dazugebuttert. Von den Einkäufen ganz abgesehen, die hatte ich ja immer übernommen und auch bezahlt. Dass Mustafa einen Großteil davon am Ende verschenkte oder wegwarf, habe ich erst sehr viel später mitgekriegt.

Der Laden war eine einzige Katastrophe. Mustafa saß eigentlich den ganzen Tag nur noch herum. Wenn jemand kam, bot er Tee an, aber verkauft hat er fast nichts. Ein halbes Jahr nach der Eröffnung konnten wir die Miete nicht mehr bezahlen. Mein Lohn reichte gerade mal für die Miete der Wohnung und das

Essen, große Sprünge konnten wir nicht machen. Ich hatte oft nicht mal Geld, den Kindern etwas zum Anziehen zu kaufen.

Von nun an hatten wir ständig Streit, und immer ging es ums Geld. Das hat mich kaputtgemacht. Ich schuftete Tag und Nacht, und geblieben ist uns nichts. Ich versuchte Mustafa davon zu überzeugen, den Laden zu schließen und sich wieder eine feste Stelle zu suchen. Aber er wollte nicht hören. Er hatte keine Lust auf richtige Arbeit. Und wieder blieb mir – wie so oft – nur die Heimarbeit als Ausweg. Damit konnte ich noch ein bisschen dazuverdienen, damit wenigstens die Kinder nicht so sehr litten. Nach einem weiteren halben Jahr schließlich stand der Laden vor der Pleite. Mustafa hatte sich inzwischen von meinem Bruder Geld geliehen und ihm versprochen, es bald zurückzuzahlen. Das waren ungefähr 6000 DM, aber das reichte nicht mal, um die Mietschulden der letzten drei Monate zu bezahlen. Den Rest mussten wir abstottern. Er kündigte den Mietvertrag und räumte das Geschäft. Die restliche Ware wie Reis, Nudeln, Oliven und andere haltbare Lebensmittel hat er verschenkt.

Zu dem Zeitpunkt hatte ich mich innerlich vollkommen zurückgezogen. Der Laden, die Schulden, es war mir alles zu viel. Ich hielt das bald nicht mehr aus. Immer öfter bekam ich diese schreckliche Migräne, die mich tagelang lähmte. Die Kopfschmerzen kamen immer frühmorgens, so dass ich manchmal nicht mal die Kinder auf den Weg bringen konnte, und auch an Arbeiten war nicht zu denken. Ich konnte dann nur im abgedunkelten Schlafzimmer liegen und darauf warten, dass es vorbeiging. Mein Hausarzt hat mich dann krankgeschrieben und mir ein starkes Schmerzmittel verabreicht. Die Migräne wurde mein ständiger Begleiter. Mindestens alle sechs, acht Wochen überfielen mich diese wahnsinnigen Schmerzen.

In der Zeit nach der Ladenpleite haben Mustafa und ich kaum mehr miteinander gesprochen. Ich war am Ende, konnte nicht mehr. Als meine Schwiegermutter sagte, die Kinder und ich sollten mit in die Türkei kommen, nahm ich das Angebot dankbar an. Es war mir sowieso alles egal. So bin ich mit meinen beiden Kleinen im Sommer 1996, nach vielen Jahren, wieder einmal in unser Dorf gefahren. Mustafa ist mit Can und Muhammed in München geblieben. Er wollte sich angeblich eine Arbeit suchen.

In unserem Dorf hatte sich einiges verändert. Zum ersten Mal würden wir im eigenen Haus wohnen. Denn die Schwiegereltern hatten neben ihren Häusern in Istanbul jetzt auch in Ballidere gebaut. Und wir hatten es finanziert! Alle Söhne (und Schwiegertöchter) hatten in den letzten anderthalb Jahren Geld gegeben. Wir mussten einen Kredit aufnehmen, weil wir keinen Pfennig hatten. Das waren 30 000 DM. Ich glaube, dass die anderen auch so viel gegeben haben. Das Haus jedenfalls war beeindruckend. Ein dreistöckiger Ziegelbau mit jeweils zwei Balkonen pro Etage ragte mitten im Dorf in den Himmel.

Als wir in jenem Sommer ankamen, war es gerade fertig gestellt worden. Das Erdgeschoss war bereits an einen Bekannten vermietet worden, so standen für unsere Familie zwei Stockwerke zur Verfügung. *Mutter* und ich zogen in den obersten Stock. Dort gab es vier Zimmer und eine Küche. *Mutter* teilte mir und den Kindern ein Zimmer zu. Das sei jetzt meines, sagte sie selbstzufrieden. Ein Zimmer für eine sechsköpfige Familie? Gut, im Moment waren wir nur zu dritt, aber wenn Mustafa und die beiden Großen dabei gewesen wären, was dann? Wie hätten wir in dem zwanzig Quadratmeter großen Raum wohnen und schlafen sollen? Ich war empört. Wir hatten immerhin 30 000 DM bezahlt und sollten jetzt mit einem einzigen Zimmer abgespeist werden. Aber sollte ich schon wieder mit ihr streiten?

Vor Monaten hatte ich mich schon einmal mit den *Eltern* angelegt. Denn immer wieder hatten sie Geld von uns gefordert. Erst für das eine Haus in Istanbul, dann für das zweite Haus, und jetzt vor kurzem für den Neubau in Ballidere. In dem zweiten Istanbuler Haus hatten wir sogar eine eigene Wohnung. Wenn wir Urlaub machten, wohnten Mustafa und ich mit den Kindern dort. Aber sie gehörte uns nicht. Das hatte mich damals sehr aufgebracht. Sie hätten uns doch eintragen lassen können, Mustafa und mich. Dann wären wir offiziell die Besitzer gewesen. In dem einen Haus in Istanbul gab es insgesamt acht Wohnungen. Ich wollte, dass eine Wohnung auf meinen und die andere auf Mustafas Namen eingetragen werden sollte. Schließlich hatten wir doch auch dafür gearbeitet. Aber als ich sie danach fragte, gab es Ärger. Denn weder *Mutter* noch *Vater* wollten das einsehen. Sie stellten sich stur und fragten immer wieder: »Wieso auf deinen Namen? Für was brauchst du das?«

Aber ich ließ nicht locker und antwortete: »Warum nicht, ich habe doch auch vier Kinder. Und wenn Mustafa heute etwas passiert, stehe ich allein da.«

Das haben sie nicht verstanden. Und Mustafa hat sich – wie so oft – herausgehalten. Er hat kein Wort darüber verloren. Immer stand er auf ihrer Seite. Und ich war machtlos, konnte nichts tun, als meine Wut in mich hineinfressen.

Jetzt, in diesem kleinen Raum mit den paar Matratzen auf dem Boden, kam alles wieder hoch. Ich fühlte mich betrogen, aber ich habe geschwiegen. *Mutter* hat es wahrscheinlich nicht einmal bemerkt. Sie fand sich sicher sehr großzügig. Immerhin hatte ich jetzt ein Zimmer in einem der schönsten Häuser am Ort. Dann fing sie an, mich zu bedrängen. Wir bräuchten doch Möbel, so könne man doch nicht wohnen. Ich solle in die Stadt fahren und ein Schlafzimmer kaufen. Aber ich stellte mich stur: »Wieso soll ich Möbel kaufen? Ich werde die meiste Zeit bei meiner Mutter schlafen. Ich brauche hier keine Möbel.«

Aber sie ließ nicht locker und setzte mich weiter unter Druck: »Du brauchst doch ein vernünftiges Bett und einen Schrank.« Sie schlug mir vor, das Mobiliar auf Raten zu kaufen, wenn es mir auf einmal zu viel sei. Aber ich konnte auch stur sein und lehnte weiter ab. Wenn Mustafa dabeigewesen wäre, hätte ich mich vielleicht darauf eingelassen. Aber so? Außerdem hatte ich sowieso kein Geld.

Nach ein paar Tagen bat ich *Mutter*, zu meiner *anne* gehen zu dürfen. Wir hatten uns in den letzten Jahren immer nur ein paar

Tage gesehen, jetzt wollte ich endlich einmal länger bei ihr bleiben. *Mutter* passte das nicht, aber sie erklärte sich schließlich einverstanden. Also bin ich mit den Kindern zu meinen Eltern gezogen. Die Abende saß ich mit *anne* auf der Terrasse und habe geredet. Der ganze Kummer der letzten neunzehn Jahre sprudelte aus mir heraus. Ich habe ihr alles erzählt, die Demütigungen, die Schläge, die Vergewaltigungen. Sie saß mir gegenüber und hörte zu. Immer wieder kamen ihr die Tränen, und sie schüttelte ungläubig den Kopf und sagte: »Weißt du, dein Vater hat mich auch ein Leben lang geschlagen, das ist eben so. Aber warum habt ihr so viele Kinder gemacht?« Das hat sie nicht verstanden. Was hätte ich sagen sollen? Im Grunde wusste ich es doch selbst nicht.

Die Aussprache mit meiner *anne* hat mir sehr geholfen. Ich fühlte mich so gut wie schon lange nicht mehr. Und dann hatte ich eine Idee: Ich wollte ein Fest veranstalten, und alle sollten kommen. Wir würden in die Berge fahren und dort grillen. Ich wollte zwei Schafe schlachten und mit meiner Familie und allen Freunden und Nachbarn feiern. Es gab keinen konkreten Anlass. Vielleicht, weil ich noch nie hier im Dorf gefeiert hatte. Ich besprach mich also mit *anne* und meinem Vater, die beiden fanden, das sei eine gute Idee. Dann rief ich Mustafa an und fragte ihn. Er war sofort einverstanden und sagte: »Mach das ruhig. Das ist doch dein Geld.« Ja, so konnte er auch sein. Danach habe ich alle eingeladen, die mir wichtig waren. Natürlich auch meine Schwiegermutter und den einen Schwager, der mitgekommen war. Aber *sie* wollte nicht. Ich habe sie angefleht und gebettelt, immer wieder. Doch sie blieb hart. Wenn sie einmal »nein« sagt, dann bleibt es dabei. Irgendwann habe ich dann aufgegeben. Da konnte man nichts machen, aber wenigstens die anderen würden alle kommen.

Der Tag meines Festes rückte näher. Also kaufte ich die Schafe, und mein Vater hat sie geschlachtet. *Anne* und ich haben Brot gebacken, Salate vorbereitet, Geschirr und Besteck zusammengestellt, alles in Körbe gepackt, auf den Anhänger eines Traktors geladen, und los ging es. Wir waren an die zwanzig Leute, die mit dem Traktor den Berg hinauffuhren. Nach einer Stunde Fahrt hatten wir unser Ziel erreicht. Es war eine jener Stellen, die ich noch aus meiner Kindheit kannte. Hier hatte ich oft zusammen mit meiner Cousine Fidan Schafe gehütet. Wie lange das schon her war!

Und ein paar Freundinnen und ich fingen an, einen Grill aus Steinen zu bauen, andere bereiteten das Fleisch vor und mein Vater kümmerte sich um das Feuer. *Anne* vergnügte sich auf einer Wippe. Sie saß an einem Ende und mein Bruder auf dem anderen. Wie wild wippten die beiden auf und ab und hatten anscheinend jede Menge Spaß. Meine *anne* war sowieso selig, weil sie endlich mal wieder zwei ihrer Kinder bei sich hatte. Doch plötzlich hörte ich einen spitzen Schrei. Mein *abi* hatte zu heftig geschaukelt, und *anne* flog in hohem Bogen durch die Luft. Als Nächstes hörte ich einen dumpfen Schlag und dann lautes Stöhnen. *Anne* war verletzt. Wie schwer, das konnte man zu dem Zeitpunkt noch nicht abschätzen. Das Fest war jedenfalls vorbei, bevor es richtig angefangen hatte.

Mein Bruder stand unter Schock, mein Vater fluchte sich die Seele aus dem Leib. Er war so wütend, dass er fast auf *anne* eingeschlagen hätte. Immer wieder schrie er, wie leichtsinnig sie gewesen sei, während sie mit schmerzverzerrtem Gesicht auf dem Boden saß und leise wimmerte. Da wurde es mir auch zu viel. Ich stellte mich vor meinen Vater und sagte mit fester Stimme: »Wenn du jetzt nicht sofort aufhörst, *anne* anzuschreien, stürze ich mich den Berg hinunter.« Es war mir wirklich ernst, das muss er gemerkt haben, weil er augenblicklich aufhörte und mich ganz erstaunt ansah. Noch nie in meinem Leben hatte ich so mit meinem Vater gesprochen.

Mein Bruder hatte sich inzwischen wieder erholt und eine Ecke des Anhängers mit Decken ausgelegt, vorsichtig legte er *anne* auf die Ladefläche und setzte sich ans Steuer des Traktors. Wir mussten Mutter sofort ins Krankenhaus fahren. Die anderen Frauen hatten inzwischen das Fleisch und die anderen Lebensmittel wieder eingepackt und machten sich zu Fuß auf den Weg ins Tal. Birgül und Ali gingen mit meiner Schwägerin.

Im Krankenhaus stellten die Ärzte einen komplizierten Bruch fest. *Anne* hatte sich die Schulter dreimal gebrochen, und es würde Wochen dauern, bis sie sich wieder einigermaßen bewegen konnte. Ich würde eine Weile bei ihr bleiben müssen, denn sie konnte sich nicht einmal alleine anziehen, geschweige denn arbeiten. Sie würde mich brauchen. Aber da kam mir die Schwiegermutter in die Quere. Es war ihr schon ein Dorn im Auge gewesen, dass ich bei meinen Eltern gewohnt hatte, ganz zu schweigen von dem Fest. Nach einer Woche beschloss sie also abzureisen. Und natürlich mussten wir mit. Ich habe versucht sie umzustimmen, habe immer wieder auf sie eingeredet. Aber sie ließ sich nicht erweichen. Sie wollte nach Istanbul und damit basta. So war ich gezwungen, meine *anne* in ihrem Unglück allein zu lassen. Gott sei Dank hatte sie ihre Freundinnen, die ihr bei der Arbeit halfen. Denn auf meinen Vater war ja kein Verlass.

Die Sorge um *anne* hier in der Türkei, der Ärger mit Mustafa zu Hause in Deutschland, unsere Geldprobleme, das war alles zu viel für mich. Ich spürte deutlich, dass sich etwas ändern würde. Wobei ich damals nicht hätte sagen können, was. An den restlichen Urlaub kann ich mich kaum mehr erinnern. Nur, dass wir in Istanbul in der Wohnung wohnten, die angeblich uns gehörte. Den Kindern hat es, soweit ich mich erinnere, gefallen. Sie hatten hier viele Spielkameraden und waren die meiste Zeit draußen. Ich hoffte nur, dass wir bald wieder nach Deutschland fahren würden.

Zu Hause in München ging der Ärger weiter. Mustafa hatte uns zwar vom Flughafen abgeholt, aber seit unserer Ankunft kein Wort mit mir gewechselt. Er zeigte keinerlei Freude, mich zu sehen, nur Birgül und Ali hat er in die Arme geschlossen. Ich wusste nicht, was passiert war. Warum sprach er nicht mit mir? Als ich ihn fragte, gab er mir keine Antwort, ignorierte mich. Das ging tagelang so, und nur mühsam konnte ich mir nach einer

Weile ein verschwommenes Bild machen. *Mutter* hatte während unseres Urlaubs öfter mit Mustafa telefoniert und ihm die wildesten Sachen erzählt. Dass ich nur bei meiner Mutter gewohnt, *sie* nie besucht, auf der Straße nicht gegrüßt hätte und Weiteres in der Art. Und natürlich hat sie sich über mein Fest ausgelassen. In welchem Überfluss ich hatte feiern wollen, aber für die Wohnungseinrichtung hätte ich kein Geld ausgeben wollen. Und Mustafa hat alles geglaubt, hat an keinem ihrer Worte gezweifelt. Immer wieder versuchte ich mit ihm zu reden. Dann, eines Tages ist er explodiert und fing an zu toben. Er fing an, mich zu beschimpfen und zu beleidigen. Von morgens bis abends ging es: »Wo ist die Nutte?«, »Was macht die Nutte?« Aber ich war nicht mehr das kleine Mädchen von damals. Ich wehrte mich, sagte ihm auch meine Meinung. Nach unserem Urlaub haben wir uns eigentlich nur noch gestritten.

Die Flucht

Es war September. Die Kinder gingen in die Schule, und auch ich hatte wieder angefangen zu arbeiten. Das war gut, denn so konnte ich Mustafa wenigstens den halben Tag entfliehen. Wenn ich die Wohnungstür hinter mir zumachte, ging es mir besser, und in der Firma fühlte ich mich sowieso wohl. Die Kollegen waren nett, und zu lachen gab es immer etwas. Vor der Arbeit schaute ich zurzeit meistens noch bei einem Kollegen vorbei. Der war in Urlaub und hatte mich gebeten, seine Blumen zu gießen. Dieser Kollege arbeitete fast so lange wie ich in der Fabrik und hatte vor einer Weile die Schicht gewechselt. Jetzt war er mein Schichtführer. Herr Jankovic war wirklich extrem nett. Ein Großteil unserer Arbeit wurde inzwischen maschinell erledigt, und wann immer eine Maschine kaputt war oder es sonst ein Problem gab, kam er sofort und half. Es war mir natürlich schon aufgefallen, dass er mich manchmal so komisch musterte. Ich glaube, er mochte mich. Und ich muss zugeben, dass auch ich ihn sehr nett fand. Aber mehr war da nicht! Und jetzt war er in Urlaub, und ich versorgte seine Blumen und lüftete die Wohnung.

Es war ein Donnerstag, ich hatte Spätschicht, und zu Hause herrschte – wie immer – schlechte Stimmung. Mustafa hatte mich schon morgens aus dem Bett geprügelt und dann stundenlang herumgebrüllt. Ich hatte Kopfschmerzen und Herzrasen. ›Ich kann das keine Minute länger aushalten‹, dachte ich und fasste einen Plan. Unauffällig packte ich ein paar Kleidungsstücke in meine Einkaufstasche und verließ – wie immer – das Haus gegen 13.30 Uhr. Meine Schicht begann um vierzehn Uhr, und zu Fuß brauchte ich etwa fünfzehn Minuten zur Firma. Aber heute ging ich nicht zur Arbeit. Von einer Telefonzelle rief ich an, um Bescheid zu sagen, dass ich wieder Migräne hätte und nicht kommen würde. Ich legte auf und lief zur Wohnung meines Kollegen. Dort angekommen, setzte ich mich erst einmal in die Küche und rauchte eine Zigarette. Ich rauchte eigentlich gar nicht, aber in letzter Zeit hatte ich mir häufiger eine angesteckt, und ich merkte, dass es mich irgendwie beruhigte. Schnell zog ich die Vorhänge zu, so dass mich nur ja niemand sah. Noch nie hatte ich eigenmächtig gehandelt, noch nie hinter Mustafas Rücken einen Plan gefasst. Aber jetzt hatte ich es getan. Ich war nicht zur Arbeit gegangen, und ich würde heute Abend nicht nach Hause kommen. Was würde passieren? Ich wusste es nicht und konnte jetzt nicht darüber nachdenken. Das war mir alles zu viel.

Um mich abzulenken, fing ich an, die Wohnung zu putzen. Das war nötig, denn mein Kollege lebte allein, und es war ziemlich schmutzig. Den ganzen Nachmittag habe ich dann geputzt und geweint. Immer wieder kamen mir die Tränen, die Kinder fielen mir ein und was jetzt werden würde. Ich wusste es nicht. Dann konzentrierte ich mich wieder aufs Putzen. Inzwischen waren Bad, Küche und Wohnzimmer schon blitzblank. Vor dem Schlafzimmer zögerte ich. Konnte ich da einfach hineingehen und sauber machen? Es kam mir eigenartig vor, das Schlafzimmer eines fremden Menschen zu betreten. Aber dann dachte ich, ›was soll's‹, und habe mich an die Arbeit gemacht.

Am Abend war ich fix und fertig. Mein Kopf tat weh, und ich hatte Magenschmerzen. Vermutlich weil ich den ganzen Tag nichts gegessen hatte. Zwischendrin hatte ich immer wieder mit dem Gedanken gespielt, Herrn Jankovic anzurufen. Ich wollte mit jemandem reden, und ich wusste, dass er gut zuhören konnte. ›Und wenn da mehr war?‹, schoss es mir durch den Kopf. ›Wenn er sich in mich verliebt hatte?‹ ›Und was war mit mir? Liebte ich ihn etwa auch? Quatsch! Ich war schließlich verheiratet und hatte vier Kinder. Wie hätte ich da mit einem Kollegen? Nein!‹ Aber irgendwie ging mir Herr Jankovic nicht mehr aus dem Kopf.

Ich musste mit jemandem reden. Aber wo war die Nummer?

Er musste sie doch irgendwo notiert haben. Trotz intensiver Suche fand ich sie nicht. Dann habe ich ein paar Nummern aus dem Telefonverzeichnis ausprobiert. Aber am anderen Ende sprach man nur Kroatisch, und das verstand ich nicht. Ich rief seinen Namen in den Hörer, aber außer Kroatisch kam nichts zurück. Das war ein Pech! Vor lauter Verzweiflung habe ich meinen Bruder angerufen. Ich erzählte ihm, dass ich von zu Hause weggelaufen sei und nicht weiter wisse. Mein *abi* hörte zu und sagte dann knapp: »Ich komme.« Sieben Stunden später war er da. Er musste mit Tempo zweihundert über die Autobahn gebraust sein, denn von Norddeutschland brauchte man normalerweise acht, neun Stunden bis München. Jedenfalls klingelte es um zwei Uhr morgens an der Tür. Und da standen sie, mein Bruder und seine Frau. Erleichtert, dass ich nicht mehr allein war, bat ich sie herein. Ich kochte Kaffee und erzählte ausführlich. Aufmerksam hörten die zwei zu. An der einen oder anderen Stelle unterbrachen sie mich, fragten nach. Als ich fertig war, inzwischen war es vier Uhr morgens, sagte mein *abi*: »Komm, jetzt gehen wir zu Mustafa und reden mit ihm.«

Es war noch dunkel, als wir vor unserer Wohnungstür standen und klingelten. Mustafa öffnete, stutzte kurz und begrüßte dann meine Familie. Für mich hatte er keinen Blick. Wir folgten ihm ins Wohnzimmer. Dort saßen *Mutter* und *Vater*, sie hatten offensichtlich auch die ganze Nacht geredet. Nachdem sich alle begrüßt hatten, ergriff mein Bruder das Wort: Er erklärte Mustafa zunächst, wo ich gewesen sei, und betonte, dass ich alleine gewesen sei. Dann fuhr er fort, dass es so nicht weitergehen könne, dass Mustafa mich nicht ständig schlagen dürfe. Meine Schwägerin sagte nichts. Sie ging mit mir in die Küche, um Kaffee zu kochen. Sie redete leise mit mir, während ich versuchte, Wortfetzen aufzuschnappen, aber außer Gemurmel war nichts zu hören. Als wir das Zimmer wieder betraten, redete mein Schwiegervater. Er sagte, dass wir beide wohl Fehler gemacht hätten, aber dass wir uns nun wieder vertragen sollten. »Eine Scheidung ist doch keine Lösung, oder, *Ayşe*?« Aufmunternd schaute er mich an. Ich überlegte, sollte ich Mustafa wirklich noch eine Chance geben? Alle schauten mich erwartungsvoll an. Ich dachte an die Kinder und sagte dann schweren Herzens: »Na gut, dann probieren wir es eben noch einmal.«

Inzwischen war es halb sieben, und es war Zeit, die Kinder zu wecken. Die beiden Kleinen waren froh, mich zu sehen, Can und Muhammed schauten mich misstrauisch an, haben sich dann aber doch gefreut. Wir frühstückten gemeinsam, und danach gingen die Kinder in die Schule, und meine Familie fuhr zurück nach Hause. Als mein *abi* die Wohnung noch kaum verlassen hatte, brach das Unglück erneut über mich herein. Mustafa baute sich vor mir auf, packte mich an beiden Armen, schüttelte mich und schrie: »Und, wo warst du wirklich, du Nutte?« Er war außer sich und schlug auf mich ein, zuerst mit den Fäusten, und dann, als ich auf dem Boden lag, trat er auch mit den Füßen nach mir. Ich krümmte mich vor Schmerzen und stöhnte. Tränen hatte ich keine mehr. Plötzlich, ich weiß nicht warum, ließ er von mir ab und stürmte aus der Wohnung. Was sollte ich jetzt tun? Wieder gehen oder weiterhin diese Ehehölle durchhalten? Nachdem ich geduscht und mich ein bisschen hingelegt hatte, konnte ich wieder klarer denken. Ich entschloss mich zu bleiben. Ich hatte versprochen, Mustafa noch eine Chance geben.

An dem Abend ging er zu einem seiner Brüder. Er bestand darauf, dass ich mitkam. Ich hatte keine Lust, ich musste am nächsten Tag wieder arbeiten und wollte früh ins Bett gehen. Aber Mustafa ließ mir keine Ruhe. Von seinem Bruder aus rief er mich immer wieder an und bedrängte mich, doch zu kommen. Da gab ich nach und lief mit den beiden Kleinen zu meinem Schwager. Can und Muhammed waren schon bei ihrem Onkel. Als ich zur Tür hereinkam, verstummte das Gespräch. Mustafa sagte: »Na, da ist die Nutte ja endlich.« Ich atmete tief durch, versuchte ein Lächeln und begrüßte die anderen. Dann setzte ich mich an den Tisch, Birgül und Ali liefen zu ihrer Oma. Die anderen redeten wieder, und ich traute meinen Ohren kaum. Sie sprachen über mich, dass ich abgehauen und bei einem fremden Mann gewesen sei. Alle, ohne Ausnahme, ereiferten sich, was für eine Schlampe, was für eine miese Nutte ich sei. Das war schrecklich. Ich habe mir immer wieder gesagt, Gott weiß, ob ich eine Nutte bin oder nicht. Aber Birgül und Ali waren noch klein. Gut, das Wort *oruspu* hatten sie schon oft gehört und wussten, dass es nichts Gutes bedeutete. Fragend schauten sie mich an. Wie konnten sie vor den Kindern so reden? Ich wäre am liebsten im Erdboden versunken. Aber Mustafa redete sich immer mehr in Rage. Schließlich nahm er sein Glas, warf es in meine Richtung und schrie: »Da, du verdammte Nutte, das hast du verdient.« Und ehe ich mich versah, nahm auch Can sein Glas und zielte nach mir. Mein eigener Sohn war gegen mich. Ich sprang auf und verließ den Raum, hörte aber noch mehr Glas splittern. Weinend lief ich nach Hause.

Ich weiß nicht mehr, wie ich die nächsten Tage überlebt habe. Es war schrecklich. Egal was ich tat, Mustafa brüllte immer sofort los und wollte herausfinden, wo und mit wem ich diese Nacht verbracht hatte. Und immer wieder beteuerte ich, dass alles, was mein Bruder erzählt hatte, der Wahrheit entsprach. Aber er glaubte mir nicht. Für ihn war und blieb ich eine Nutte. Ich konnte keinen Schritt mehr alleine machen, immer war er mir auf den Fersen. Wann immer ich die Wohnung verließ, fragte er mich: »Wo gehst du hin, Nutte?« Nicht einmal Einkaufen war mehr möglich. Aber das war mir inzwischen egal. Ich besorgte nur noch das Nötigste und stellte es in den Kühlschrank. Ich hatte keine Energie mehr, etwas zu kochen. Die Kinder aßen nun meistens etwas Kaltes. Sie würden schon nicht sterben, wenn sie mal kein warmes Essen bekamen. Natürlich fing Mustafa an, mir Vorwürfe zu machen, und schrie, was für eine nachlässige Mutter ich sei, ich könne nicht mal die Kinder richtig versorgen.

Wegen der Kinder hatten wir uns in letzter Zeit immer häufiger gestritten. Mustafa hatte sich ja bisher fast ganz aus der Kindererziehung herausgehalten, aber je größer sie wurden, umso mehr mischte er sich ein. Vor allem mit Can hatte er Probleme.

Der war inzwischen siebzehn Jahre alt und hatte seinen eigenen Kopf. Er wollte die gleichen Dinge machen wie die deutschen Jungen in seinem Alter. Mofa fahren, ausgehen und den Mädchen hinterherlaufen. Aber das waren für Mustafa rote Tücher, solche schändlichen Sachen machten nur die Deutschen, aber doch nicht sein türkischer Sohn. Je mehr Freiheiten Can sich nahm, umso strenger wurde er. Eigentlich hatte das Vater-Sohn-Drama schon viel früher begonnen. Als Mustafa noch den Laden hatte, bestand er immer häufiger darauf, dass die Söhne ihm halfen. Vor allem Can plante er gerne ein, weil er der Älteste war. Aber der hatte oft keine Lust. Er wollte nicht unnütz im Geschäft herumsitzen und sich langweilen. Stattdessen traf er sich lieber mit seinen Freunden auf dem Dorfplatz.

Regelmäßig gab es Ärger. Ich versuchte, zwischen den beiden zu vermitteln. Ich machte Mustafa klar, dass sein Sohn älter wurde und mehr Freiheiten brauchte. Und Can sagte ich, dass er auf seinen Vater hören müsse und ihm nicht widersprechen dürfe. Aber wirklich erfolgreich war ich nicht. Immer häufiger gerieten die beiden aneinander. Can hatte sich verändert. Er achtete plötzlich sehr auf sein Äußeres, benutzte Deo und Rasierwasser und wirkte überhaupt sehr erwachsen. Natürlich bemerkte ich diese Veränderungen, aber gesagt habe ich nichts. Ich wartete ab, irgendwann würde er mit mir darüber sprechen. Da war ich mir sicher.

Dann, eines Abends, Mustafa und sein jüngerer Bruder Erkin saßen vor dem Fernseher, da passierte es. Can wollte weg. Er sagte nicht wohin, sondern zog sich an und war schon auf dem Weg nach draußen. Da baute sich Mustafa an der Wohnungstür vor ihm auf und schrie: »Wo willst du hin?«

»Ich geh noch weg«, sagte Can.

Mustafa: »Du gehst nirgendwohin!«,

und Can erwiderte: »Tu ich doch.«

Aber diesen Satz hatte er noch kaum ausgesprochen, als Mustafa ihm schon einen Schlag versetzte. Mitten ins Gesicht. Dann kam mein Schwager dazu. Er hatte einen Gummiknüppel und ohne mit der Wimper zu zucken, schlug er auf Can ein. Ich erstarrte, sie würden ihn totschlagen. Ich ging dazwischen, aber es wurde nur noch schlimmer. Mustafa und sein Bruder schlugen abwechselnd auf mich und dann wieder auf meinen Sohn ein. Can war in Deckung gegangen und bei der nächstbesten Gelegenheit riss er die Wohnungstür auf und rannte die Treppe hinunter. Ich nutzte die Chance und riss den Mantel vom Haken, um ihm zu folgen.

Es war mitten im Winter, und der Junge hatte nur Turnschuhe und eine dünne Jacke an. Ich rief hinter ihm her: »Can, Can, bleib stehen.« Aber er hörte nicht, sondern lief einfach weiter. Ich keuchte. Die Luft war eisig. Immer wieder rief ich: »Junge, Junge, warte doch.« So liefen wir, er voraus und ich in immer größerem Abstand hinterher. Als wir das Ende des Dorfes erreicht hatten, hatte ich ihn aus den Augen verloren. Aber er konnte nicht verschwunden sein. Sicher war er in die Moschee gelaufen. Ich fand ihn im Gebetsraum. Wir waren allein. Can saß in einer Ecke. Er war völlig aufgelöst. Seine Haare hingen ihm klatschnass ins Gesicht, und die Tränen liefen ihm über die Wangen. Ich nahm ihn in den Arm und musste auch weinen.

»Er macht mir großen Druck, dein Vater, weißt du.«

»Ja, ich weiß, aber mir macht er doch auch Druck.«

»Komm, lass uns wieder nach Hause gehen. Wir werden noch mal mit ihm reden, ja?«

»Nein, Mama, ich gehe nicht mehr nach Hause. Ich kann nicht. Außerdem liebe ich ein Mädchen.«

Jetzt war es draußen. Ich hatte es ja schon die ganze Zeit gespürt.

»Aber Can, ich liebe dich doch auch, du bist mein Sohn.«

»Ich weiß«, sagte er, »aber Mama, ich liebe sie wirklich sehr.« Dann erzählte er mir von Tanja. Wie er sie kennen gelernt hatte, was sie für ein tolles Mädchen sei und dass er sie über alles liebe. Nachdem ich die ganze Geschichte gehört hatte, war mir klar, dass es Can ernst war. Er war nicht mehr mein kleiner Junge, er war erwachsen geworden.

In dieser Nacht fuhr ich meinen Sohn zu seiner Freundin Tanja. Mustafa habe ich nicht gefragt, ich wusste ja sowieso, was er sagen würde. Den Autoschlüssel hatte ich bei mir, also brauchte ich nicht mehr hoch in die Wohnung zu gehen. Auf der Fahrt redeten wir kaum, ich glaube, wir hatten beide Angst. Gegen Mitternacht war ich wieder da. Als ich nach Hause kam, war mein Schwager weg, und Mustafa schlief schon. Ich legte mich im Wohnzimmer aufs Sofa, aber es dauerte lange, bis ich eingeschlafen war.

Am nächsten Morgen machte ich die Kleinen für die Schule fertig. Als sie draußen waren, fing Mustafa wieder an. Wie ein Pascha saß er da und verhörte mich. Immer wieder wollte er wissen, wo ich letzte Woche gewesen sei. Bei wem, was ich gemacht habe? Ich versuchte ruhig zu bleiben und antwortete: »Du weißt doch, wo ich war und dass ich alleine war.«

Und dann schrie ich mit zugeschnürter Kehle: »Ist das jetzt dein Problem? Dein Sohn ist weg. Und du willst nicht mal wissen, wo er ist!« Dann rannte ich in die Küche. Ich konnte nicht mehr. Jetzt war es endgültig genug.

Völlig verzweifelt riss ich die Schublade auf, holte ein Küchenmesser heraus und rammte es mir, ohne zu überlegen, in den Bauch. Aber das Messer war zu stumpf, es glitt ab, und ich verletzte mich nur leicht. Da hielt ich inne. Was machte ich da eigentlich? Ich konnte mir doch jetzt nicht das Leben nehmen. Was würde aus den Kindern werden? Da war Mustafa schon hinter mir. Er hatte offensichtlich nichts bemerkt und fing an, auf mich einzuschlagen. Früher hatte er immer darauf geachtet, dass er mich nicht im Gesicht erwischte, aber das war ihm jetzt egal. Blind schlug er zu und traf mich überall, am Arm, am Rücken, am Bauch und am Kopf. Ich war einer Ohnmacht nahe. Als er eine Pause einlegte, gelang es mir, aus der Küche zu fliehen. Ich rannte durch den Flur und riss die Wohnungstür auf. Nur raus hier. Draußen lehnte ich mich an die Wand, verschnaufte kurz und klingelte dann bei den Nachbarn.

Das deutsche Ehepaar, das gegenüber wohnte, kannte ich nur

vom Sehen. Wir grüßten uns immer, wenn wir uns begegneten. Aber in dem Moment war mir das egal. Der Mann, ich glaube er war schon Rentner, schaute mich erstaunt an und zog mich dann schnell in die Wohnung. Seine Frau war schon unterwegs ins Bad. Sie mussten das Geschrei aus der Nachbarwohnung gehört haben. Mit einer kleinen Plastikschüssel kaltem Wasser kam sie zurück und fing an, mir das Blut aus dem Gesicht zu wischen. Mein Nachbar holte Eiswürfel aus dem Kühlfach, wickelte sie in ein Tuch und legte sie mir auf mein verschwollenes Auge. Ich beruhigte mich ein wenig und fragte dann, ob ich telefonieren dürfte.

»Selbstverständlich«, sagte mein Nachbar und brachte mir das Telefon. Ich rief die Polizei, und eine halbe Stunde später stand ein Streifenwagen vor dem Haus. Die Beamten, ein Mann und eine ziemlich junge Frau, waren sehr freundlich. Sie befragten mich genau, was passiert sei. Stockend erzählte ich, wie Mustafa mich verprügelt hatte. Dann erstattete ich Anzeige wegen schwerer Körperverletzung. Nachdem sie alles aufgenommen hatten, sind die beiden Beamten wieder gegangen. Ich bin dann noch bis mittags bei meinen Nachbarn geblieben. Kurz bevor ich zur Arbeit musste, habe ich mich in unsere Wohnung geschlichen und meine Sachen geholt. Wieder packte ich ein paar Kleidungsstücke in eine Plastiktüte, dazu noch etwas Wäsche und meine Toilettenartikel. Mustafa saß im Wohnzimmer, beobachtete mich genau und kommentierte das Geschehen gehässig: »Ja, pack nur deinen Scheißdreck, du Schlampe.« Als ich fertig war und meinen Mantel anzog, brüllte er hinter mir her: »Du brauchst gar nicht wiederzukommen, du Nutte.«

Dann bin ich in die Arbeit gelaufen, aber ich weiß nicht mehr, wie ich dorthin kam. Ich fühlte mich elend, der ganze Körper tat mir weh, mein Kopf raste, mir war schlecht. Als ich meinen Arbeitskittel angezogen hatte und zu meiner Maschine gehen wollte, traf ich auf Zoran Jankovic. Er war wieder da und freute sich, mich zu sehen. Aber er musste wohl gleich bemerkt haben, dass etwas nicht stimmte. Er nahm mich beiseite und fragte mich, wie es mir gehe. Da liefen mir schon die Tränen über das Gesicht. Ich konnte sie nicht zurückhalten, sie liefen einfach. Und ich erzählte ihm alles. Er brachte mir einen Stuhl und ein Glas Wasser. Dann riet er mir, mich im Krankenhaus untersuchen zu lassen. Mir war alles Recht. Also ging er zum Betriebsleiter, um ihn zu informieren. Der brachte mich dann persönlich in die nächste Klinik.

In der Notaufnahme stellte man viele Prellungen und ein Halswirbeltrauma fest. Ich bekam eine Halskrause und wurde stationär aufgenommen. Nachdem die Formalitäten erledigt waren, brachte man mich in ein helles Dreibettzimmer. Ich war die einzige Patientin. Gott sei Dank, so brauchte ich wenigstens mit niemandem zu reden. Obwohl ich starke Schmerztabletten bekommen hatte und todmüde war, konnte ich nicht schlafen. Ich wusste nicht, wie es weitergehen sollte. Jetzt konnte ich nicht mehr zurück, ich musste Mustafa verlassen. Egal was die Familie dachte. Aber was würde mit den Kindern passieren? Würde Mustafa sie mir wegnehmen? Wer würde das Sorgerecht bekommen? Er? Ich? Und wie sollte ich das schaffen? Tausend Fragen schossen mir durch den Kopf, und ich hatte keine Antworten. Irgendwann bin ich dann doch eingeschlafen.

Ich musste eine Woche im Krankenhaus bleiben. Aber ich wollte niemanden sehen. Mustafa schon gar nicht. An der Pforte hatte ich Bescheid gesagt, offiziell war ich also nicht Patientin dieser Klinik. Nur mein Arbeitskollege Zoran kam mich besuchen. Er kam jeden Tag und hat mich mit Blumen und Obst verwöhnt. Einmal brachte er eine Kollegin, eine Deutsche, mit. Zoran hatte ihr meine Geschichte erzählt und hoffte, dass sie mir helfen könnte. Sie regte sich wahnsinnig auf, so etwas könne doch nicht angehen, ein Mann dürfe seine Frau doch nicht halbtot schlagen. Sie bot mir an, sich in einem Frauenverein zu erkundigen, wo ich Hilfe bekäme. Solche Fälle seien leider keine Seltenheit, und für geschlagene Frauen wie mich gäbe es spezielle Frauenhäuser, vielleicht könne ich dort wohnen. Das waren gute Nachrichten, und ich schöpfte ein wenig Hoffnung.

Später habe ich erfahren, dass Mustafa mich überall gesucht hat. Auch in diesem Krankenhaus hatte er nachgefragt, aber ganz offensichtlich hatte man ihn abgewiesen. Ich war froh, dass ich niemanden sah, so konnte ich in Ruhe nachdenken und mir überlegen, wie es jetzt weitergehen sollte. Zoran war eine große Hilfe. Er bot mir an, mich zunächst einmal bei seinem Bruder unterzubringen, bis geklärt sei, wo ich wohnen könnte. Kurz vor meiner Entlassung gestand er mir seine Liebe. Dass er mich schon lange bewundere, sich aber nie getraut habe, mich näher kennen zu lernen. Ich hätte immer so unnahbar gewirkt. So etwas hatte ich schon geahnt, es mir aber nie eingestanden. Freilich hat es mir gefallen, aber ich wusste nicht, was jetzt werden sollte. Ich musste mich erst einmal von Mustafa trennen, bevor ich mich auf eine neue Beziehung einlassen konnte.

Als ich entlassen wurde, trug ich immer noch eine Halskrause und war für die nächsten Wochen krankgeschrieben. Zoran holte mich ab und brachte mich zu seinem Bruder. Das war ein bisschen heikel, denn der wohnte bei meinen Schwiegereltern um die Ecke. Ich musste also sehr vorsichtig sein, denn ich wollte auf keinen Fall gesehen werden. Dann kam das Gespräch bei der Beratungsstelle. Meine Kollegin hatte einen Termin vereinbart und begleitete mich. Obwohl die Frau dort sehr freundlich war, brachte ich kaum einen Ton heraus. Immer wieder liefen mir die Tränen herunter, schließlich brach ich schluchzend zusammen. Die Kollegin hat dann meine Geschichte erzählt und berichtet, was in den letzten drei Wochen alles passiert war. Frau M. brachte mir ein Glas Wasser und hörte genau zu. Dann klärte sie mich auf. Dass ich in ihrer Einrichtung leider nicht wohnen könne, weil es nur eine Beratungsstelle sei, aber dass es ein Frauenhaus in der nächsten Kreisstadt gebe. Die seien zuständig und könnten mich wahrscheinlich aufnehmen. Aber die Kreisstadt war vierzig Kilometer entfernt. Wie sollte ich dort wohnen und hier im Ort meiner Arbeit nachgehen? Das würde ohne Auto nicht funktionieren. Denn morgens um halb fünf fuhren weder ein Zug noch ein Bus. Der erste Zug ging um sechs. Natürlich gäbe es auch in München ein Frauenhaus, das sei zwar näher, aber leider hoffnungslos überfüllt. Damit war diese Möglichkeit gestorben, denn ich konnte es mir nicht leisten, auch noch meine Stelle zu verlieren.

Inzwischen hatte ich mich wieder beruhigt und konnte von meinen Kindern erzählen, dass sie jetzt beim Vater seien, ich aber auf jeden Fall die drei jüngeren zu mir holen wollte. Can war inzwischen volljährig und gab mir sowieso die ganze Schuld an dem Zerwürfnis mit Mustafa. Nie würde er bei mir wohnen wollen. Frau M. suchte mir dann die Adresse eines Anwalts heraus und hat auch gleich für mich dort angerufen. Wir machten einen Termin, und sie versprach mitzukommen. Dann klärte sie mich weiter auf. Ich müsse das vorläufige Sorgerecht beantragen und gleichzeitig die Scheidung einreichen. Außerdem bräuchte ich eine Wohnung, denn ohne ausreichenden Wohnraum würde ich die Kinder nicht bekommen. Jetzt wurde mir die ganze Tragweite meines Handelns bewusst. Was hatte ich getan? Aber zurück konnte ich nun nicht mehr, jetzt war es endgültig zu spät.

Mit Zoran Jankovic lief es gut. Er war sehr zuvorkommend und liebenswürdig. Fast jeden Abend kam er mich besuchen. Manchmal sind wir, wenn es dunkel war, aus dem Haus geschlichen und mit seinem Auto irgendwohin gefahren, wo uns keiner kannte. Er hat mich zum Essen eingeladen, oder wir sind einfach nur spazieren gegangen. Stundenlang hat er mir zugehört, und ich konnte mir mein ganzes Unglück von der Seele reden. Das half. Trotzdem war ich sehr unglücklich. Ich wusste nichts von den Kindern. Wo sie waren, wie es ihnen ging. Vermissten sie mich? Was hatte Mustafa ihnen erzählt? Am liebsten hätte ich sie gleich zu mir geholt, aber ich steckte in einer Zwickmühle: Ich würde die Trennung von Mustafa nur ohne Kinder durchstehen können. Nur ohne sie konnte ich mein Leben neu organisieren, wieder arbeiten und eine passende Wohnung suchen. Jetzt mussten sie erst mal beim Vater bleiben. Aber war das Risiko nicht zu groß? Würde er nicht auch in Deutschland das Sorgerecht bekommen? Immerhin war ich gegangen. Ich hatte keine Ahnung.

In den ersten Wochen nach meiner Flucht wohnte ich abwechselnd bei Herrn Jankovics Bruder und bei ihm. Zu dieser Zeit hatten wir nichts miteinander. Ich mochte ihn schon, aber ich konnte mich noch nicht auf ihn einlassen. Es war alles noch zu frisch. Wenn ich bei ihm übernachtete, schlief er im Wohnzimmer auf der Couch und ich in seinem Schlafzimmer. Er nahm mich schon ab und zu in den Arm und hat mich auch geküsst, aber weiter ist er nicht gegangen. Ich war inzwischen beim Anwalt gewesen und hatte das vorläufige Sorgerecht beantragt. Kurz darauf teilte mir die Frauen-Beratungsstelle mit, dass Mustafa mich beim zuständigen Jugendamt wegen der Kinder treffen wolle. Das Jugendamt würde für dieses Treffen auch einen Dolmetscher organisieren.

Ich war furchtbar aufgeregt. Wie würde Mustafa reagieren, wenn er mich sah? Was hatte er vor? Als ich ihm dann gegenüberstand, habe ich ihn fast nicht wieder erkannt. Er sah schlecht aus und fing sofort an zu weinen. Er stammelte: »*Ayşe, Ayşe,* ich liebe dich doch. Komm zu mir zurück.«

Ich konnte es nicht fassen. Er hatte unseren Sohn fast umgebracht, mich krankenhausreif geschlagen und wollte, dass ich zu ihm zurückkäme. Ich rief: »Nein, nein, ich kann nicht!«, und wäre am liebsten gleich wieder gegangen.

Der Mann vom Jugendamt übernahm das Gespräch und fragte Mustafa, was seiner Meinung nach mit den Kindern passieren solle. Da hat er auf Türkisch erklärt, dass die Kinder natürlich bei ihm bleiben würden. »Und sie«, sagte er und deutete auf mich, »wird sie nie wieder sehen. Denn eine Mutter, die ihre Kinder verlässt, hat kein Anrecht mehr auf sie.« Der anwesende Dolmetscher fing an zu übersetzen, aber da fiel ihm Mustafa ins Wort und sagte auf Deutsch, das sei in seiner Kultur eben so, »die Kinder bleiben nach der Scheidung beim Vater«.

Der Mann vom Jugendamt stutzte und fragte mich nach meiner Meinung. Für mich war klar, Mustafa war ihr Vater, und er hatte ein Recht, seine Kinder zu sehen, egal welche Schwierigkeiten wir Eltern miteinander hatten. Das habe mit den Kindern überhaupt nichts zu tun. Der Mann vom Jugendamt sagte dann zu Mustafa, dass er mit seiner Einstellung die Kinder höchstwahrscheinlich nicht bekommen würde. Als der Dolmetscher diesen Satz übersetzt hatte, war ich unendlich erleichtert. Zum ersten Mal in all diesen Wochen konnte ich wieder durchatmen. Mir würde das Sorgerecht für die Kinder zugesprochen, da war ich mir jetzt sicher.

Als Nächstes brauchte ich ein Auto. Denn nur wenn ich motorisiert war, konnte ich mir eine Wohnung in einem Nachbardorf nehmen, ich wollte nicht mehr in unserer Gemeinde wohnen. Das war mir viel zu nah an Mustafa und seiner Sippe. Ich sprach also mit Zoran und bat ihn, mit mir ein Auto zu suchen. Gott sei Dank hatte ich noch 3000 DM. Die hatte ich aus der Wohnung mitgenommen, als ich ging. Das war mein Geld, ich hatte es über mehrere Jahre gespart, indem ich immer mal wieder einen Zehner oder Zwanziger weggelegt hatte. Und jetzt konnte ich dieses Geld gut brauchen. Zoran und ich sind also zu verschiedenen Gebrauchtwagenhändlern in unserer Gegend gefahren und haben uns Autos angeschaut. Nach drei Tagen hatten wir eines: Einen VW-Polo für 4000 DM, die Hälfte habe ich angezahlt und den Rest über einen Kredit finanziert. Als ich den Schlüssel in der Hand hielt, war ich unglaublich stolz. Endlich hatte ich ein eigenes Auto und konnte mich frei bewegen. Jetzt fehlte nur noch eine Wohnung.

Zudem brauchte ich meine Sachen. Außer der Plastiktüte mit ein paar Kleidungsstücken und dem Geld hatte ich damals nichts mitgenommen. Alle meine Kleider, Papiere und Fotos waren noch in unserer Wohnung. Aber ich hatte keinen Schlüssel, und einfach klingeln und danach fragen konnte ich doch auch nicht. Zu dem Zeitpunkt wusste ich nicht, dass Mustafa schon längst aus unserer gemeinsamen Wohnung ausgezogen war. Er hatte ein paar Tage nach meiner Flucht seine Sachen und die der Kinder gepackt und war zu den Eltern gezogen. Das hatte Frau M. vom Frauenverein inzwischen herausgefunden. Also hat sie bei den Schwiegereltern angerufen, um mit Mustafa einen Termin wegen meiner Habseligkeiten auszumachen. Aber meine Schwiegermutter verleugnete ihn zunächst und sagte, er sei nicht da. Als Frau M. ihr dann mitteilte, dass es um meine Kleider und persönlichen Dinge ging, die sie gerne aus unserer gemeinsamen Wohnung abholen wolle, hat Mustafa ihr den Hörer aus der Hand gerissen und »Leck mich am Arsch« ins Telefon gebrüllt. Dann warf er den Hörer auf die Gabel.

Mustafa wohnte mit den Kindern also wieder bei den *Eltern*. Sie lebten noch immer in dem gleichen Haus, und weil zwei der Brüder ausgezogen waren, hatten sie jetzt genug Platz. Das beruhigte mich einerseits, weil ich wusste, dass die Kleinen dort gut versorgt waren, aber Sorge bereitete mir natürlich, was man ihnen dort alles über mich erzählt haben konnte. Und diese Sorge war nicht unbegründet. Der Mann vom Jugendamt hatte die Familie besucht, um sich einen Eindruck zu verschaffen und dann Frau M. vom Frauenverein berichtet, die Kinder seien beeinflusst worden. Auf die Frage, ob sie lieber zu ihrer Mutter wollten, haben Birgül und Ali wohl sofort mit »Nein« geantwortet, sie »wollten lieber beim Papa bleiben«. Ich war am Boden zerstört, als ich das hörte. Aber gleichzeitig hat es mich auch angespornt. Ich musste endlich eine eigene Wohnung finden. Je schneller, desto besser.

In dieser schweren Zeit war ich drei Monate krankgeschrieben. Als ich an meinen Arbeitsplatz zurückkehrte, fühlte ich mich einigermaßen stabil. Meine äußeren Wunden waren verheilt, und wie es in mir drinnen aussah, wusste niemand. Aber es war gut, wieder zu arbeiten. Alle freuten sich, mich zu sehen. In der Mittagspause erzählte mir eine Kollegin aus der Verwaltung, dass meine Schwiegereltern einige Wochen zuvor nach mir gefragt hatten. Sie hatten mich also tatsächlich gesucht. Dabei hatte ich viele Wochen lang ganz in ihrer Nähe gewohnt. Aber das wussten sie natürlich nicht. Mustafa hat mir auch aufgelauert, er wusste inzwischen, dass ich ein Auto hatte, und konnte so immer ganz leicht nachprüfen, welche Schicht ich arbeitete. Einmal hat er mich auf dem Firmenparkplatz abgepasst. Ich hatte Spätschicht, und es war dunkel, als ich zu meinem Wagen ging. Da stand er, an meine Wagentür gelehnt, und rauchte eine Zigarette. »*Merhaba, Ayşe*«, sagte er und fragte mich, wie's mir geht. In den fast zwanzig Jahren, die wir verheiratet waren, hatte er mich fast nie bei meinem richtigen Namen genannt. Immer war ich nur die Schlampe, die Nutte gewesen. Und jetzt, wo es zu spät war, war ihm wieder eingefallen, wie ich heiße. Ich antwortete entschlossen: »Mustafa, was immer du mir zu sagen hast, ich komme nicht zurück.«

Er bettelte und flehte. Als er jedoch einsah, dass es mir ernst war, zischte er: »Aber die Kinder kriegst du nicht. Das kannst du vergessen«, und ging wutschnaubend davon.

Ich habe dann meinem Freund erzählt, was vorgefallen war. Er versprach mir, mich von nun an abends immer abzuholen.

Anfang April 1998 fand ich eine eigene Wohnung in einem Nachbardorf. Es war zwar nur ein kleines Ein-Zimmer-Apartment, aber für mich war es ein Königreich. Das allererste Mal in meinem Leben hatte ich eine eigene Bleibe. Ich konnte entscheiden, welche Farbe die Wände hatten und welche Vorhänge ich aufhängen wollte – eine ungekannte Freiheit. Mein Freund half mir damals sehr. Er hat die erste Monatsmiete bezahlt und mir ein paar alte Möbel besorgt. Ich hatte ja nichts, keinen Tisch, kein Bett, nicht mal einen Stuhl, geschweige denn ein Sofa. Nachdem mein kleines Reich einigermaßen wohnlich war, fuhr ich sofort zum Frauenverein und teilte meine neue Adresse mit. Frau M. freute sich für mich. Aber sie sah natürlich sofort, welches Problem auf mich zukommen würde. Die Wohnung war zu klein für mich und die Kinder. Das könnte beim Vormundschaftsgericht gegen mich sprechen. Also rief sie meinen Anwalt an und veranlasste ihn, die Zuweisung einer Familienwohnung zu beantragen.

Am 21. April 1998 erhielt ich das vorläufige Sorgerecht für die Kinder. Als mir Frau M. den Brief vom Anwalt vorlas, war ich unendlich erleichtert. Ich würde die Kinder zu mir holen können. Mit Hochdruck suchte ich jetzt eine größere Wohnung. Meine Arbeitskollegin half mir dabei sehr. Sie rief im Namen unserer Firma bei verschiedenen Wohnungsgesellschaften an und erkundigte sich nach freien Wohnungen. Nur so hätte ich eine Chance, sagte sie mir. Und da hatte sie wahrscheinlich Recht. Ich musste auch mit den Kindern sprechen. Seit meiner Flucht vor mehr als vier Monaten hatte ich sie nicht mehr gesehen. Frau M. stimmte mir zu, und gemeinsam planten wir ein Wochenende, das die Kinder bei mir verbringen sollten. Den Besuch hatte ich per Beschluss des Amtsgerichts durchgesetzt. Aber mir war klar, dass Mustafa die Kinder freiwillig nicht rausgeben würde. Ich besprach mich mit Frau M., und gemeinsam beschlossen wir, die Polizei einzuschalten. So sind wir Ende April an einem Donnerstagnachmittag zu den Schwiegereltern gefahren, drei Polizeibeamte, Frau M. und ich.

Ali spielte im Hof und freute sich, als er mich sah. Die anderen waren wohl im Haus. Ich sprach mit meinem Jüngsten und fragte ihn, ob er mitkommen wolle. Nein, er würde nur kommen, wenn Birgül auch käme. Inzwischen waren die Polizisten mit dem Beschluss des Amtsgerichts hineingegangen. Kurze Zeit später kamen sie wieder heraus und teilten mir mit, Birgül wolle nicht mitkommen. Sie baten mich herein. Drinnen waren alle versammelt, Mustafa, die *Eltern*, die Brüder und deren Frauen. Birgül saß bei ihrer Großmutter. Sie schaute mich nicht mal an. Als ich den Raum betrat, sprang *Mutter* auf und brüllte: »Raus hier, raus hier.« Und die anderen schimpften auf Türkisch. Was für eine Nutte ich sei, dass ich die Kinder nicht verdient hätte und weitere derartige Dinge. Dann sprang *Vater* auf und schrie: »Ich bring dich um!«

Obwohl ich die Einzige war, die jedes Wort verstand, trat die Polizei den Rückzug an. Sie müssen wohl am Tonfall verstanden haben, worum es ging. Draußen haben wir uns beraten und beschlossen, die Kinder hier zu lassen. Wir wollten sie nicht mit Gewalt mitnehmen. Unverrichteter Dinge sind wir wieder weggefahren. An jenem Wochenende lag ich die meiste Zeit im Bett. Ich hatte schreckliche Migräne.

Zwei Wochen später erfuhr ich, dass meine Kinder vier Tage nach meinem Besuch bei den Schwiegereltern Deutschland verlassen hatten. Die Großeltern hatten sie in die Türkei gebracht. Sie waren ordnungsgemäß von der Schule abgemeldet worden, und am nächsten Tag waren sie weg. Eigentlich hätte das gar nicht gehen dürfen, denn Ali hatte noch keinen eigenen Ausweis, er war in meinem eingetragen. Aber mit Pässen hatte meine Familie ja noch nie Schwierigkeiten. Sie hatten dem Kleinen kurzerhand den Kinderausweis seines gleichaltrigen Cousins in die Tasche gesteckt, und damit war er – völlig unbehelligt – ausgereist. Besonders makaber: Der Mitarbeiter des Jugendamtes hatte von der Schulabmeldung gewusst und mich nicht informiert. Auch Mustafas Anwalt hatte davon erfahren und sich nicht mitgeteilt. So war es meinem Mann gelungen, unsere Kinder außer Landes zu schaffen. Aber ich hatte keine Energie mehr, mich aufzuregen. Ich war am Boden zerstört. Ohne meine Kinder hatte mein Leben keinen Sinn mehr.

Aus und vorbei

Am 15. Mai 1998 erstattete ich wieder Anzeige gegen Mustafa und die Schwiegereltern. Diesmal wegen Kindesentzug. Aber meine Kinder konnte keine Anzeige dieser Welt zurückbringen. Sie waren mit den Großeltern in der Türkei, und ich hatte keine Ahnung, ob und wann sie zurückkommen würden. Wie sollte ich weiterleben? Ich wusste es nicht. Die nächsten Monate waren ein einziger Albtraum. Da ich jetzt wieder allein stehend war, sagte ich die mir inzwischen bewilligte Familienwohnung ab. Denn ohne Kinder brauchte ich auch keine große Wohnung.

Frau M. unterstützte mich, so gut sie konnte. Immer wieder lud sie mich in die Beratungsstelle ein, damit wir reden konnten. Sie hatte mir schon viel geholfen, und ich hatte Vertrauen zu ihr gefasst. Vielleicht um vom Verlust der Kinder abzulenken, schlug sie mir eines Tages vor, jetzt doch endlich meine Sachen abzuholen. Vermutlich hatte sie Recht. Wieder rief sie bei Mustafa an und fragte nach dem Schlüssel. Und diesmal klappte es tatsächlich. Ohne großen Aufstand übergab er ihr den Wohnungsschlüssel. Zusammen mit meiner Arbeitskollegin ist sie dorthin gefahren und hat meine persönlichen Sachen abgeholt. In der Wohnung muss absolutes Chaos geherrscht haben. Der Inhalt der Schränke lag auf dem Boden verstreut. Fotos, Papiere und Kleidung, alles war durcheinander. Auf dem Tisch türmte sich die Post der vergangenen Monate. Es müssen wohl insgesamt zweihundertfünfzig unbezahlte Rechnungen gewesen sein, die sich angesammelt hatten. Die beiden haben meine Sachen zusammengesucht und dann ganz schnell die Wohnung verlassen. Dass Mustafa sofort nach seinem Umzug den Dauerauftrag für die Miete storniert hatte, wusste ich zu dem Zeitpunkt noch nicht.

Ich erfuhr es per Post. Unser Vermieter teilte mir mit, dass Mustafa seit Monaten keine Miete mehr bezahlt hatte. Die Mietschulden beliefen sich inzwischen auf knapp 9000 DM. Und da Mustafa nicht zahlen konnte oder wollte, trat der Vermieter nun an mich heran. Ich sollte die Schulden begleichen, ich sei schließlich auch Vertragspartnerin. Wie, das sagte er nicht. In meiner ersten Verzweiflung wandte ich mich an Frau M. vom Frauenverein. Und wieder wusste sie Rat: Mit Hilfe meines Anwalts einigte ich mich mit dem Vermieter darauf, dass ich den Betrag ab November in monatlichen Raten von 250 DM abzahlen würde.

Von den Kindern hatte ich immer noch keine Nachrichten. Die Schwiegereltern waren nach sechs Wochen aus der Türkei zurückgekommen, aber ohne meine Tochter und die beiden jüngeren Söhne. Mustafa stellte sich stur und beantwortete keine Fragen. Ich wusste nur, dass sie bei meinem Schwager Metin und dessen Frau in Istanbul waren, aber wie es ihnen ging, wusste ich nicht. Auch mit ihnen zu telefonieren war nicht möglich. Denn immer, wenn ich anrief, hieß es, sie seien nicht da. Die Sorge um die Kinder zerriss mich fast. Ich konnte nicht schlafen und brachte keinen Bissen hinunter.

Hier in Deutschland hielt Mustafa mich auf Trab. Er überraschte mich auf Parkplätzen, fing mich nach der Arbeit ab oder traf mich »zufällig« beim Einkaufen. Und immer wieder versuchte er, mich zur Rückkehr zu bewegen. Aber ich wollte und konnte das nicht. Zu viel war zwischen uns vorgefallen. Es war für immer vorbei! Wann kapierte er das endlich? Eines Abends, ich hatte gerade Dienstschluss und war auf dem Firmenparkplatz damit beschäftigt, mein Auto aufzusperren, da trat er von hinten an mich heran und sagte: »Ich brauch deinen Pass, Ayşe.« Ich war zu Tode erschrocken und völlig perplex. Aber er kümmerte sich nicht darum, sondern wiederholte, er bräuchte ihn dringend, weil Ali, unser Jüngster, bei mir mit eingetragen war. Er hatte es zwar geschafft, den Jungen mit einem falschen Kinderausweis außer Landes zu schaffen. Aber ihn mit falschen Papieren zurück nach Deutschland zu holen, das würde nicht funktionieren. Als ich ihm klar gemacht hatte, dass ich ihm meinen Pass nicht geben würde, ist er wutentbrannt und mit quietschenden Reifen davongefahren. Am nächsten Morgen waren meine Autoreifen zerstochen. Das war das zweite Mal innerhalb von vier Wochen.

Die Kinder waren inzwischen drei Monate weg. Noch konnten sie ohne Probleme zurückkommen, aber wenn sie noch weitere drei Monate außer Landes blieben, würde ihre Aufenthaltserlaubnis für Deutschland automatisch erlöschen. Bei diesem Gedanken ergriff mich erneut Panik, und ich wusste nicht, was zu tun sei. Alles wuchs mir über den Kopf, und ich brach zusammen, diesmal mit akuten Nierenbeschwerden. Wieder wurde ich mit Blaulicht in die Klinik gebracht. Einen Tag nach meiner Einlieferung bekam ich Besuch. An meinem Bett standen plötzlich meine beiden Schwägerinnen. Sie hatten Blumen mitgebracht und wollten – angeblich – sehen, wie es mir geht. Verwandtschaft war das Letzte, was ich sehen wollte. Völlig entnervt bat ich sie, den Raum zu verlassen. Weitere Besuche dieser Art würde ich nicht verkraften. Ich verständigte Frau M., die mir half, eine Kontaktsperre durchzusetzen. Ich wurde innerhalb der Klinik verlegt, und immer wenn jemand an der Pforte nach mir fragte, wies man ihn ab. Nur Frau M. und Zoran durften zu mir.

Im Herbst eskalierte die Situation. Mustafa hatte mir wieder einmal aufgelauert. Wenn ich nicht zu ihm zurückkäme, würde er mich und anschließend sich selbst umbringen, schrie er. Ich wusste, dass er zu allem fähig war. Um ihn abzulenken, redete ich auf ihn ein und versuchte ihn zu beruhigen. So konnte ich ihn ablenken und schließlich ins Auto springen. Schnell drückte ich den Knopf runter und startete den Motor. Mit schlotternden Knien und völlig aufgelöst fuhr ich zur Polizei und erstattete Anzeige. Dieses Mal war Mustafa eindeutig zu weit gegangen. Mein Anwalt setzte eine Bannmeile durch, und mein Mann durfte sich mir auf nicht weniger als hundert Meter nähern. Doch er hat diesen Beschluss immer wieder unterlaufen. Er kümmerte sich einfach nicht darum, was deutsche Gerichte festlegten. Für ihn galten nur die Gesetze des Clans.

Eines Abends klingelte das Telefon. Es war ein Ferngespräch aus der Türkei. Can rief an. Er war eine Weile bei den Kleinen gewesen und wollte mir jetzt etwas mitteilen. Er klang sehr ernst am Telefon, als er sagte: »Mama, das Beste wäre, du würdest dich umbringen. Das wünscht sich die ganze Familie, und zwar alle, ohne Ausnahme.« Ohne ein weiteres Wort legte er auf.

Ich war fassungslos. War das *mein* Can, mein Lieblingssohn? Riet er mir, seiner Mutter, wirklich, sich das Leben zu nehmen? Warum gab er nur mir die Schuld? Sah er denn nicht, was sein Vater getan hatte? Hatte er nicht auch ihn halbtot geschlagen? Und mich, seine Mutter, jahrelang als Nutte beschimpft und verprügelt. Das musste mein Ältester doch mitgekriegt haben. Nach diesem Telefonat war ich fix und fertig. Sollte ich mich umbringen? Nur der Gedanken an die Kleinen hielt mich aufrecht. Ich durfte jetzt nicht aufgeben. Sie brauchten mich, sie waren noch viel zu jung.

Kurz nach Cans Anruf klingelte das Telefon erneut. Diesmal war es Birgül. Es schnürte mir fast die Kehle zu, als ich die Stimme meiner Tochter hörte. Irgendwie war es ihr trotz des Verbots gelungen, meine Nummer zu wählen. Sie weinte am Telefon und konnte kaum sprechen. Schluchzend erzählte sie schließlich, dass es ihr und Ali sehr schlecht ginge. Dass sie kaum etwas zu essen bekämen, dafür aber jede Menge Schläge. Sie müsse im Wohnzimmer schlafen, und wenn der Onkel nachts betrunken nach Hause käme, würde er bei ihr im Zimmer erst einmal weitertrinken. Oft sei sie morgens so müde, dass sie sich in der Schule nicht konzentrieren könne. »Bitte, Mama, hol uns nach Hause«, sagte meine Kleine.

In dieser Nacht hat es mir vor Sehnsucht fast das Herz zerrissen, und – wie so oft – habe ich mich in den Schlaf geweint.

Aber wie sollte ich die Kinder nach Deutschland zurückholen? Frau M., die ja immer sehr hilfsbereit war, hatte mir inzwischen die Adresse einer Detektei besorgt. Die Leute waren darauf spezialisiert, Kinder, die in islamische Länder entführt worden waren, zurückzuholen. Aber war das der richtige Weg? Sollte ich jetzt mit den gleichen Waffen kämpfen wie Mustafa und meine Kinder auch entführen? Nein, das konnte ich nicht! Außerdem hatte Mustafa signalisiert, dass er die drei zurückbringen werde. Er hatte mich sogar gefragt, ob ich nicht mitkommen wolle. Ich hatte gar keine Zeit, mir zu diesem Vorschlag eine Meinung zu bilden, weil mich schon die nächste Katastrophe ereilt hatte. Das Finanzamt hatte mir mitgeteilt, dass ich die Steuerschulden meines Mannes, nämlich 12 000 DM, begleichen solle. Das waren Altlasten aus den Zeiten von Mustafas Laden. Damals, vor zwei, drei Jahren, als er das Geschäft noch betrieb, hatte er keinen Pfennig Steuern bezahlt, und jetzt kam das Finanzamt auf mich zu, weil er – immer noch – arbeitslos bzw. zahlungsunfähig war. Etwa zeitgleich meldete sich unsere Bank und schrieb, dass mein Ehemann mit den monatlichen Kreditraten in Verzug sei. Da ich den Kreditvertrag damals mitunterschrieben hatte, fragten sie mich nun, wie ich mir eine Rückzahlung vorstelle. Wieder einmal stand ich mit dem Rücken an der Wand.

Frau M. wusste Rat. Sie machte mir einen Termin bei der örtlichen Schuldnerberatung. Die Mitarbeiterin dort war sehr nett und machte mir klar, dass ich – da immer noch verheiratet – auch für die Schulden meines zahlungsunfähigen Ehemannes aufzukommen habe. Darauf wäre ich nie im Leben gekommen, aber so war es gesetzlich geregelt. Die Dame rechnete dann alles zusammen und kam auf einen Betrag von knapp 50 000 DM. Mir wurde schwarz vor Augen. Wie um alles in der Welt sollte ich so einen Betrag je zurückzahlen können? Sie rechnete alles durch und kam zu dem Schluss, dass mir nach Abzug aller Verbindlichkeiten im Monat noch 114 DM zum Leben blieben.

Ich brauchte eine Nebenbeschäftigung, so viel war klar. Mein Lohn würde nicht reichen, ich musste noch etwas dazuverdienen. Eine Kollegin in der Firma wusste eine Putzstelle. Ich stellte mich sofort vor und bekam die Stelle tatsächlich. Die Schuldnerberaterin hatte inzwischen einen Plan erarbeitet und erklärte mir, wie ich die Schulden in den Griff bekommen würde. Über Jahre würde ich jeden Monat ungefähr 500 DM bezahlen müssen, um die Schulden meiner Ehe abzutragen.

Im Dezember 1998 fand die Verhandlung wegen Kindesentführung statt. Obwohl meine Kinder ohne mein Wissen oder mein Einverständnis in die Türkei gebracht worden waren, stellte der vorsitzende Richter fest, dass es keine hinreichenden Beweise für eine Kindesentführung gebe. In diesem Fall gelte das türkische Recht, und da läge das Sorgerecht wohl beim Vater. Ich konnte der Verhandlung wegen der vielen Fachausdrücke in deutscher Sprache nicht wirklich folgen, so dass Frau M. vom Frauenverein mir hinterher noch mal das Wichtigste erzählte. Sie war fassungslos. Mustafa war also damit durchgekommen. Erst hatte er die Polizei in die Flucht geschlagen, und nun hatte auch ein deutsches Gericht vor seinen Machenschaften kapituliert. Inzwischen war so viel passiert, dass ich mich darüber gar nicht mehr aufregen konnte. Aber tief in meinem Inneren wusste ich, dass ich die Kinder früher oder später zu mir holen würde.

Im Winter, kurz vor Jahreswechsel, hatte ich eine passende Wohnung gefunden. Sie war zehn Kilometer weit von unserem Dorf entfernt. Weit genug also, um Mustafa und den Schwiegereltern nicht ständig über den Weg zu laufen. Außerdem war sie groß genug, dass wir alle vier dort Platz finden würden. Die Schulden hatte ich im Griff, und auch mit meinem neuen Freund klappte es gut. Irgendwann hatte ich Zoran einfach nachgegeben. In dem ganzen letzten Jahr war er immer für mich da gewesen und hatte mich unterstützt, wo er konnte. Hatte mir geholfen, wenn Mustafa mir wieder einmal die Reifen aufgeschlitzt hatte oder mich auf Parkplätzen oder am Telefon bedrohte. Ein Leben ohne Zoran konnte ich mir nicht mehr vorstellen. Dabei hätte ich nicht einmal sagen können, ob ich ihn damals wirklich liebte. Er war ein Mann, und er begehrte mich. Und das erste Mal in meinem Leben hatte ich Spaß im Bett. Nachdem wir uns geliebt hatten, lag ich oft noch lange wach und dachte über all die verlorene Zeit nach. Die Zeit, in der mich Mustafa geschlagen und vergewaltigt hatte.

Anfang April 1999, fünfzehn Monate nach meiner Flucht, wurde ich offiziell von Mustafa geschieden. Er bekam das Sorgerecht für Muhammed, der inzwischen fast siebzehn Jahre alt war. Die beiden Kleinen wurden mir zugesprochen. Jetzt musste ich sie nur noch aus der Türkei holen. Das erwies sich als schwierig, weil sie mittlerweile seit fast einem Jahr nicht mehr in Deutschland lebten und ihre Aufenthaltsgenehmigung abgelaufen war. Unmittelbar nach der Scheidung habe ich viel Zeit auf Ämtern verbracht. Immer wieder musste ich das Urteil vorlegen und beweisen, dass ich das Sorgerecht für die Kinder tatsächlich hatte. Nach drei Wochen war es endlich so weit. Ich erhielt die Erlaubnis, meinen achtjährigen Sohn und die zwölfjährige Tochter im Rahmen des Familiennachzuges wieder nach Deutschland zu holen. Mitte Mai 1999, genau ein Jahr und eine Woche nach ihrer Entführung, flog ich zusammen mit meinem geschiedenen Mann nach Istanbul.

In der Ankunftshalle des Flughafens warteten Birgül, Ali und Muhammed. Sie standen zusammen mit meinem Schwager Metin vor der Absperrung. Während wir noch unsere Taschen vom Laufband einsammelten, sprangen sie schon ungeduldig auf und ab. Ich musste mich auf Mustafa stützen, vor meinen Augen drehte sich alles, und ich zitterte am ganzen Körper, als die beiden Kleinen auf mich zuliefen. Endlich konnte ich sie in die Arme schließen. Muhammed war zurückhaltender, er küsste mich kurz auf die Wangen und wandte sich dann gleich seinem Vater zu. Auch Mustafa hatte die Kinder ein ganzes Jahr nicht gesehen. Birgül und Ali quetschten sich zu mir auf den Rücksitz, als wir zum Haus von Mustafas Großmutter fuhren. Sie redeten ohne Unterlass, erzählten von der Schule und ihren Freunden in der Straße. Und dann fragten sie, wann wir wieder nach Hause fahren würden. Immer wieder drückte und küsste ich sie. Wie sehr hatte ich sie vermisst.

Die Kinder dachten wohl, Mama und Papa seien wieder zusammen, und waren ganz aufgekratzt. Die kleine Birgül führte den reinsten Freudentanz auf, als sie hörte, dass wir alle gemeinsam in zwei Wochen zurück nach München fliegen würden. Sie war inzwischen ein großes Mädchen, hatte lange, schwarze Haare und war schlank. Es sah hübsch aus, als sie ihre Hüften zur orientalischen Musik im Bauchtanz wiegte. Mustafa ging offensichtlich auch davon aus, dass wir beide es noch einmal probieren würden. In der Nacht, die Kinder schliefen schon, wollte er Sex. Aber ich weigerte mich. Ich konnte nicht einmal den Gedanken daran ertragen. Ich wehrte mich und sagte: »Nein, Mustafa, ich will nicht.«

Da wurde er wieder wütend und bedrohte mich: »Entweder du schläfst jetzt mit mir, oder die Kinder bleiben hier und ich schmeiß dich zum Fenster hinaus.«

Ich bekam Angst, denn ich wusste, dass er zu allem fähig war. Also bin ich ihm – wieder einmal – zu Willen gewesen. Leblos lag ich unter ihm, als er mir die Unterhose runterriss und in mich eindrang. Wieder hatte er mich – wie schon so oft, während wir verheiratet waren – vergewaltigt. Es sollte das letzte Mal gewesen sein, das schwor ich mir. Die nächsten Nächte schlief ich bei den Kindern im Zimmer, und Mustafa ließ mich in Ruhe.

Birgül wich mir nicht mehr von der Seite. Wann immer wir allein waren, fing sie an, von ihrem Jahr in der Türkei zu erzählen. Am Anfang sei alles ganz toll gewesen, nach dem Motto, endlich in der Türkei. Aber dann, als die Großeltern plötzlich weg waren, sie hatten sich noch nicht einmal verabschiedet, war die Hölle los. Onkel Metin habe sie und Ali oft verprügelt. Mit dem Handrücken habe er auf sie eingeschlagen. »Kannst du dir vorstellen, Mama, wie weh das tut?« Das konnte ich, denn ich wusste, dass mein Schwager große, schwielige Hände hat. Birgül redete sich den ganzen Kummer von der Seele. Dass sie oft von mir geträumt habe. Und dann beim Aufwachen schrecklich hätte weinen müssen, weil sie feststellte, dass alles nur ein Traum gewesen sei. Sie habe viel arbeiten müssen, abwaschen, putzen und weitere Hausarbeit. Zu essen aber haben sie immer zu wenig bekommen. Immer seien der Cousin und die Cousine zuerst gekommen, auch bei der Kleidung. »Obwohl Papa immer Geld geschickt hat.« Aber für sie sei es nie genug gewesen. Auch draußen spielen durfte sie nicht. Nicht mal Fahrradfahren sei ihr erlaubt gewesen, weil sie schon groß sei, hieß es. Während die Brüder und Cousins unten auf der Straße gespielt haben, sei sie am Fenster gestanden und habe zugeguckt. Sie war immer noch ganz empört, als sie das erzählte. Ihre größte Angst aber war, dass sie mich nie wieder sehen würde. Da nahm ich sie in die Arme und weinte mit ihr. Leise flüsterte ich ihr ins Ohr, dass dieser Albtraum jetzt vorbei sei und alles gut werden würde.

Zurück in München trennten sich unsere Wege. Mustafa und Muhammed fuhren zu den *Eltern*, und ich nahm die beiden Kleinen mit zu mir in die neue Wohnung. Endlich hatte ich sie wieder bei mir.

Vogelfrei oder frei wie ein Vogel

Am Anfang war es schwer. Kaum in Deutschland, machte Mustafa schon wieder Ärger. Er konnte offensichtlich immer noch nicht akzeptieren, dass ich nicht mehr zu ihm zurückwollte. Auch, dass ich das Sorgerecht für die beiden Kleinen bekommen hatte, war ihm ein Dorn im Auge. Einen Tag nach unserer Rückkehr, die Kinder und ich frühstückten gerade, klingelte es. Vor der Tür stand Mustafa – mit einem Koffer in der Hand. Wollte er wieder bei mir einziehen? Nach allem, was wir hinter uns hatten? Das konnte doch nicht wahr sein. Ich überlegte kurz, trat dann blitzschnell vor die Tür und zog sie hinter mir ins Schloss. Ich wollte nicht, dass die Kinder etwas mitbekamen, sie hatten genug gelitten. So stand ich dann vor der Tür, verschränkte meine Arme und sagte: »Und, wie stellst du dir das vor? Willst du mich wieder jeden Tag verprügeln und nachts vergewaltigen? Mustafa, verstehe doch endlich. Ich liebe dich nicht mehr! Wir sind geschieden. Es ist aus und vorbei!«

Er starrte mich ungläubig an und brüllte, ich solle doch zur Vernunft kommen, es seien auch seine Kinder, und er habe auch ein Recht auf sie.

»Ja«, sagte ich kalt, »an jedem zweiten Wochenende kannst du sie holen. Aber am Sonntagabend sind sie wieder zu Hause, bei mir, so wie es das Gericht entschieden hat.« Dann drehte ich mich um, sperrte die Tür zur Wohnung auf und verschwand. Vom Fenster aus habe ich danach beobachtet, wie Mustafa resigniert seinen Koffer zum Auto schleppte und davonfuhr.

An diesem Wochenende zeigte ich den Kindern ihre neue Heimat. Wir hatten ja früher ein paar Dörfer weiter gewohnt, und sie kannten sich hier im Ort nicht aus. Zusammen sind wir einkaufen gegangen, danach zeigte ich ihnen ihre neue Schule, wo sie schon in der kommenden Woche würden antreten müssen. Gott sei Dank war die Schule nicht weit von unserer neuen Wohnung entfernt, so dass auch der kleine Ali sich den Weg gut merken konnte. Manchmal würde er ihn auch alleine gehen müssen, weil Birgül länger Unterricht hatte.

Seit wir aus Istanbul zurück waren, versuchte ich mit den Kindern nur Deutsch zu sprechen. Irgendwie mussten sie ja wieder in die Sprache hineinfinden. Der Einstieg in die Schule war ohnehin schon problematisch genug. Das Schuljahr war fast vorbei, und außer Türkisch hatten Birgül und Ali in Istanbul nicht viel gelernt. Beide Kinder würden die Klassen, die sie letztes Jahr überstürzt verlassen hatten, wiederholen müssen. So wurde Birgül in die fünfte Klasse Hauptschule und Ali in die erste Klasse Grundschule zurückgestuft. Das eine Jahr war verloren. Ich hätte ihnen das gerne erspart, aber es ließ sich nicht ändern.

Montagmorgen war es so weit. Pünktlich um Viertel nach sechs standen wir auf, frühstückten in aller Ruhe und machten uns fertig. Die Kinder waren aufgeregt und plapperten durcheinander. Würden sie schnell Freunde finden? Wie würden sie mit der Sprache zurechtkommen? Würden sie gleich alles verstehen? Ich versuchte sie zu beruhigen und brachte sie mit dem Auto zur Schule. Dann begleitete ich sie in ihre jeweiligen Klassen, zuerst Ali, dann Birgül, sprach kurz mit den Lehrern und verabschiedete mich von meinen beiden Schulkindern. Anschließend fuhr ich weiter zur Arbeit. Ausnahmsweise musste ich heute nicht Schicht arbeiten, sondern würde ganz normal um halb fünf nach Hause kommen.

Meine wechselnden Arbeitszeiten würden ein Problem werden, das hatte ich im Gefühl. Und so war es auch. Mustafa meldete mehr oder weniger sofort Bedenken an und beklagte, dass die Kinder nachmittags unbeaufsichtigt seien. Mit Hilfe des Jugendamtes versuchte er, eine Wochenregelung durchzusetzen. Wenn ich Frühschicht hatte, sollten die Kinder bei mir sein, und bei der Spätschicht eben bei ihm. Das Jugendamt favorisierte diese Lösung und versuchte mich zu beeinflussen, »wegen des Kindeswohls«, wie es hieß. Ich sollte an die Kinder denken! Aber gerade das tat ich doch. Ich wollte sie nicht über einen längeren Zeitraum bei Mustafa und den Großeltern lassen. Die hatten in den letzten anderthalb Jahren genug Unheil angerichtet. Nein, die Kinder sollten bei mir bleiben und ihren Vater nur am Wochenende besuchen. Aber würde ich auch stark genug sein, das durchzusetzen? Gott sei Dank hatte ich immer noch Kontakt zum Frauenverein. Ich rief Frau M. an, und wir vereinbarten, dass sie ein paar Tage später vorbeikommen sollte. Sie wollte meine Kinder begrüßen und die neue Wohnung besichtigen. Bei der Gelegenheit könne man auch gleich die neuen Probleme besprechen.

Zufälligerweise war an dem Tag gerade mein Ältester zu Besuch. Can wohnte schon seit unserer Trennung bei seiner Freundin Tanja, die beiden hatten inzwischen sogar ein Kind. Aber seit die Kinder wieder da waren, kam Can oft zu uns, er hatte seine kleinen Geschwister vermisst. An jenem Tag also spielte er im Wohnzimmer mit seinem kleinen Bruder, während ich mit Frau M. in der Küche saß und einen Kaffee trank. Wir redeten über die neue Situation und versuchten eine Regelung zu finden. Die Sozialarbeiterin erinnerte mich daran, wie ich in all den Jahren meiner Ehe gelitten und was ich seit der Trennung erlebt hatte: »Sie müssen jetzt zuerst an sich und die Kinder denken«, sagte sie nachdrücklich.

Plötzlich stand mein Ältester in der Tür und schrie: »Das ist also die deutsche Schlampe, die unsere Familie zerstört hat.« Er war außer sich und schrie immer wieder: »Die ist schuld, die ist schuld.«

Während Frau M. sich schnell verabschiedete, versuchte ich Can zu beruhigen. Aber er redete sich immer mehr in Rage und schrie: »Und du, du bist eine Nutte. Hättest du dich doch nur umgebracht, dann ginge es uns allen besser.«

Am liebsten hätte ich ihn geschlagen, aber dazu hatte ich keine Kraft. Ich starrte ihn wie versteinert an und sagte dann, dass es wohl besser sei, wenn er jetzt ginge. Danach lag ich mit stechenden Kopfschmerzen im Bett, ein Migräneanfall kündigte sich an.

Nach diesem Gespräch teilte ich dem Jugendamt mit, dass ich an der bestehenden Regelung festhalten würde. Auch, dass ich für nachmittags eine Lösung gefunden habe. Während meiner Spätschicht würde eine Nachbarin die Kinder übernehmen, sie könnten bei ihr essen und Hausaufgaben machen. Außerdem war Birgül mit ihren knapp dreizehn Jahren alt genug und meiner Meinung nach durchaus in der Lage, ihren achtjährigen Bruder zu beaufsichtigen.

Für Birgül und Ali war es schwierig. Sie mussten sich erst eingewöhnen. Alles war neu und ungewohnt für sie. Ali vermisste seinen Vater und seinen Bruder Muhammed und wollte an den Wochenenden immer zu ihnen. Nur Birgül ging auf Distanz. Sie war froh und glücklich, bei mir zu sein. Endlich hatte sie ihre Mama wieder. Jede Nacht kam sie zu mir ins Bett und kuschelte sich an mich. Sie hatte Angst und wollte nicht alleine schlafen. In den ersten Wochen habe ich viel mit den Kindern unternommen. Wir mussten wieder zusammenwachsen, erst wieder eine Familie werden.

Meinen Freund Zoran habe ich den Kindern anfangs erst mal verheimlicht. Ich wollte sie nicht erschrecken, denn ich wusste, was sie im letzten Jahr alles über mich gehört hatten. Birgül hatte mir erzählt, dass das die reinste Gehirnwäsche gewesen sei. Tagaus, tagein habe sie gehört, was für eine Nutte oder Schlampe ich sei. Natürlich auch, dass eine gute Mutter ihre Kinder nicht einfach im Stich lasse, nicht einfach weggehe, ohne sich zu verabschieden. Während sie erzählte, wurde mir immer klarer, wie die Kinder gelitten hatten, wie schmerzhaft die Trennung für sie gewesen sein muss. Aber ich hatte doch keine andere Wahl gehabt. An jenem Morgen, als Mustafa mich krankenhausreif geschlagen hatte, musste alles sehr schnell gehen, Zeit, um Abschied zu nehmen, gab es nicht. Natürlich kannten sie meine Seite der Geschichte nicht. Sie wussten nicht, was für eine Ehe ihr Vater und ich geführt hatten. Jetzt verstand ich auch, warum Birgül auf mich so ablehnend reagiert hatte, damals, als ich sie von den *Eltern* fürs Wochenende abholen wollte.

Und natürlich hatte man ihnen von diesem Mann erzählt, mit dem ihre Mutter, diese Nutte, jetzt zusammenlebte. Ich musste vorsichtig sein. Das Verhältnis zu Ali und Birgül war ohnehin schon belastet genug, und ich wollte nicht noch mehr Schaden anrichten. Also habe ich Zoran in den ersten Wochen nur in der Fabrik getroffen. Und telefoniert haben wir nur abends – wenn die Kinder schon schliefen. Dann, an einem Freitag, holten mich Birgül und Ali von der Arbeit ab. Ich wartete auf dem Parkplatz auf sie und unterhielt mich noch mit ein paar Arbeitskollegen, Zoran war auch dabei. Als die beiden kamen, schauten sie ziemlich misstrauisch. Wer waren all diese Menschen? Und vor allem, wer war dieser Mann, mit dem sich ihre Mutter so gut unterhielt? Ich konnte förmlich sehen, was in ihren Köpfen vorging, und bereitete dem Rätselraten schnell ein Ende. Fröhlich stellte ich Zoran meinen Kindern vor. Sie reagierten zurückhaltend, aber Zoran freute sich, sie endlich kennen zu lernen, und lud uns alle zum Eisessen ein. Bei einem großen Eisbecher tauten Birgül und Ali langsam auf. Als wir uns später am Nachmittag verabschiedeten, waren sie schon freundlicher gestimmt.

Zu Hause wollte Birgül sofort Genaueres wissen. Sie fragte mir ein Loch in den Bauch: »Wer war dieser Mann? Und was hast du mit ihm zu tun?«

Ich versuchte, ihr so ehrlich wie möglich zu antworten, aber wollte ihr auch nicht zu viel zumuten. Ja, das sei ein Freund von mir, er habe mir im letzten Jahr sehr geholfen. Dass wir seit einer Weile auch ein Liebespaar waren, sagte ich ihr nicht. Damit wollte ich noch warten. Alles Weitere würde sich finden. Nach jener ersten Begegnung trafen wir uns öfter gemeinsam. Zoran ging mit uns essen oder lud uns am Wochenende ein, mit ihm Ausflüge zu machen. Das gefiel meinen Kindern. So viel Aufmerksamkeit waren sie nicht gewohnt. Zoran hatte aus einer geschiedenen Ehe einen – inzwischen erwachsenen – Sohn und wusste, wie man Kinderherzen erobert. Er nahm sich viel Zeit für die beiden, vor allem für Ali. Mit ihm ging er auf den Spielplatz oder spielte Fußball. Mein Sohn fand das großartig. Bei Birgül dauerte es länger. Sie war misstrauischer. Aber schließlich hat er sich auch in ihr Herz geschlichen. Er ging mit ihr einkaufen oder brachte ihr etwas Schickes zum Anziehen mit. Zoran war sehr großzügig.

Am Anfang hatte ich – außer Schulden – fast nichts. Einen Tisch, zwei Stühle, ein altes Sofa, ein paar Matratzen und einen Fernseher, das war's. In den ersten Wochen schliefen wir alle zusammen auf Matratzen im Wohnzimmer. Manchmal, wenn ich morgens das Zimmer aufräumte, dachte ich, dass ich Möbel kaufen würde, wenn ich irgendwann mal wieder Geld hätte. Bis dahin würden wir uns behelfen müssen. Doch Zoran hatte andere Pläne. An einem Samstag rief er mich an und fragte, ob ich ihn zum Einkaufen begleiten wolle. Ich freute mich, mit ihm etwas unternehmen zu können, und sagte zu. Ohne mich vorher einzuweihen, fuhr er in ein großes Möbelgeschäft und sagte: »So, und jetzt gehen wir Möbel aussuchen.«

Im Nu fanden wir ein hübsches, helles Schlafzimmer und ein Kinderzimmer mit einem Stockbett sowie eine neue Couchgarnitur und eine Schrankwand fürs Wohnzimmer. Ich versuchte ihn zu bremsen, weil ich nicht wusste, wie ich das bezahlen sollte. Jede Rate wäre im Moment zu viel gewesen. Da nahm er mich mitten im Laden in den Arm und sagte: »Mach dir keine Sorgen, irgendwann werden wir zusammenwohnen, und dann gehören die Sachen auch wieder mir.«

Ich war sprachlos. Konnte ich das annehmen? Aber er ließ mir keine Wahl. Selig fuhr ich an dem Tag nach Hause. Das erste Mal in meinem Leben hatte ich das Gefühl, da ist jemand, der sich um mich kümmert, der schaut, dass es mir gut geht. In drei Wochen würden die Möbel geliefert werden.

Inzwischen war es Sommer geworden, und die Kinder hatten Ferien. Mustafa wollte mit ihnen zusammen in die Türkei fahren.

Ich hatte keine Einwände, und auch die Kinder wollten ihren Vater begleiten. Da beschlossen Zoran und ich, in seine Heimat, nach Kroatien, zu reisen. Das war mein allererster Urlaub, den ich nicht zu Hause in der Türkei verbrachte. Natürlich hätte ich meine Mutter gerne besucht, aber zwischen uns herrschte Funkstille. Ich weiß nicht genau, wie sie es erfahren haben, aber irgendwie hatte es sich bei uns im Dorf herumgesprochen, dass ich, gerade frisch geschieden, mit einem anderen Mann zusammenleben würde. Bei unserem letzten Telefonat, die Kinder waren gerade aus Istanbul zurück, hatte mein Vater ins Telefon gebrüllt, dass ich für ihn gestorben sei. Auf meine Frage, »Warum«, schrie er nur, »*Oruspu, oruspu, Nutte, Nutte.*« *Anne* sagte zwar nichts dergleichen, aber ich konnte deutlich spüren, dass auch sie ein Problem hatte. Doch wir konnten nicht darüber reden. Was hätte ich ihr sagen sollen? Dass ich Zoran liebte und es egal war, ob wir verheiratet waren oder nicht. So viel war sicher, ein Urlaub in der Türkei kam nicht in Frage. Als Zoran mir eine Reise in seine Heimat vorschlug, war ich deshalb mehr als glücklich. Ich hatte zwei Jahre Dauerstress hinter mir und brauchte dringend Urlaub.

Anfang August sind wir also frühmorgens losgefahren. Es war noch dunkel, und die Straßen waren leer. Leise Musik kam aus dem Autoradio. Schweigend saßen wir nebeneinander und genossen die Morgenstimmung. Bei Sonnenaufgang waren wir schon in den Bergen. Zoran – ein passionierter Autofahrer – hatte eine Route über die Alpen gewählt. Der Anblick der zerklüfteten Berge überwältigte mich. Nie hatte ich Vergleichbares gesehen. Gemächlich überquerten wir die Alpen, fuhren durch Österreich nach Slowenien und weiter nach Kroatien. Abends erreichten wir schließlich das kleine Fischerdorf, in dem Zorans Familie lebte. Man erwartete uns schon und begrüßte uns herzlich. Im Garten war ein riesiger Tisch gedeckt, und schon bald saß das halbe Dorf bei uns und feierte unsere Ankunft. Mich nahm man wie ein Familienmitglied auf. Obwohl ich nur ein paar Brocken Kroatisch verstand, spürte ich die Herzlichkeit der

Menschen. Weit nach Mitternacht sind wir ins Bett gefallen. Zoran und ich lagen uns in den Armen und waren glücklich.

Am nächsten Morgen bin ich schon früh aus dem Bett gesprungen und machte mich auf die Suche nach dem Meer. Ich war noch nie in meinem Leben am Meer gewesen. Obwohl unser Dorf Ballidere nur zwei Autostunden vom Schwarzen Meer entfernt liegt, kannte ich es nicht. Auch in Istanbul hatte mir nie jemand das Meer gezeigt. Schwimmen konnte ich natürlich auch nicht. Aber das sollte sich ändern, und zwar jetzt. Ich lief also durch den Ort, die abschüssige Straße hinunter und bog um eine Ecke. Überrascht blieb ich stehen, denn vor mir öffnete sich eine kleine, felsige Bucht. Das azurblaue Meer glitzerte in der Morgensonne. Am Wasser war es ruhig, außer ein paar Fischern war noch niemand unterwegs. Verzückt wie ein Kind stand ich da und genoss die Aussicht. Dann lief ich aufgeregt zurück zum Haus und weckte Zoran.

»Komm, steh auf, wir müssen zum Meer, ich muss endlich schwimmen lernen.«

Mein Liebster lachte laut, bremste mich aber aus, weil er erst mal frühstücken wollte. Seine Schwester hatte schon den Tisch gedeckt, Kaffee gekocht und wartete bereits auf uns. »Schwimmen können wir später auch noch«, tröstete er mich.

Unten in der Bucht war ein kleiner Sandstrand, und sanfte Wellen rollten heran. Inzwischen war es heiß geworden, und ich setzte mich vorsichtig ins flache Wasser und ließ das kühle Nass über meinen Körper gleiten. Wie angenehm! Zoran war schon hineingesprungen und eine Runde geschwommen, jetzt näherte er sich und zeigte mir die Schwimmbewegungen: »Schau, Ayşe, es ist ganz einfach, du breitest deine Arme aus und schließt sie wieder, und mit den Beinen machst du die gleiche Bewegung, nur umgekehrt.«

Ich wagte mich weiter ins Wasser hinein und versuchte es, Zoran hielt mich, und ich bewegte Arme und Beine, wie er es mir vorgemacht hatte. Es klappte zwar noch nicht richtig, aber ich übte verbissen, den ganzen Vormittag. Zoran hatte Mühe, mich mittags wieder aus dem Wasser zu locken. Nach dem Mittagessen war Siesta, und Zoran und ich haben uns geliebt. Es war für mich immer noch ein Wunder, dass ein Mann so zärtlich sein und auf mich eingehen konnte. Mit ihm habe ich meinen ersten Orgasmus erlebt. Da war ich fünfunddreißig Jahre alt und Mutter von vier Kindern.

Die zwei Wochen vergingen wie im Flug. Vormittags haben wir gebadet, nachmittags Ausflüge gemacht. Auch die Nächte waren angenehm. Wenn ich zu müde war oder keine Lust auf Sex hatte, nahm Zoran mich liebevoll in den Arm, küsste mich und drehte sich um, um zu schlafen. Nie im Traum wäre es ihm eingefallen, gegen meinen Willen mit mir zu schlafen. Ich genoss die Zeit, erholte mich prächtig, und am Ende der Ferien konnte ich tatsächlich schwimmen. Auch Kroatisch hatte ich ein bisschen gelernt, weil Zoran viel mit seiner Familie zusammen war. Ich liebte die Menschen und das Meer, fast war mir dieses kleine Fischerdorf zur zweiten Heimat geworden. Am liebsten wäre ich noch geblieben, aber unser Urlaub ging zu Ende, und wir mussten wieder nach Hause. Bald würden auch die Kinder zurück sein.

Im Herbst ging der Stress mit Mustafa weiter. Zwar hatte er die Besuchsregelung inzwischen zähneknirschend akzeptiert, aber er unterlief sie immer wieder. Mal brachte er die Kinder am Sonntagabend um zehn, mal gar nicht. Oder er ließ sie am Montag einfach unentschuldigt von der Schule zu Hause. Es gab immer neue Varianten. Außerdem machte er Ärger mit dem Unterhalt. Bisher hatte er sich erfolgreich geweigert, seine Einkommensverhältnisse offen zu legen, und entsprechend keinen Pfennig überwiesen. Da ich einen Hauptteil seiner Schulden abbezahlen musste, konnte ich es mir nicht leisten, auf den Unterhalt zu verzichten. Aber anstatt seinen Verpflichtungen nachzukommen, setzte Mustafa noch eins drauf. Per Anwalt forderte *er* mich auf, ihm endlich den Unterhalt für unseren zweitältesten Sohn auszuhändigen. Während er sich also erfolgreich weigerte, den Unterhalt für die beiden Kleinen zu zahlen, wurde ich zur Zahlung aufgefordert! Gleichzeitig teilte man mir mit, dass die Beträge nicht gegeneinander verrechnet werden könnten. Besonders ärgerlich war, dass ich für ein Kind fast so viel zahlen sollte wie Mustafa für zwei. Monatelang ging es hin und her, mal hat er Geld überwiesen, dann wieder nicht. Wäre Zoran nicht gewesen, ich weiß nicht, wie wir überlebt hätten.

Mit ihm lief alles bestens. Nach einem halben Jahr hatten sich die Kinder gut eingewöhnt, und sie wussten inzwischen auch, dass Zoran mein neuer Mann war. Irgendwann war klar, dass er bei uns einziehen würde. Es war doch unsinnig, zwei Mieten zu bezahlen, da er sowieso die meiste Zeit bei uns verbrachte. Wir unternahmen viel miteinander, und die Kinder mochten ihn. Birgül hatte mittlerweile Teile meiner Geschichte gehört und fing an, mich zu verstehen. Zu ihrem Vater ging sie immer mehr auf Abstand. Oft fand sie an den Wochenenden eine Ausrede, weil sie nicht zu ihm wollte, sondern lieber bei mir blieb.

Die Wochenenden waren wir selten zu Hause. Zoran hatte eine Schwester in der Schweiz, die wir manchmal besuchten. Oder wir fuhren nach Österreich. Seit unserem Urlaub hatte ich meine Liebe zu den Bergen entdeckt und genoss die Ausflüge in die Natur. Meistens verließen wir München samstags ganz früh und fuhren ins Allgäu oder nach Tirol. Dort machten wir ausgedehnte Wanderungen, aßen in Berghütten und übernachteten in kleinen Pensionen. Am nächsten Tag erkundeten wir weiter die Gegend und fuhren abends völlig erschöpft, aber glücklich zurück. An »meinen Wochenenden« nahmen wir die Kinder mit, waren sie bei Mustafa, erwarteten wir sie sonntagabends.

Damals fasste ich den Beschluss, mal wieder meine Geschwister zu besuchen. Ich hatte sie lange nicht gesehen und dachte, es wäre eine gute Idee, im Herbst für ein verlängertes Wochenende nach Norddeutschland zu fahren. Zoran und ich waren ohnehin so viel unterwegs, da konnten wir uns auch mal den Norden Deutschlands anschauen. So eine lange Strecke fuhr man ohnehin besser zu zweit. Wir könnten uns abwechseln. Außerdem hätten die Kinder bald Ferien, so dass wir sie mitnehmen könnten. Zoran war von meiner Idee begeistert, und auch Ali und Birgül freuten sich schon.

Also rief ich meine Schwester an, und nach den allgemeinen Begrüßungsfloskeln fragte ich sie, wann wir sie besuchen könnten. Da war erst einmal Schweigen in der Leitung. Dann plötzlich fragte sie mit schriller Stimme: »Du willst doch nicht etwa mit diesem Mann kommen?« Sicher hatte sie in der Zwischenzeit mit unserer *anne* telefoniert und die neuesten Gerüchte gehört. Als ich ihr wahrheitsgemäß antwortete, dass ich das tatsächlich vorgehabt hatte, schrie sie in den Hörer: »Wenn dieser Mann dabei ist, mache ich dir die Tür nicht auf«, beschimpfte mich als Nutte und legte auf. Dass mein Vater so reagierte, konnte ich verstehen. Aber meine Schwester? Sie war doch jünger als ich und lebte auch schon zwanzig Jahre in diesem Land. Dennoch war es für sie völlig undenkbar, dass ein Mann und eine Frau ohne Trauschein zusammenlebten.

Plötzlich kam alles wieder hoch. Ich hatte mich in den letzten zwei Jahren aus meinem türkischen Umfeld entfernt. Natürlich war ich immer noch Türkin, aber manches von unseren Einstellungen und Überzeugungen hatte ich in der Zwischenzeit hinterfragt. Ich liebte Zoran, aber heiraten wollte ich nicht, jedenfalls jetzt nicht. Bei uns Türken ist es allerdings völlig unmöglich, dass zwei Unverheiratete unter einem Dach leben. Als ledige oder geschiedene Frau darf ich mit einem fremden Mann nicht einmal sprechen, geschweige denn irgendetwas anderes machen. Seit meiner Scheidung war ich eine Frau, die nur noch alt werden durfte. Das hatte mir auch mal meine Schwägerin bestätigt, als ich sagte, dass ich gerne wieder heiraten würde. Da hat sie mich ganz erstaunt angeguckt und gefragt: »Aber warum denn? Du bist doch schon fast vierzig. Du brauchst doch keinen Mann mehr.« Ja, so denken bei uns die meisten.

Ich liebte Zoran noch immer, aber die Reaktion meiner Schwester und das Schweigen meiner Eltern ließen mich nicht unberührt. Ich fing an zu grübeln. Sollten wir heiraten, sollte ich mich von ihm trennen? Ich wusste es nicht. Ich wusste nur, dass ich zu meiner Familie so lange keinen Kontakt haben würde, so lange Zoran bei mir war. Sie würde mich einfach ausgrenzen oder, wie Vater, sich von mir lossagen. Doch wir hatten noch ein anderes Problem. Zoran trank gerne. Er ging auch öfter mit Kollegen aus und kam dann ziemlich angetrunken nach Hause. Diese Gelegenheiten häuften sich. Besonders wenn wir Streit hatten, verließ er die Wohnung und kam Stunden später völlig betrunken zurück. Das störte mich. Ich selbst trank so gut wie nie Alkohol und wusste auch nicht, wie das ist, wenn man einen Rausch hat. Es gelang mir nicht, mit Zoran darüber zu sprechen. Er redete nie über sich oder was mit ihm los war. Er konnte gut zuhören, aber was ihn selbst betraf, hat er für sich behalten.

Die Kinder zogen sich zurück. Vor allem Birgül machte keinen Hehl daraus, wie sehr sie es hasste, dass er trank. Zu sehr hatte sie unter dem Alkoholismus ihres Onkels in Istanbul gelitten. Wann immer Zoran betrunken war, verließ sie den Raum und vergrub sich in ihrem Zimmer. Ich wurde immer wütender und schimpfte mit ihm. Fast jeden Abend hatten wir Streit. Schließlich ging er fast jeden Abend ins Wirtshaus und kam sehr spät nach Hause. Betrunken war er dann immer. Aber ich wollte keinen Trinker als Freund. Eigentlich liebte ich ihn, aber so wie er jetzt war, wollte ich ihn nicht mehr.

Insgeheim machte ich ihn auch dafür verantwortlich, dass meine großen Söhne mit mir gebrochen hatten. Sowohl Muhammed als auch Can waren nicht mehr gekommen, seitdem Zoran bei uns wohnte. Mein Ältester hatte den Kontakt komplett abgebrochen. Von ihm wusste ich nicht mal, wo er wohnte. Eher zufällig hatte ich erfahren, dass er mit Tanja Schluss gemacht und sie und das Kind verlassen hatte. Und Muhammed? Er rief ab und zu seine Geschwister an oder schickte ihnen eine SMS, aber zu mir kam er nicht. Mein Herz schmerzte, wenn ich an meine Söhne dachte. Bei Muhammed konnte ich es noch eher verstehen, weil wir nie so eine enge Bindung gehabt hatten. Aber Can? Nein, das verstand ich nicht.

So lebte ich monatelang innerlich zerrissen. Aber irgendwann hielt ich es nicht mehr aus. Ich musste eine Entscheidung treffen. Es fiel mir nicht leicht, aber ich entschied mich für meine Kinder. Also teilte ich Zoran mit, dass ich mich von ihm trennen wollte. Denn wäre er endlich weg, würden meine Söhne sicher wieder zu mir kommen. Zoran schien von meiner Entscheidung nicht besonders überrascht und sagte, auch er habe die ewigen Streitereien und Sticheleien satt. Er versuchte nicht, mich zu überzeugen. Nein, er akzeptierte es einfach, packte seine Sachen und zog zu seinem Bruder. Aber wirklich aufgegeben hat er mich nicht. Oft rief er mich an und versuchte mich zu treffen.

Wann immer wir uns begegneten, knisterte es. Auch für mich war es schwierig, weil ich ihn immer noch liebte. Mein Kopf hatte sich gegen ihn entschieden, aber mein Herz sehnte sich nach ihm. Wenn ich ihn eine Weile nicht gesehen hatte und er plötzlich vor mir stand, wurde ich schwach. Einmal trafen wir uns heimlich in einem Hotel und haben uns geliebt. Das war schön, aber ein Zurück gab es nicht mehr. Ich konnte es meinen Kindern nicht antun. Eines Tages rief er mich an und sagte: »Jetzt hast du es geschafft, ich gehe.«

Verwirrt fragte ich nach, und Zoran erzählte, dass er in Rente ginge und beschlossen habe, Deutschland zu verlassen. Wir trafen uns noch einmal und schliefen miteinander. Dann haben wir uns verabschiedet – für immer. Ich wusste nicht, ob ich lachen oder weinen sollte. Würde ich diesen Mann je vergessen können?

Nach Zorans Abreise normalisierte sich unser Leben. Wir waren jetzt allein, Birgül, Ali und ich. Obwohl ich oft an Zoran denken musste, wusste ich, dass ich die richtige Entscheidung getroffen hatte. Jetzt würde alles gut werden. Inzwischen hatte sich auch Mustafa beruhigt. An seinen Wochenenden holte er die Kinder wie vereinbart ab und brachte sie auch wieder pünktlich zurück. Meistens fuhr sowieso nur noch Ali mit ihm. Birgül wollte immer weniger bei ihm sein. Eines Tages hörte ich, dass

Mustafa wieder heiraten wollte. Er habe eine Frau in der Türkei gefunden, die er im nächsten Sommer mitbringen würde. Es war eine Geschiedene aus unserem Dorf. Sie war in meinem Alter, und ich kannte sie sogar. Dass es in Mustafas Leben eine neue Frau gab, interessierte mich überhaupt nicht.

Seit Zoran weggegangen war, fühlte ich mich zwar oft alleine, aber die Hoffnung, meine Söhne wiederzugewinnen, hielt mich aufrecht. In der Zwischenzeit hatte ich auch die Schulden im Griff. Ich würde zwar noch ein paar Jahre zahlen müssen, aber ein Kredit war bereits abbezahlt. Zoran hatte mir freundlicherweise die Möbel überlassen, die er in seinem Überschwang vor anderthalb Jahren gekauft hatte. Als ich ihn fragte, ob er sie nicht mitnehmen wolle, da sagte er nur: »Nein, behalt du sie. Ich brauche sie nicht.« Ab und zu rief er mich an und fragte, ob er nicht kommen solle. Aber ich habe immer »Nein!« gesagt, ich wusste, dass ich schwach werden würde, wenn er erst einmal hier war.

Die Kinder wurden groß. Birgül war dabei, ihren Hauptschulabschluss zu machen, nur der Kleine bereitete mir Sorge. Er interessierte sich nicht für die Schule, sondern verbrachte seine Zeit lieber vor dem Computer. Aber insgesamt konnte ich mich nicht beschweren. Ich hatte immer noch meine Stelle bei der gleichen Firma, für die ich seit vielen Jahren arbeitete, und mir dort sogar eine Sonderstellung erarbeitet. Wann immer es brannte, sprang ich ein. Ich konnte alle Maschinen bedienen, wurde sogar bei der Produktkontrolle eingesetzt, und mein Chef wusste, dass auf mich absoluter Verlass war. Manchmal dachte ich an früher und was für eine Schinderei mein Leben gewesen war. Immer hatte ich jemanden im Kreuz, der mich antrieb. Entweder *Mutter* oder Mustafa, einer wollte immer etwas. Was für ein schönes Leben ich doch im Vergleich dazu nun führte. Ich konnte kommen und gehen, wann ich wollte. Ob ich die Wohnung putzte oder nicht, störte niemanden. Und wenn ich das ganze Wochenende auf meiner Couch saß und gar nicht arbeitete, war es auch egal. Jetzt war ich frei wie ein Vogel – endlich.

Die liebe Verwandtschaft

Es war Herbst, die Kinder hatten Ferien, und wir waren auf dem Weg zu meiner Familie nach Norddeutschland. Das war der erste Besuch seit vielen Jahren. Nach der jahrelangen Funkstille hatte ich mir vorgenommen, das Schweigen zu beenden. Mit meiner Mutter hatte ich auch wieder Kontakt. Ich hatte sie beim letzten *Kurban Bayramı* , unserem großen Fest, angerufen und ihr alles Gute gewünscht. Sie hatte im ersten Moment gar nicht sprechen können, weil sie vor lauter Glück weinen musste. Vater hatte ihr verboten, mit mir Kontakt aufzunehmen. Auch ich war glücklich, endlich wieder mit meiner *anne* sprechen zu können. Jetzt wollte ich auch wissen, wie es meinen Geschwistern geht. Ich hatte sie lange nicht gesehen und nichts von ihnen gehört.

Als ich meine Schwester anrief und fragte, ob ich sie besuchen solle, war sie zu mir wie früher. Mit keinem Wort erwähnte sie unser Zerwürfnis. Sie fragte auch nicht, ob dieser Mann mitkommen würde. Sicher hatte sie – über die gleichen Kanäle wie damals – erfahren, dass Zoran nicht mehr bei mir lebte. Aber gefragt hat sie mich nicht. Ich sprach auch nicht darüber. Was hätte das auch für einen Sinn gehabt? Vorbei ist vorbei. Ich bin nicht nachtragend. Obwohl sie mir viele schreckliche Worte gesagt hatte, damals am Telefon, hatte ich ihr verziehen. Sie war schließlich meine Schwester. So besuchten wir sie also, meine beiden Jüngsten und ich.

Wir fuhren mit dem Zug. Die ganze Fahrt über hatte ich mich gefreut, sie alle wieder zu sehen, die Nichten und Neffen und natürlich meine Geschwister. Zu lange hatte sich die Familie nicht gesehen – und die Familie ist doch für uns Türken das Allerwichtigste. Vor allem aber freute ich mich auf meine Nichte Gonca. Sie ist jetzt neunzehn Jahre alt, und wir stehen uns sehr nah. Abgesehen von meiner Tochter, ist sie die Einzige in meiner Familie, die mich versteht.

Nach zehn Stunden Fahrt waren wir endlich angekommen. Hier, in einer Kleinstadt im Norden Deutschlands, lebten sie alle, meine Geschwister, meine Onkel und Tanten und natürlich viele Nichten und Neffen. Verwandte, was sage ich? Unser halbes Dorf lebte hier. Mein Schwager und sein ältester Sohn waren gekommen, um uns abzuholen.

Meine Schwester Hanife schien erfreut und lächelte, als sie uns sah. An ihrem Rock hingen ihre beiden Jüngsten, zwei und vier Jahre alt. Zaghaft nahm sie mich in den Arm, dann küsste sie Ali und Birgül. Hanife ist eine ruhige Person, nicht überschwänglich, eher zurückhaltend. Vor zwanzig Jahren hatte sie den Bruder meiner Schwägerin geheiratet und war zu ihm nach Deutschland gekommen. Sie sieht meiner Mutter sehr ähnlich. Und wie *anne* kleidet sie sich traditionell: langer Pulli, langer geblümter Rock, darunter eine Pumphose. Auf dem Kopf trägt sie ein buntes Kopftuch, das sie im Nacken knotet. Hanife führte ein angenehmes Leben. Insgesamt hatte sie nur zwei Jahre in einer deutschen Fabrik gearbeitet. Nach dem zweiten Kind hat sie ihre Stelle gekündigt und danach alle zwei Jahre ein weiteres Kind bekommen. Heute hat sie acht Kinder, sieben Jungen und ein Mädchen. Das Geld verdienen mein Schwager und die beiden ältesten Kinder.

Wir waren noch nicht richtig angekommen, da fing Hanife schon an uns zu bewirten: *lahmacun,* türkische Pizza, *salata,* Salat, *tavuklu pilav,* Hähnchen mit Reis. Meine beiden Kinder fühlten sich gleich wie zu Hause. All die vertrauten Gesichter, Onkel und Tante und die vielen Cousins wieder zu sehen, tat ihnen sichtlich gut. Auch für mich war es schön, endlich wieder im Kreise meiner Familie zu sein. Später kamen mein Bruder und seine Frau kurz vorbei, um uns zu begrüßen. Es war unser erstes Zusammentreffen seit Jahren. Alle waren versammelt, nur meine

Nichte fehlte noch. »Gonca hat Spätschicht, sie kommt gegen halb elf«, erzählte meine Schwester, als ich sie fragte.

Dann führte sie mich stolz durch ihr neu renoviertes Haus. Einhundertfünfzig Quadratmeter Wohnfläche, zwei Stockwerke, in jedem Zimmer Parkett und an allen Fenstern aufwendige, volantartige Vorhänge. Das Elternschlafzimmer war neu eingerichtet – Ton in Ton. Auch die Kinderzimmer waren frisch renoviert. Die sechs Kleinen teilten sich jeweils zu zweit ein Zimmer, nur die beiden Großen hatten ihr eigenes Reich. Goncas Zimmer lag im Erdgeschoss zwischen Wohnzimmer und Küche. Die Einrichtung war modern und hell. Ein Bett, ein Sofa, ein Schrank und eine kleine Spiegelkommode. Im Zimmer ihres sechzehnjährigen Bruders standen ein Schreibtisch und ein Computer. Er schlief, wie der Rest der Familie, im ersten Stock. Warum meine Nichte im Erdgeschoss wohnte, begriff ich erst später.

Das Wohnzimmer war riesig, aber noch nicht fertig eingerichtet. Die einzigen Möbelstücke waren eine große Eckcouch mit passendem Tisch, davor thronte in einigen Metern Entfernung ein großer Flachbild-Fernseher. Mit verschiedenen Lautsprecherboxen sorgte er für Kinoatmosphäre. Ich kannte so etwas nur aus Werbeprospekten, und es gefiel mir auch nicht besonders. Die Küche war der einzige noch nicht renovierte Raum im Haus. Dennoch war es in der Einbauküche aus den sechziger Jahren am gemütlichsten. Hier saß ich nach der Besichtigung mit meiner Schwester. Hanife erzählte von den Eltern, denn sie war erst in diesem Sommer in der Türkei gewesen.

Gegen halb elf schließlich ging die Tür auf, und meine Nichte kam herein. Wir fielen uns in die Arme und begrüßten uns herzlich. Ähnlich stürmisch umarmten sich die Cousinen. Sie strahlten über beide Gesichter, Birgül und Gonca hatten sich schon als Kinder gut verstanden und waren sich, trotz der räumlichen Distanz, immer sehr nah gewesen. Die übrige Familie hingegen nahm Goncas Ankunft kaum zur Kenntnis. Während wir in der Küche blieben und ihr beim Essen Gesellschaft leisteten, hatte sich meine Schwester zu ihrem Mann auf die Couch vor den

Fernseher zurückgezogen, die Jungen vertrieben sich die Zeit mit Playstation. Nur der kleine vierjährige Bruder saß dicht bei seiner großen Schwester. »Akin wartet immer auf mich, egal wie spät ich von der Arbeit komme«, sagte Gonca lächelnd, herzte ihn und nahm ihn auf den Schoß.

Inzwischen war es schon spät geworden, und nach und nach waren alle ins Bett gegangen, ohne uns eine »Gute Nacht« zu wünschen. Birgül und ich sollten in Goncas Zimmer schlafen. Wir zogen uns zurück, aber an Schlaf war nicht zu denken. Gonca war wie aufgezogen. Sie nahm ihr Kopftuch ab und warf es in die Ecke, dann setzte sie sich zu mir aufs Bett und fing an zu erzählen: »*Teyze*, Tante, es ist so viel passiert, seitdem wir uns zuletzt gesehen haben.« Dann erzählte sie von ihrem letzten Jahr in der Schule und der Suche nach einem Ausbildungsplatz. Sie hatte einen richtig guten Realschul-Abschluss gemacht und berichtete stolz von ihren Noten. Und natürlich hatte sie von einem Ausbildungsplatz in einem Büro geträumt. »Ich kann tippen, weiß, wie man mit einem Computer umgeht, und organisieren kann ich auch. *Teyze*, ich habe mir so sehr eine Lehrstelle gewünscht. Aber es hat nicht geklappt.« Dann erzählte sie, dass sie monatelang gesucht hatte, zuerst nach einer Ausbildungsstelle als Büro- oder Industriekauffrau, schließlich zur Einzelhandelskauffrau. Egal was für ein Beruf es sei, sie wollte nur eine Ausbildung machen. »Weißt du, warum die mich nicht genommen haben, Tante?«, fragte sie mich dann aufgebracht, »wegen des Kopftuchs. Ja! Ein Personalchef hat mir gesagt, er könne keinen Azubi mit einem Kopftuch einstellen. Das würde bei den Kunden nicht gut ankommen. Oh, wie ich es hasse, dieses Kopftuch!« Jetzt weinte sie. »Ich will es nicht mehr tragen. Aber du weißt, wie Papa ist. Er sagt, ich muss. Also muss ich! Da bleibt mir doch nichts anderes übrig, oder?«

Gonca war ziemlich durcheinander. Sie wusste nicht, was richtig und was falsch war. Dann berichtete sie von ihrer Arbeit in der Fabrik. Ähnlich wie ihre Tanten und Cousinen hatte sie inzwischen Arbeit im Ort gefunden, in der Kunststofffabrik. Dort war sie für sechs Euro die Stunde beschäftigt und arbeitete jeden Tag von zwei Uhr nachmittags bis abends um zehn. » Ich arbeite sogar am Samstag, obwohl ich das eigentlich gar nicht müsste. Aber dort arbeiten ist immer noch besser, als zu Hause zu sein.« Ich wusste, dass meine Schwester keine besonders gute Beziehung zu ihrer einzigen Tochter hatte.

Jeden Tag stand Gonca um sieben Uhr auf und machte ihre Geschwister für die Schule fertig. Sie kochte Tee, schmierte Brote und schälte Obst. Wenn die großen Kinder schließlich um halb acht das Haus verlassen mussten, kümmerte sie sich um die beiden Kleinen. »Das ist eigentlich der einzig gemütliche Teil meines Tages. Ich bin dann mit den beiden allein, und wir frühstücken in aller Ruhe. Um neun oder halb zehn kommt *sie*, setzt sich wie Königinmutter an den Tisch und lässt sich bedienen.« Gonca hatte sich in Rage geredet. »Weißt du, *teyze*, es ist nicht so, dass ich ihr den Schlaf nicht gönne, und es macht mir auch nichts aus, ihr den Kaffee einzuschenken. Nein! Aber dass Mutter den ganzen Tag nur rumsitzt, mir die Arbeit anschafft und mich andauernd anschreit, das macht mich fertig.« Jeden Tag müsse sie das Haus putzen, immer wieder an den gleichen Stellen. »Und ich meine, auch bei zehn Leuten im Haus muss man nicht jeden Tag jeden Zentimeter putzen, oder? Das ist doch absurd.« Ich wusste jetzt jedenfalls, warum man Gonca im Erdgeschoss einquartiert hatte. So konnte sie schon mal die Hausarbeit machen, während man im ersten Stock noch ungestört schlief.

Birgül hatte ihrer Cousine zugehört und war sichtlich erschüttert. Wahrscheinlich fing sie an zu begreifen, in welch glücklicher Situation sie selbst lebte: Sie hatte gerade eine Lehrstelle in einem Büro gefunden und half mir im Haushalt nur, wenn sie Zeit und Lust dazu hatte. An den Wochenenden konnte sie aufstehen und zu Bett gehen, wann sie wollte. Keiner zwang sie zu irgendetwas. Und ein Kopftuch trug sie natürlich auch nicht.

In dieser Nacht schlief ich schlecht. Gonca ging mir ständig durch den Kopf. Warum behandelte meine Schwester ihre einzige Tochter so schlecht? Gut, sie war das erste Kind, und meine Schwester war damals selbst gerade erst achtzehn Jahre alt gewesen und hatte gleich nach der Geburt wieder arbeiten müssen. Also machte sie das, was die meisten von uns taten, sie schickte ihre Tochter in die Türkei. Gonca war also noch kein Jahr alt, als man sie zu den Großeltern väterlicherseits brachte. Aber das war wiederum auch ihr Glück, denn dort erlebte die Kleine eine unbeschwerte, glückliche Kindheit. Sie liebte ihre Großmutter und fühlte sich bei ihr wie zu Hause. Ihre Eltern kannte sie nur von den paar Wochen Urlaub, die sie jedes Jahr in der Türkei verbrachten.

Als Gonca sechs Jahre alt war, holte man sie wieder nach Deutschland, in ein ihr fremdes Land. Wider Erwarten lebte sie sich schnell ein, lernte innerhalb kürzester Zeit Deutsch und wurde ganz normal eingeschult. Aber sie besuchte die Grundschule nur bis zur dritten Klasse, dann schickte man sie wieder zurück in die Türkei. Warum man sie diesmal weggeschickt hatte, weiß ich nicht. Erst als sie fünfzehn Jahre alt war, kam sie endgültig zu ihrer Familie nach Deutschland zurück. Die Eltern waren ihr inzwischen noch fremder geworden, auch ihre Brüder kannte sie kaum. Ein einigermaßen gutes Verhältnis stellte sich lediglich zum Vater ein, die Mutter hielt sie auf Distanz. Aber Gonca hatte – wie ich, als ich nach Deutschland verheiratet wurde – das ideale Alter, zur Haussklavin gemacht zu werden.

Am nächsten Morgen wachte ich wie gerädert auf. Gonca war schon aufgestanden und arbeitete bereits in der Küche. Heute war Samstag, die Kinder mussten nicht in die Schule, und auch mein Schwager war zu Hause. Nach kurzer Zeit kamen alle aus ihren Betten und setzten sich an den gedeckten Frühstückstisch. Als Letzte kam – wie üblich – meine Schwester. Sie setzte sich ihren Jüngsten auf den Schoß, schob ihm liebevoll ein Ei in den Mund und drückte ihm einen Kuss auf die Wange. Ihre Tochter würdigte sie keines Blickes, auch mit mir wechselte sie kaum ein Wort. Obwohl wir in der Nacht sehr leise gesprochen hatten, wurde ich das Gefühl nicht los, dass sie genau wusste, was

Gonca uns erzählt hatte. Das Gespräch am Tisch war ziemlich einsilbig. Gegen Mittag ging Gonca wieder zur Arbeit, aber sie versprach, an diesem Tag früher zurückzukommen.

Birgül und ich machten uns auf den Weg zu meiner Tante und meinem Onkel, dem Bruder meiner Mutter. Das war ein großes Hallo. Auch die beiden hatte ich seit vielen Jahren nicht mehr gesehen. Nach einer herzlichen Begrüßung saßen wir bald um einen runden Tisch, tranken Tee und unterhielten uns angeregt. Meine Tante und ihr Mann hatten Glück gehabt, ihre Familie funktionierte: Sohn und Tochter hatten jeweils eine Cousine bzw. einen Cousin geheiratet, und alle lebten seit fast zwanzig Jahren friedlich zusammen im gleichen Haus. Sie hatten insgesamt sechs Kinder, die gemeinsam aufwuchsen. Die beiden Elternpaare arbeiteten in der gleichen Fabrik und machten Schichtdienst, so dass immer zwei Erwachsene bei den Kindern waren. Obwohl die Ältesten schon fünfzehn und sechzehn Jahre alt waren, musste immer jemand da sein. Zwei der kleineren Kinder waren nämlich schwer körperlich und geistig behindert.

Während ich die kranke Tochter, die mühsam laufen konnte, im Arm hielt und streichelte, dankte ich *Allah*, dass er mir vier gesunde Kinder geschenkt hatte. Denn ich war schließlich auch mit einem Cousin ersten Grades verheiratet gewesen. Aber die Familie meines Onkels war nicht unglücklich. Sie hatte ihr Schicksal angenommen und kümmerte sich rührend um die beiden. Stolz erzählte mir meine Cousine von ihrem Leben und was sie inzwischen erreicht hatten. Sie hatten ein Haus hier in Deutschland, das inzwischen abbezahlt war, und zwei weitere Häuser in der Türkei. Eines nutzte die Familie selbst, das andere war vermietet. Obwohl ich mich für sie freute, war ich ein bisschen traurig. So konnte es also auch gehen.

Die nächste Station war mein Bruder. Er und seine Frau erwarteten uns bereits. Auch hier wurde ich überrascht: Das Haus war komplett neu renoviert, und zwar innen und außen. Tja, das war wohl die Quittung dafür, wenn man sich scheiden ließ. Während ich in einer kleinen Sozialwohnung lebte und immer noch Mustafas Schulden zurückbezahlte, besaßen meine beiden Geschwister eigene Häuser.

Das Wiedersehen mit meinem Bruder Bekir verlief herzlicher als das mit meiner Schwester. Zu meiner Schwägerin hatte ich immer schon einen guten Kontakt gehabt. Auch sie erzählte mir von den Eltern in der Türkei und wie sich das Elternhaus inzwischen verändert hatte. Vor ein paar Jahren hatte mein Bruder das alte Haus abreißen lassen und ein großes neues gebaut. Die letzten Arbeiten waren im vergangenen Sommer beendet worden. »Für das Geld hätte ich in Deutschland gerade mal eine Zwei-Zimmer-Wohnung kaufen können«, erzählte er mir. Für meine Eltern war das gut. Weil sie jetzt alle Annehmlichkeiten des Lebens genießen konnten. Gut, Elektrizität und fließendes Wasser hatten sie früher auch schon gehabt, aber nun hatten sie ein gefliestes Bad und eine Einbauküche. Außerdem hatte mein Bruder eine Waschmaschine, einen Kühlschrank und eine große Gefriertruhe angeschafft. Alles Dinge, die meine Eltern bis vor wenigen Jahren nur aus dem Fernsehen kannten.

Mein Bruder war stolz. Auch er schien ein gutes Los gezogen zu haben. Er war seit fünfundzwanzig Jahren verheiratet und hatte fünf Kinder. Die zwei ältesten Töchter waren bereits verheiratet und hatten eigene Familien gegründet. Sowohl er als auch seine Frau arbeiteten seit vielen Jahren in einer nahe gelegenen Fabrik. Dort waren inzwischen auch die beiden unverheirateten Töchter nach der Schule untergekommen. Eine Ausbildung hatten sie nicht gemacht, »wozu auch?«, sagte meine Schwägerin, »die heiraten doch ohnehin. Außerdem können wir das Geld gut brauchen.«

Wir schwatzten von früher, tranken Tee und aßen eine Kleinigkeit. Die Fotos von den Hochzeiten der beiden Ältesten wurden gezeigt und die neuesten Geschichten von den Enkeln erzählt. Dann kam Gonca vorbei. Sie hatte an diesem Abend früher Schluss gemacht und war fröhlich. Auch Birgül freute sich und überredete die Cousine zu einem Stadtbummel. Sie fragten mich, ob das in Ordnung sei. Ich stimmte zu, mit der Einschränkung, dass sie spätestens um halb zehn Uhr wieder zu Hause sein sollten. Fröhlich zogen die beiden los, während ich mich weiter mit meinem Bruder und seiner Frau unterhielt. Dann kamen meine ältesten Nichten mit ihren Kindern dazu, und wir vergaßen die Zeit. Nachdem wir für den nächsten Morgen ein gemeinsames Frühstück mit der ganzen Familie vereinbart hatten, brachte mich mein Bruder kurz nach acht zu Hanife.

Im Haus meiner Schwester herrschte dicke Luft. Hanife und mein Schwager Kemal waren verärgert, dass ich so spät kam. Kemal fragte aufgebracht, wo denn die Mädchen seien. Ich erklärte ihm, dass sie noch in die Stadt gegangen seien, aber gleich zurückkommen müssten. Daraufhin griff er nach seinem Handy und wählte Goncas Nummer. Aber sie ging nicht dran. Wütend legte er auf, aber nur, um die Nummer gleich noch einmal zu wählen. So ging das eine ganze Weile, bis sie endlich den Anruf entgegennahm. Ihr Vater schrie durchs Telefon, was ihr einfiele und wieso sie noch nicht zu Hause sei. Schneidend befahl er ihr, sofort zu kommen. Ich saß völlig erstarrt auf dem Sofa und hörte, wie meine Schwester stichelte: »Diese kleine Schlampe, wie kann sie es wagen, alleine in die Stadt zu gehen?« Ich hörte ihr sprachlos zu. Nach den Regeln meines neuen, selbst bestimmten Lebens ohne Mustafa war es mir ganz natürlich erschienen, die beiden Mädchen ausgehen zu lassen. Aber hier herrschten die Gesetze des türkischen Clans, und ich spürte, dass sie immer noch stärker waren als ich.

Eine Viertelstunde später waren sie da. Mein Schwager war bereits im Schlafanzug und hatte sich im Flur aufgebaut. Drohend stand er da, und als die Mädchen hereinkamen, brach ein Donnerwetter los. Birgül ging hinter ihrer Cousine in Deckung, und Gonca ließ sich regungslos von ihrem Vater abkanzeln. Es gäbe schließlich Regeln in diesem Haus, die sie zu befolgen hätte und »du übrigens auch, Nichte«, schrie er Birgül an. Dann stürmte er aus der Küche und verschwand im Obergeschoss. Meine Schwester hatte sich die ganze Zeit zurückgehalten. Jetzt stand sie da und lächelte zufrieden. Es war klar, wer die treibende Kraft gewesen war.

Gonca und Birgül verschwanden nach einer Weile resigniert im Zimmer. Ich saß – ebenfalls ziemlich verloren – in der Küche. Ich hatte mir einen Tee gemacht und dachte über die Szene nach. Auch ich stand unter Schock. Bei mir waren viele Bilder aus der Vergangenheit wieder aufgetaucht. Wie oft war ich von Mustafa angebrüllt und verprügelt worden? Warum müssen die türkischen Männer immer gleich schreien und zuschlagen? Aber ich ärgerte mich auch. Was war das für ein Verhalten? Gonca war doch kein Kind mehr. Schließlich war sie neunzehn Jahre alt und volljährig.

Nachdem ich mich beruhigt hatte, ging ich zu den Mädchen. Die beiden saßen immer noch völlig aufgelöst auf einem der Betten. Der kleine Akin lag schon zusammengerollt im Bett und schlief. Gonca und Birgül flüsterten. Ich setzte mich dazu und fragte, warum sie denn so spät gekommen seien. Nicht, um noch eins draufzusetzen, ich wollte es einfach wissen. Da sagte Birgül: »Mensch, Mama, du weißt doch, wie selten wir uns sehen. Das war doch alles völlig harmlos. Erst sind wir ein bisschen durch die Geschäfte gebummelt, und dann haben wir noch eine Cola getrunken. Da braucht man doch nicht so ein Theater zu machen.« Dann schaute sie mich treuherzig an und lächelte zaghaft. Sie hatte ja Recht. Warum sollte ich ihr böse sein?

Gonca war immer noch völlig verstört. Sie schmiegte sich an mich und sagte: »Weißt du, *teyze*, ich komme hier überhaupt nicht raus. Die sind immer weg, an den Wochenenden gehen sie zu Freunden oder Verwandten. Oder an Silvester! Da waren sie auf einem türkischen Neujahrsfest, aber glaubst du, sie hätten mich mitgenommen? Die gehen einfach ständig aus, und ich bleibe hier und hüte die Kinder.« Wenn die Eltern mit den größeren Söhnen in die Türkei flogen, war klar, dass Gonca bei den jüngeren Geschwistern zu Hause blieb. Meine Nichte fand das nicht gerecht. »Ich bin doch die Junge, ich müsste doch ausgehen, und die Alten bleiben zu Hause, oder?«

»Früher, als ich noch zur Schule ging, war es noch schlimmer«, erzählte sie, »weil ich da ja noch mehr Zeit hatte. Da habe ich oft bis abends um zehn geschuftet. Erst danach hatte ich Zeit, meine Hausaufgaben zu machen. Und trotzdem habe ich die Schule gut geschafft.« So gesehen war ihr Job in der Fabrik gar nicht so schlecht. Jetzt war sie wenigstens acht Stunden weg von zu Hause, weg von ihrer Mutter, die sie wie eine Sklavin hielt.

Von Hochzeiten und Fehlern

Als wir wieder zu Hause waren, wurde ich krank. Eine Woche lang schleppte ich mich in die Arbeit, kapitulierte dann aber doch vor dem hartnäckigen Grippevirus. Ich hatte Fieber und konnte kaum sprechen. Ich ging zum Arzt, der verschrieb mir starke Medikamente und verordnete strikte Bettruhe. Obwohl mir die Kinder halfen, war es schwierig. Abgesehen von zwei Nachbarinnen, die ich im Laufe der Zeit näher kennen gelernt hatte, hatte ich niemanden. Sie erledigten die Einkäufe oder kochten gleich für uns mit. Ich konnte zwar kaum etwas essen, aber die Kinder waren wenigstens versorgt. Seit meiner Scheidung war alles auseinander gegangen, der Familien-Clan existierte weiter ohne mich. Kontakt zu den alten Freundinnen hatte ich keinen mehr. Selbst meine beste Freundin Hatice hatte ich aus den Augen verloren. Ich glaube, sie hatte sich inzwischen ebenfalls von ihrem Mann getrennt, und ich wusste nicht einmal, ob sie noch in Deutschland lebte. Eigentlich machte mir das nichts aus. Ich lebte eben sehr zurückgezogen, aber in Krisensituationen wäre es schon schön, nicht alleine zu sein.

Kontakte zur Außenwelt ergaben sich nur durch die Arbeit und die Kinder. Ali ging alle zwei Wochen zu seinem Vater und sah dort seine Brüder und die Großeltern. Manchmal ging auch Birgül hin, aber nicht so oft. Und die beiden haben mir immer berichtet, wenn es in der Familie oder in Ballidere etwas Neues gab. Etwa, wer heiratete oder ein Kind bekam. So erfuhr ich eines Tages, dass es bald wieder eine Hochzeit zu feiern gäbe.

»Mama, Mama, stell dir vor, Can heiratet!«, rief Birgül, als sie nach Hause kam.

Diese Nachricht schlug bei mir ein wie eine Bombe. Ich musste mich erst mal hinsetzen. Wer heiratet? Mein Ältester? »Aber wen denn, um Gottes Willen?«, fragte ich perplex.

»Ich habe sie nur kurz kennen gelernt, Mama, aber sie ist ganz nett, glaube ich. Ach, und du bist auch eingeladen«, sagte sie und zauberte einen Umschlag aus der Tasche. Sie gab ihn mir und sagte stolz: »Das ist für dich.« Ich war völlig verwirrt, mein Erstgeborener wollte heiraten, und ich kannte nicht mal seine Braut. Ich öffnete den Umschlag und gab Birgül resigniert den Brief zum Vorlesen. Eifrig las sie: »Wir, Can und Cansu, laden herzlich zu unserer Hochzeit ein.« Mir kamen die Tränen, und ich wusste nicht, was ich sagen sollte.

Gut, ich hätte Mustafa anrufen und ihn fragen können, wen unser Sohn sich ausgesucht hatte, aber das wollte ich nicht. Birgül hatte natürlich sofort gemerkt, dass mich die Neuigkeiten erschüttert hatten, und versuchte mich zu beruhigen. »Du kommst mit Ali und mir, Mama, das ist doch klar.« Erst später hat sie mir erzählt, dass nicht Can ihr die Einladung gegeben hatte, sondern seine zukünftige Frau Cansu. Aber wer war sie? Woher kam sie? Und warum hatte mein Sohn sie mir nicht persönlich vorgestellt? Birgül erzählte mir ein bisschen von Cansu, dass sie auch Deutschtürkin sei, dass die beiden sich hier in Deutschland kennen gelernt haben und sie gerade ein Studium abgeschlossen habe. Offensichtlich hatte mein Sohn genauer hingesehen, wen er heiratete. Das freute mich. Aber nach und nach sickerte auch durch, dass ich offiziell zwar eingeladen, aber nicht willkommen war. Meine Schwiegermutter hatte wohl wortwörtlich gesagt: »Wenn die kommt, dann gehen wir, und zwar alle.« Damit war die Sache klar, für mich zumindest.

Der Hochzeitstag rückte näher. Obwohl ich wusste, dass ich wahrscheinlich nicht hingehen würde, hatte ich Geschenke gekauft. Dafür war ich extra in die Stadt zu einem Juwelier gefahren und hatte schönen Goldschmuck ausgesucht, ein paar Armreife, einen Ring und eine passende Kette. Das war nicht billig. Egal, es war schließlich mein Ältester, der heiratete. Insgeheim hoffte ich natürlich, dass er mich zur Hochzeitsfeier abholen würde. Die Kinder waren schon weg, als ich mich anzog und die Geschenke einpackte. Ich grübelte, ob Birgül sich nicht doch verhört hatte und *Mutter* gar nicht gedroht hatte.

Fertig angezogen und zurechtgemacht, wartete ich also. Can würde doch sicher kommen. Immer wieder ging mir *Mutters* Drohung durch den Kopf. Bestimmt würde Can sie ignorieren, oder? Es regnete stark an diesem Tag im Juni. Und es wurde immer später. Nervös kramte ich die Einladung hervor und las erneut das Datum: 22. Juni 2001, siebzehn Uhr, stand da, und jetzt war es schon gleich halb acht. Wie ein Tiger im Käfig bin ich vom Wohnzimmer in die Küche gelaufen, immer hin und her. Mal habe ich aus dem einen Fenster, mal aus dem anderen geschaut. Aber es war kein Auto in Sicht! Mein Sohn hatte mich vergessen! Er hatte ohne seine Mutter geheiratet. Als es dunkel war, habe ich die Hoffnung aufgegeben. Verzweifelt zog ich meine schönen Sachen aus und legte mich ins Bett. Niemand würde mehr kommen und mich abholen! Ich versuchte zu schlafen. Vergeblich. Die ganze Nacht lag ich wach und dachte über meinen verlorenen Sohn nach.

Es muss eine sehr schöne Feier gewesen sein. Birgül und Ali kamen am nächsten Tag ganz aufgekratzt wieder. »Du kannst dir nicht vorstellen, was das für eine schöne Braut war, Mama«, schwärmte Birgül und erzählte von dem weißen Traum aus Spitze, den Cans junge Frau getragen hatte. Dann berichtete sie, wer gekommen sei, was es zu essen gegeben habe, und dass das Brautpaar sehr viele Geschenke bekommen habe.

Und die Sache mit dem Geld, die erzählten sie auch. Wie auf jeder türkischen Hochzeit hatten die Gäste der Braut Geldscheine an das Kleid gesteckt. Es muss wohl ziemlich viel gewesen sein. Auf jeden Fall war das Geld, kurz vor Ende der Feier, verschwunden. Aber darauf hatte niemand geachtet, außer *Mutter*. Sie hatte anscheinend mitgezählt und ausgemacht, dass es an die 6000 DM gewesen sein müssen. Aber das Geld war weg und Cans Schwiegermutter auch. Mustafas Familie muss völlig geschockt gewesen sein, weil sie ja wussten, wie viel so eine Hochzeit kostete, und das geschenkte Geld hatten sie – wie bei jeder Hochzeit – für die Bezahlung der Feier eingeplant. Aber nun war es weg. Am nächsten Morgen stellte sich heraus, dass Cans Schwiegermutter tatsächlich das Geld an sich genommen hatte. Als man sie darauf ansprach, sagte sie wohl knapp: »Ja, natürlich. Ich musste es doch in Sicherheit bringen, das ist doch Cans und Cansus Geld.« Sie hat dann 2000 DM davon zurückgegeben, aber das reichte nicht, um die Rechnungen zu bezahlen. Mustafa, die Großeltern und seine Brüder mussten noch etwas drauflegen. Diese Geschichte hat mich ein bisschen versöhnt. Es freute mich, vor allem auch deshalb, weil *Mutter* es anscheinend endlich mit jemandem zu tun hatte, der mindestens genauso geldgierig war wie sie selbst.

Aber dass Can mich nicht zu seiner Hochzeit abgeholt hatte, hat mich schwer getroffen. Noch Wochen später ging es mir schlecht, immer wieder lag ich mit Migräne im Bett. Birgül und Ali versuchten mich aufzuheitern, aber gelungen ist es ihnen nicht. Vielleicht wäre es leichter gewesen, wenn ich eine Freundin gehabt hätte, mit der ich hätte reden können. Oder Zoran? Aber der war in Kroatien und hatte sich länger nicht mehr gemeldet. In meiner Verzweiflung rief ich ihn an. Er freute sich, meine Stimme zu hören, und ich erzählte ihm, was passiert war. Er hörte zu und hatte schnell eine Lösung: »Weißt du was? Ich habe ohnehin gerade nichts zu tun, ich komme nach München, dann können wir uns sehen.« Ich fühlte mich überrannt, eigentlich hatte ich doch nur reden wollen, und jetzt wollte er gleich hierher kommen. Aber wie hätte ich es ihm ausreden sollen? Ziemlich verwirrt legte ich auf. Dann dachte ich, ›Ach der Zoran, der redet viel, wenn der Tag lang ist. Der kommt bestimmt nicht.‹

Am nächsten Tag stand er allerdings vor der Tür. Es war vormittags, und er sah ziemlich zerzaust und müde aus. »Wo kommst denn du her?«, fragte ich ihn erstaunt.

»Ich bin durchgefahren und gestern Nacht angekommen. Ich

habe im Wald geschlafen, weil ich dich nicht wecken wollte und auch nicht wusste, ob es dir recht ist!«, erzählte er.

Ich bat ihn herein und kochte ihm erst mal einen Kaffee. Und dann redeten wir. Stundenlang. Es war schön, endlich mal wieder jemanden zu haben, der zuhörte. Die Kinder waren nicht begeistert, als sie Zoran sahen. Und Birgül fragte mich gleich auf Türkisch, ob der Säufer jetzt wieder bleiben würde.

»Nein«, sagte ich schnell, weil ich wusste, dass die Kinder es nicht akzeptieren würden. Aber es war schwierig, Zoran die Wahrheit zu sagen. Irgendwie hat er es wohl selbst gemerkt, dass er nicht willkommen war. Nach einer Weile sagte er, er wolle nicht mehr länger stören, und verabschiedete sich. Dann ist er gegangen. Ob er wieder im Wald geschlafen hat, weiß ich nicht. Gekommen ist er jedenfalls nicht mehr. Das stimmte mich traurig, weil ich ihn im Grunde ja immer noch liebte. Aber ich hatte mich gegen ihn und für meine Kinder entschieden. Diese Entscheidung konnte ich nicht mehr rückgängig machen.

Das Leben ging weiter, aber es war trostlos. Ich vermisste meine Söhne und wusste nicht, wie ich sie zurückgewinnen sollte. Auch die Großfamilie fehlte mir manchmal, obwohl ich mich in den letzten Jahren darin nicht wohlgefühlt hatte. Ich vermisste die gemeinsamen Essen und die Zusammenkünfte. Und immer öfter hatte ich das Gefühl, dass meine beiden Kinder und ich ein verkehrtes Leben lebten. Aber ich wusste auch, dass es kein Zurück gab und ich – im Grunde – auch nicht zurückwollte. Vielleicht gab es das Leben, das für mich richtig war, gar nicht.

In der Zeit lernte ich Gökcem kennen. Sie war eine neue türkische Kollegin bei uns in der Firma, und wir verstanden uns auf Anhieb. Wir arbeiteten in der gleichen Schicht und freundeten uns schnell an. Gökcem war ein bisschen jünger als ich und lebte noch nicht so lange in Deutschland. Wenn wir Frühschicht hatten, gingen wir manchmal nach der Arbeit noch einen Kaffee trinken. Sie war wirklich sehr nett, und durch sie fand ich ein Stück verlorene Heimat wieder. Irgendwann habe ich sie und ihren Mann dann zu uns nach Hause eingeladen. Birgül wollte kochen. Sie liebte es und experimentierte ständig in der Küche herum. Mittlerweile war sie eine ganz brauchbare Köchin geworden. Den ganzen Samstagvormittag verbrachte sie in der Küche und zauberte die verschiedensten Gerichte. *yaprak dolması*, gefüllte Weinblätter, und *tas kebabı*, ein Blätterteig mit gedünsteter Fleischfüllung, dazu gab es gemischten Salat. Birgül hatte sich sehr viel Mühe gegeben, und es schmeckte vorzüglich. Das Essen war ein Volltreffer. Aber Gökcem interessierte sich vor allem für meine Tochter. Nach dem Essen sagte sie: »Was für eine schöne Tochter du hast, Ayşe.« Das stimmte ja auch. Birgül war mit ihren sechzehn Jahren eine kleine Schönheit – groß, schlank, lange, schwarze Haare und große, dunkelbraune Augen.

Birgül fühlte sich ziemlich geschmeichelt, aber ansonsten war sie nach dem Essen ziemlich abwesend. Sicher war sie mit ihren Gedanken wieder bei Paul. Das war der Junge, in den sie gerade verliebt war. Ein Deutscher, glaube ich. Aber so genau wusste ich das nicht. Sie hatte mir neulich nur kurz erzählt, dass es da jemanden gäbe in ihrem Leben, der ihr sehr wichtig sei. Ich hatte ihr gesagt, dass sie sich nicht mit ihm einlassen dürfe und aufpassen müsse. Flirten war erlaubt, aber mehr nicht. Schließlich müsste sie bis zu ihrer Hochzeit warten und Jungfrau bleiben. Das war bei uns immer noch üblich und so hatte ich sie ja auch erzogen. Gökcem war nicht die Erste, die zu mir sagte: »Auf so eine hübsche Tochter musst du aber gut aufpassen, Ayşe.« Dann fragte sie mich, ob ich mich denn schon nach einem Schwiegersohn umgeschaut habe.

Ich lachte nur und sagte: »Nein, nein, noch nicht.« Aber das hatte Birgül gar nicht mehr mitbekommen, sie hatte sich in ihr Zimmer zurückgezogen. Wahrscheinlich telefonierte sie wieder mit Paul.

Als ich Gökcem das nächste Mal traf, erzählte sie mir von ihrer Tante. Sie war für drei Monate nach Deutschland gekommen, um eine Frau für ihren Sohn zu suchen. »Sollten wir ihr nicht Birgül vorstellen?«, fragte sie mich. Sie sei genau die Richtige für ihren Cousin Uğur. Ich war gespalten. War meine Tochter nicht doch noch zu jung? Aber andererseits wirkte sie auch schon so groß. Immer wenn ich mit ihr unterwegs war, machte sie den Jungen schöne Augen. Vielleicht war es wirklich an der Zeit, sie unter die Haube zu bringen. Als ich an dem Nachmittag nach Hause kam, erzählte ich Birgül von Gökcems Tante.

Sie fiel aus allen Wolken. »Nein, Mama, du weißt doch, dass ich mit Paul zusammen bin. Ich will keinen Türken. Kommt gar nicht in Frage«, schrie sie und stürmte in ihr Zimmer.

Ich ließ es gut sein und dachte ›abwarten!‹. Gökcem erzählte ich davon nichts.

Ein paar Tage später sprach meine Freundin Birgül direkt an. Sie hatte sie anscheinend angerufen und ihr von der Tante und dem Cousin erzählt. Birgül hatte Gökcem und ihre Tante zum Tee eingeladen. Ich wusste weder etwas von dem Telefonat noch von der Einladung. An diesem Tag lag ich im Garten und sonnte mich. Dass es an der Tür geklingelt hatte, hatte ich nicht gehört. Zufällig war ich in die Küche gekommen, um etwas zu holen. Was war das für eine Überraschung? Meine Tochter hatte sich herausgeputzt und war gerade dabei, den Besuch hereinzubitten, als ich im Badeanzug in die Wohnung kam. Wie peinlich! Gökcems Tante war offensichtlich streng gläubige Muslimin und stand verschleiert in der Tür. Verlegen murmelte ich eine Entschuldigung und verschwand schnell im Schlafzimmer, zog mich um und kam dann, um den Besuch gebührend zu begrüßen. Dann tranken wir Tee. Man erzählte sich dies und das, aber bald kam Senem, Gökcems Tante, zum Thema. In den höchsten Tönen berichtete sie von ihrem Sohn Uğur. Er sei zweiundzwanzig Jahre alt und von Beruf Automechaniker. Stolz zeigte sie ein Foto von ihm und schwärmte, was für ein fleißiger Junge er sei. Zu seinem Glück fehle ihm jetzt eigentlich nur noch eine passende Frau. Sie habe sich schon viele Mädchen angeschaut, aber es sei noch keine geeignete dabei gewesen. Und dann strahlte sie Birgül an und ließ keinen Zweifel daran, dass sie meine Tochter für die Richtige hielt.

Als die beiden weg waren, ist Birgül ausgeflippt. »Glaub nur ja nicht, dass ich da mitmache. Ich heirate doch nicht so ein Landei.« Aufgebracht stürmte sie in ihr Zimmer, schmiss die Tür zu und drehte die Musik auf. Ich ließ es erst mal gut sein und sprach nicht mehr davon. Aber Gökcem wollte am nächsten Tag natürlich sofort wissen, wie Birgül reagiert habe. Als ich ihr erzählte, was passiert war, schaute sich mich kurz an und sagte: »Ach, die beruhigt sich schon wieder.« Ich wusste nicht, was ich davon halten sollte. Eine Woche später war ich bei Gökcem zum Kaffeetrinken. Birgül rief mich auf dem Handy an und fragte aufgekratzt, wo ich sei. Dann erklärte sie kurz entschlossen, dass sie vorbeikäme. Eine halbe Stunde später war sie da. Und natürlich waren wir ziemlich schnell wieder beim Thema Heirat. Gökcems Tante fragte sie: »Willst du ihn nicht doch kennen lernen? Er ist wirklich ein toller Kerl.«

Birgül dachte eine Weile nach und sagte dann plötzlich: »Ja, ich will ihn kennen lernen!«

Warum sie ihre Meinung geändert hatte, wusste ich nicht, aber ich habe auch nicht nachgefragt. Senem jedenfalls ist am nächsten Tag mit ihrer Nichte ins Reisebüro gegangen und hat drei Flugtickets nach Istanbul gekauft.

Drei Wochen später saßen wir im Flugzeug. Es war alles sehr schnell gegangen, und wir hatten nicht wirklich Zeit zum Nachdenken gehabt. Aber ich dachte bei mir, das werde schon richtig sein. Senem war eine gute Frau und Gökcem auch. Sie waren anständige Leute, da würde auch der Sohn in Ordnung sein. Also, was konnte da schon schief gehen? Zuversichtlich saß ich im Flugzeug zwischen meiner Tochter und meinem Sohn Ali und freute mich auf die Türkei. Wir würden keine Zeit haben, um bei *anne* vorbeizuschauen. Schade, aber jetzt gab es Wichtigeres zu tun.

Birgül war nervös. Als das Flugzeug in Istanbul landete, hatte sie schweißnasse Hände. Aber ich wusste nicht, ob es ihre Flugangst war oder die Tatsache, dass sie gleich ihrem zukünftigen Bräutigam gegenüberstehen würde. Wir luden unsere Koffer auf eines der Gepäckwägelchen und folgten Senem. Draußen erwartete uns ihr Sohn Uğur. Wir begrüßten einander, und selbst Birgül, die ziemlich missmutig schaute, bemühte sich um ein freundliches Gesicht. Uğur lud unser Gepäck in sein Auto, und schon bald waren wir auf der Stadtautobahn. Gökcems Tante wohnte in einer Kleinstadt südlich von Istanbul. Die Fahrt dorthin dauerte fast anderthalb Stunden. Als wir ankamen, war es schon dunkel, und nach dem Abendessen sind wir dann alle drei ziemlich erschöpft ins Bett gefallen. Kurz vorm Einschlafen flüsterte mir Birgül ins Ohr: »Mama, ich glaub, ich mag ihn nicht.« Dann schlief sie ein.

Am nächsten Morgen war Uğur schon weg. Er hatte wieder zur Arbeit gemusst, erklärte seine Mutter. »Macht nichts«, sagte Birgül fröhlich und zog sich hübsch an. Nach dem Frühstück hat uns Senem dann das Städtchen gezeigt. Wir drei waren sehr ausgelassen und glücklich, wieder in der Türkei zu sein. Ich war seit Jahren nicht mehr hier gewesen und merkte jetzt, wie sehr ich meine Heimat vermisst hatte. Abends kam Uğur zurück, und wir fuhren zu seiner Schwester, die am anderen Ende der Stadt wohnte. Dort haben wir dann gegessen. Danach führte man Birgül und Uğur in ein Zimmer und verriegelte die Tür. Während wir weiter am Tisch saßen und uns unterhielten, sollten sich die beiden näher kennen lernen. Ich fand nichts weiter dabei, das war in der Türkei eben so. Das hatte man damals mit Mustafa und mir auch so gemacht. Ich unterhielt mich mit Senem und ihrer Tochter und erfuhr wieder einiges über die Familie. Das gefiel mir alles ganz gut. Ich bekam immer mehr das Gefühl, dass die Entscheidung, Birgül mit Uğur zu verheiraten, richtig war. Gut, vielleicht hat es auch eine Rolle gespielt, dass ich Angst hatte, Mustafa würde mir wieder zuvorkommen, so wie bei Can. Aber an Mustafa und die Familie wollte ich jetzt nicht denken. Birgüls Glück war allein meine Sache.

Später, als man Birgül wieder aus dem Raum gelassen hatte, war sie schlecht gelaunt. Sie versuchte zwar, höflich zu bleiben, aber ich merkte gleich, dass etwas nicht stimmte. Sie raunte mir zu, dass sie mich dringend sprechen müsse. Also sind wir hinausgegangen, »ein bisschen spazieren«, haben wir gesagt.

Kaum waren wir draußen, hat sie losgelegt: »Sag mal, Mama, spinnst du eigentlich? Du kannst mich doch nicht mit einem wildfremden Menschen in ein Zimmer sperren. Das war vielleicht bei euch so üblich, aber jetzt nicht mehr. Ich mache das nicht mit.« Wütend lief sie neben mir her.

Ich versuchte sie zu beruhigen und sagte immer wieder, dass er doch ganz nett sei, dieser Uğur.

»Ja, ja, ganz nett«, sagte sie verächtlich. »Aber ich liebe ihn nicht. Ich liebe Paul.« Dann erzählte sie mir, dass sie die ganze Zeit in diesem Zimmer damit verbracht habe, zu simsen.

»Wem hast du eine SMS geschickt?«, fragte ich.

»Wem? Das fragst du noch? Paul natürlich!« Dann erzählte sie weiter, dass Uğur hartnäckig gewesen sei und ihr erzählt habe, was er arbeite und dass er abends manchmal mit Freunden unterwegs sei. »Der Typ ist langweilig. Ich habe keinen Bock auf den!« Fast um es zu unterstreichen, sprach sie Deutsch mit mir.

Abends im Bett wälzte ich den Gedanken hin und her: ›War es falsch, Birgül mit diesem Jungen zu verheiraten? Aber nein, er war doch ganz in Ordnung. Er hatte einen guten Beruf, und er sah nicht schlecht aus. Was wollte sie eigentlich?‹

Am nächsten Morgen haben wir nicht mehr davon gesprochen. Ich wollte sie nicht zu sehr bedrängen. Vielleicht würde sich alles von selbst regeln. Heute hatte Uğur frei, und wir machten einen Ausflug in die Berge. Hier, südlich von Istanbul war alles neu für mich. Nie war ich in diesem Teil der Türkei gewesen. Eigentlich kannte ich meine Heimat gar nicht. Wir waren gerade Richtung Pass unterwegs, als sich plötzlich der Himmel verdunkelte, Wolken aufzogen und ein heftiger Platzregen einsetzte. Uğur fuhr und Birgül saß dicht neben ihm. Irgendwie benahm sie sich heute anders. Sie schien verändert, war nicht mehr so unwirsch und lächelte ihn an. Na, vielleicht klappte es doch noch mit den beiden?

Dann blieb das Auto stecken. Die Hinterreifen hingen im Schlamm und drehten durch. Uğur stoppte, gab dann langsam Gas und versuchte das Auto zu bewegen. Aber vergeblich, er kam nicht aus dem Schlammloch heraus. Senem, Ali und ich saßen auf der Rückbank und machten Witze. Ob wir jetzt wohl die Nacht im Auto auf dem halben Weg zum Pass würden verbringen müssten. Alle lachten. »Weißt du was, wenn du es schaffst, aus eigener Kraft aus dem Schlammloch wieder rauszukommen, dann kriegst du meine Tochter«, sagte ich, ohne viel nachzudenken, zu Uğur.

Birgül drehte sich um, schaute mich entgeistert an und sagte dann auf Deutsch: »Spinnst du, Mama?«

Uğur sah mich an und antwortete schnell: »Gut, das schaff ich.«

Zehn Minuten später hatte er das Auto aus dem Schlamm gefahren. Wir waren erleichtert und froh. Und plötzlich riefen alle: »Ja, jetzt machen wir Hochzeit!« Alle jubelten und waren begeistert, alle außer Birgül.

Nach knapp einer Woche wurde der Hochzeitstermin festgelegt. Meine Tochter Birgül und ihr Bräutigam Uğur würden in zehn Tagen heiraten. Danach hätten wir noch eine halbe Woche, bevor wir wieder zurück nach München müssten. Das war gutes Timing. Uğur würde in ein paar Monaten nachkommen. Alle waren in heller Aufregung, vor allem Uğurs Mutter.

Schon am nächsten Tag brachte sie ein Hochzeitskleid für Birgül. Es war das Kleid, in dem ihre Tochter vor ein paar Jahren geheiratet hatte. Ein langes, weißes Satinkleid mit einem kurzen Spitzenschleier. Die beiden zukünftigen Schwägerinnen hatten eine ähnliche Figur und waren gleich groß, so dass nichts geändert werden musste. Aber Birgül hat es sehr verletzt, dass sie dieses gebrauchte Kleid tragen sollte. Abends im Bett lag sie in meinen Armen und weinte: »Mama, ich will das nicht. Ich bin doch nicht geschieden. Ich will ein neues Kleid.« Aber sie traute sich nicht, ihre Meinung zu sagen und ein neues Brautkleid zu fordern. Und ich habe auch nichts gesagt. Ich fand das Kleid sehr hübsch, und außerdem sah es aus wie neu. Dass es schon einmal getragen war, wusste ja nur die Familie.

Vor der Feier gab es viel Rennerei. Die beiden mussten zu einer ärztlichen Untersuchung, die junge Brautpaare in der Türkei über sich ergehen lassen müssen. Dort wurden sie komplett durchgecheckt. Sie wurden geröntgt und auf Erb- und Infektionskrankheiten untersucht. Außerdem wurde ein Blutgruppenverträglichkeitstest durchgeführt. Die Jungfernschaft wurde nicht überprüft, das hatte man schon vor meiner Zeit abgeschafft. Wie auch immer, Birgül war kerngesund und der Bräutigam auch. Einer Hochzeit stand also nichts mehr im Wege. Problematisch war nur Birgüls Alter. Sie war ja erst sechzehn. Also haben die beiden zu Hause geheiratet. Man lud den *Hoca* ein, und der hat sie dann getraut. Ein paar Tage nach der Feier sind die beiden zum Richter gegangen und haben ihre Heirat offiziell bekannt gegeben. Brautgeld wurde übrigens keines bezahlt. Ich wollte meine Tochter doch nicht verkaufen. Birgül bekam ein bisschen Goldschmuck geschenkt. Außerdem vereinbarten sie und ihr Mann, dass Birgül im Falle einer Scheidung mit vierzig Gramm Gold abgefunden werde.

Die Hochzeitsfeier selbst war eine einzige Katastrophe. Vielleicht lag es an der knappen Zeit oder an mangelndem Geld, ich weiß es nicht. Jedenfalls war alles ziemlich improvisiert. Die *Hennanacht* reduzierte sich auf etwa eine Stunde. Wir Frauen befanden uns schon in einem Raum, als Birgül hereinkam. Sie setzte sich auf einen für sie vorgesehenen Stuhl, öffnete die Hände, und dann bestrich man sie mit der roten Hennamasse. Danach wurde noch ein bisschen getanzt, und das war's. Genauso provisorisch war die Feier am nächsten Tag. Es wurde draußen gefeiert, weil das in dieser Kleinstadt wohl so Brauch ist. Ich sehe sie noch vor mir, meine kleine Birgül, wie sie mit ihren weißen Stöckelschuhen und dem weißen langen Kleid mit Uğur an ihrer

Seite den Hügel hinunterlief. Die beiden versuchten zu tanzen, aber das war ein bisschen schwierig zwischen all den Steinen und Erdbrocken. Die Gäste bildeten einen Kreis und klatschten in die Hände. Es waren viele Menschen gekommen, aber die meisten von ihnen kamen direkt von der Arbeit, manche auch direkt aus dem Stall. Das hat meiner Tochter nicht gefallen, das konnte man deutlich sehen.

Die Sache mit dem Leintuch musste erst einmal ausfallen, weil Birgül ihre Periode hatte. Ich glaube nicht, dass sie darüber unglücklich war. Aber vier Tage später war es dann so weit. Als sie am nächsten Morgen zum Frühstücken kam, sah ich sofort, dass sie keine berauschende Nacht hinter sich hatte. Und natürlich wollte die Schwiegermutter das Leintuch sehen. Und, Gott sei Dank, war da ein kleiner Blutfleck. Meine Tochter war als Jungfrau in die Ehe gegangen. Ich war erleichtert. Birgül fand das Ganze wohl ziemlich peinlich. Erst später hat sie mir erzählt, wie unbeholfen Uğur mit ihr geschlafen habe. Dass er sie nicht zärtlich in den Arm genommen und geküsst habe, sondern schnell zur Sache gekommen sei. Es habe fürchterlich wehgetan und wäre auch ganz schnell vorbei gewesen. Ich nahm sie in den Arm und tröstete sie: »Ja, so war es bei deinem Vater auch. So sind sie eben, die Männer!« ›Nur Zoran war eine Ausnahme‹, dachte ich bei mir, aber gesagt habe ich es nicht.

Die letzten Tage unseres Aufenthalts vergingen sehr schnell, und ich hatte den Eindruck, dass Birgül inzwischen ein bisschen glücklich war. Sie lachte und schäkerte viel mit ihrem Mann. Von Paul redete sie nicht mehr. Wann immer Uğur Zeit hatte, hat er sie abgeholt und mit ihr etwas unternommen. Sie zu beobachten bestärkte mich, und ich war überzeugt, die richtige Entscheidung getroffen zu haben. Dann kam der Abschied. Auf dem Weg zum Flughafen musste Birgül fürchterlich weinen. Auch in der Maschine weinte sie noch ein bisschen, aber dank ihrer Flugangst hatte sie bald andere Sorgen. Zweieinhalb Stunden später sind wir sicher in München gelandet.

Zu Hause haben wir niemandem von Birgüls Hochzeit erzählt. Warum auch? Mustafa hatte mich lange nicht mehr angerufen, und auch für mich gab es keinen Grund, ihn zu informieren. Meine großen Söhne meldeten sich nicht bei uns. Wen also kümmerte es, dass meine Tochter verheiratet war? Außerdem würde Uğur sowieso nicht sofort kommen können, weil erst die Formalitäten mit den deutschen Behörden erledigt werden mussten. Birgül ist an ihren Ausbildungsplatz zurückgekehrt und hat auch dort mit niemandem über die Neuigkeiten gesprochen. Aber ich habe es dann doch eines Tages preisgegeben. Und zwar jener Kollegin, die mir bei der Trennung von Mustafa sehr geholfen hatte. Als sie mich fragte, wie es in der Türkei gewesen sei, konnte ich mich nicht mehr zurückhalten und berichtete von der Hochzeit meiner Tochter. Stolz zeigte ich ihr die Fotos, bat sie aber, es nicht herumzuerzählen. Sie war ziemlich erstaunt, das merkte ich wohl. Dann fragte sie mich, warum ausgerechnet ich mit meiner Geschichte für meine eigene Tochter eine Ehe arrangiert hätte. Ich stutzte und antwortete nur knapp: »Weil das bei uns eben so ist.« Es entwickelte sich ein längeres Gespräch, und ich erzählte ihr von der Angst, die mich angetrieben hatte, meine Tochter rasch zu verheiraten. Nämlich, dass Birgül sich vor der Ehe mit einem Jungen einlassen und schwanger werden könnte. Aber so richtig verstanden hat meine Kollegin das nicht. Klar, sie war ja auch eine Deutsche.

Vier Monate nach ihrer Hochzeit ist Birgül wieder in die Türkei geflogen, um ihren Mann zu besuchen. Insgesamt war sie drei Wochen dort, aber anstatt einer strahlenden jungen Ehefrau kam eine unglückliche Birgül zurück. Er habe nie Zeit für sie gehabt, abends seien sie immer nur bei seiner Schwester herumgesessen, und auch sonst war es wohl eher enttäuschend, erzählte sie. »Weißt du, Mama, im Bett ist der eine totale Null. Das macht überhaupt keinen Spaß mit ihm.« Ich versuchte sie zu beruhigen und präsentierte ihr eine Überraschung. Während ihrer Abwesenheit hatte ich nach einer kleinen Wohnung gesucht und tatsächlich eine gefunden. Nicht weit von Birgüls Ausbildungsplatz würde sie zusammen mit ihrem Mann in drei Monaten einziehen können. Aber meine Tochter war nicht begeistert. Sie sagte: »Ich weiß gar nicht mehr, ob ich das will.« Das hat mich dann doch ziemlich schockiert. Aber ich wusste, dass Birgül ziemlich sprunghaft war. Sicher würde sie ihre Meinung wieder ändern.

Kurze Zeit später bekam ich einen weiteren Dämpfer. Das Ausländeramt lehnte den Antrag auf Familienzusammenführung ab. Grundsätzlich würde man die Ehepartner nachziehen lassen, hieß es, aber nur, wenn neben ausreichendem Wohnraum auch der Lebensunterhalt gesichert sei. Und Birgül als Azubi verdiene nicht genug. Außerdem dürfe der Partner die nächsten zwei Jahre nicht arbeiten. Es klang trocken und hart, als Birgül mir das Amtsdeutsch vorlas. Ich verstand das nicht und ärgerte mich über die Behörden. Aber Birgül schien das nicht viel auszumachen. »Weißt du, Mama«, sagte sie, »vielleicht ist es besser so. Ich liebe Uğur gar nicht wirklich und will eigentlich gar nicht, dass er hierher kommt.« Mein Schwiegersohn nahm es nicht so leicht. Er schien ziemlich bedrückt, als Birgül ihm am Telefon mitteilte, dass der Antrag abgelehnt worden sei. Er hatte sich darauf eingestellt, innerhalb der nächsten sechs Monate nach Deutschland einzureisen. Ein paar Wochen später stellte sich jedoch heraus, dass er sowieso nicht hätte kommen können, weil er zur Armee eingezogen wurde. Anstatt nach Deutschland ging er mit dem Militär an die türkisch-irakische Grenze.

Birgül ließ das ziemlich kalt. Ich glaube, sie fühlte sich damals schon nicht mehr richtig verheiratet. Sie hatte wieder angefangen, mit jungen Männern herumzuflirten, und oft genug musste ich sie daran erinnern, dass sie eine verheiratete Frau war und fremde Männer sie nichts angingen. Die Abstände, in denen Uğur anrief, wurden immer größer, so dass ich langsam auch an seiner Ernsthaftigkeit zweifelte. Aber ich vermutete, dass er beim Militär nicht so einfach telefonieren konnte.

Ein halbes Jahr nach Birgüls Hochzeit platzte die Bombe. Birgül hatte ihren Bruder Muhammed getroffen. Birgül erzählte ihm, dass Zoran schon lange nicht mehr bei uns lebte und längst in Kroatien sei. Darüber war Muhammed ganz erstaunt und sagte: »Warum hast du das nicht gleich gesagt, Schwester? Komm, wir gehen zu Mama.«

Birgül rief mich kurz an, um mir Bescheid zu sagen, und erinnerte mich an die Klassenfotos. Ich habe es erst nicht verstanden, aber plötzlich war mir klar, dass sie von ihren Hochzeitsfotos sprach, die wir überall in der Wohnung aufgehängt hatten. Die mussten weg, wenn der Bruder kam. Nervös wartete ich auf die Ankunft meines zweitgeborenen Sohnes. Wie lange hatte ich ihn nicht gesehen? Ein Jahr oder zwei? Ich wusste es nicht. Wie dem auch sei, nun kam er, und das war die Hauptsache.

Dann klingelte es, und meine Tochter stand mit meinem Sohn Muhammed vor der Tür. Ich wollte ihn in den Arm nehmen und zur Begrüßung küssen, aber das ließ er nicht zu. Ali kam aus dem Zimmer gestürmt und begrüßte seinen großen Bruder freudig. Während wir im Wohnzimmer auf der Couch saßen, kochte Birgül Tee, füllte Plätzchen und Nüsse in kleine Schälchen und brachte sie zu uns ins Zimmer. Beim Tee sagte ich beiläufig: »Übrigens, Birgül hat geheiratet!«

Meine Tochter schaute mich völlig entgeistert an und fauchte: »Mama, warum erzählst du das jetzt?«

Muhammed saß wie versteinert da. Er starrte uns nur an, und dann fing er an zu weinen. Er heulte wie ein kleines Kind und sagte immer wieder: »Warum hast du das gemacht? Warum hast du das gemacht?«

Ich blieb völlig kalt und sagte: »Bei Cans Hochzeit habt ihr auch nicht an mich gedacht. Und jetzt wollte ich euch einmal zeigen, wie man sich da fühlt.« Da sprang er plötzlich auf und schrie Birgül an: »Und du, bist du noch Jungfrau?«

Meine Tochter konnte nicht antworten, sie war wie gelähmt.

»Nein, das ist alles erledigt«, sagte ich wieder kalt. Ich spürte nichts, ich war wie tot.

Muhammed hatte sich inzwischen vor Birgül aufgebaut und schrie: »Ich schlage dich! Ich bringe dich um!«

Da kam ich wieder zur Besinnung und rief: »Muhammed, wir haben schon einen Fehler gemacht, jetzt musst du nicht den nächsten begehen. Wenn du Birgül etwas antust, dann ist es aus zwischen uns.« Völlig außer sich verließ er die Wohnung.

Die nächsten Tage erwartete ich ein Lebenszeichen, irgendeine Reaktion von Mustafa oder Can. Aber nichts passierte. Niemand kam vorbei, niemand rief an. Ein paar Tage nach diesem Vorfall verabredete sich Birgül am Telefon mit ihrem Vater. Als sie dann zum vereinbarten Zeitpunkt vor seiner Tür stand, war er nicht da. Er hatte seine Tochter einfach vergessen. Oder war das seine Antwort auf ihre Heirat? Birgül hat das jedenfalls sehr verletzt.

Ein Leben zwischen Warten und Hoffen

Inzwischen bin ich seit sieben Jahren geschieden. Die Schulden aus meiner Ehe sind fast abbezahlt. Meinen Ex-Mann habe ich seit über zwei Jahren nicht mehr gesehen.

Ein Jahr nach der Trennung von Mustafa ging ich eine Beziehung mit einem Arbeitskollegen ein, den ich sehr liebte. Für eine Weile lebte ich mit diesem Mann sogar zusammen, aber dann trennte ich mich wieder von ihm. Der Druck von der Familie war zu groß. Mein Ex-Mann heiratete drei Jahre nach unserer Scheidung eine Türkin aus unserem Dorf. Ein Jahr später hat seine neue Frau ein Kind bekommen. Mein ältester Sohn ist inzwischen fünfundzwanzig und seit vier Jahren verheiratet. Ich war zwar zur Hochzeit eingeladen, aber teilgenommen habe ich nicht. Meine Schwiegermutter wollte es nicht. Monate nach der Hochzeit habe ich meinen Ältesten und seine Frau zufällig auf der Straße getroffen. Sie luden mich am gleichen Abend zu sich nach Hause ein. Endlich konnte ich meine Hochzeitsgeschenke überreichen und meine Schwiegertochter kennen lernen. Danach hielten wir lockeren Kontakt. Aber nachdem Can von Birgüls Hochzeit erfahren hat, habe ich nichts mehr von ihm gehört. Auch mein zweitältester Sohn Muhammed meldet sich seither nicht mehr.

Zusammen mit meinen beiden jüngeren Kindern versuche ich, ein normales Leben zu führen, eine normale Familie zu sein. Aber das ist schwierig. Losgelöst vom Familienclan meines Ex-Mannes, wohnen wir immer noch in dem oberbayerischen Dorf, in das ich nach der Entführung meiner Kinder gezogen bin. Meine Schwiegereltern sind inzwischen auch umgezogen. Sie haben in einer Kleinstadt in unserer Nähe ein Haus gekauft und leben jetzt dort. Mein Ex-Mann ist nach seiner Heirat bei den Eltern ausgezogen und lebt jetzt mit seiner neuen Familie in einem anderen Dorf, etwa eine halbe Autostunde von uns entfernt.

Wenn mir zufällig jemand aus seiner Familie begegnet, wechselt er die Straßenseite. Ich bin anscheinend immer noch die *oruspu*, die Nutte, mit der man nicht spricht. Meine ehemalige Schwiegermutter redet mit ihren Enkeln lediglich, wenn sie sie auf der Straße trifft. Aber eingeladen hat sie die beiden auch schon seit Jahren nicht mehr.

Dass jetzt auch der Kontakt zwischen meinen Kindern und ihrem Vater, den Großeltern und Brüdern abgebrochen ist, liegt vermutlich an der Verheiratung von Birgül. Obwohl Mustafa mich nie angerufen hat, weiß ich, dass er es mir sehr übel nimmt, dass ich seine einzige Tochter in der Türkei verheiratet habe.

Meine Tochter Birgül ist inzwischen achtzehn Jahre alt und wird bald ihre Ausbildung als Industriekauffrau beenden. Sie hat gute Chancen von ihrem Ausbildungsbetrieb übernommen zu werden. Ihre vor zwei Jahren geschlossene Ehe besteht nur noch auf dem Papier. Ich weiß inzwischen, dass diese Heirat ein großer Fehler war.

Vor ein paar Monaten sind Birgül und ich nach Hause in die Türkei gefahren. Ich wollte nach all den Jahren meine Eltern endlich mal wieder besuchen. Und Birgül hat mich begleitet, um in der Türkei die Scheidung einzureichen. Da die Ehe hier in Deutschland nie amtlich registriert wurde, war es einfacher, sie dort zu lösen. Inzwischen lassen sich auch die Frauen in der Türkei scheiden, aber alltäglich ist es nicht. So war es zunächst schwierig, weil der *Avucat*, der Anwalt, sie erst nicht ernst nahm und uns wieder wegschicken wollte. Sie solle es sich doch noch einmal überlegen, eine Ehe bestehe nicht nur aus guten, sondern eben auch aus schlechten Zeiten. Aber Birgül war sich ihrer Sache sicher. Sie hatte seit Monaten keinen Kontakt mehr zu ihrem Mann, wusste nicht einmal genau, wo er stationiert war. Und jetzt sei es eben genug. Sie wolle auch nicht als Brücke nach

Deutschland benutzt werden, denn das müsse der Grund gewesen sein, warum er sie damals überhaupt geheiratet habe. Mit Liebe habe ihre Ehe nie etwas zu tun gehabt. All dies sagte sie mit großer Bestimmtheit und beeindruckte den Anwalt sehr. So willigte er schließlich doch ein, die Angelegenheit zu übernehmen. Um die ganze Sache amtlich zu machen, müsse Birgül aber noch die Familie ihres Mannes informieren. Er trug ihr deshalb auf, mit Uğur Onkel zu telefonieren. Wenn sie das erledigt habe, solle sie wiederkommen.

Diesen Anruf schob Birgül ein paar Stunden vor sich her, dann rang sie sich aber doch durch und wählte die Nummer. Als am anderen Ende abgenommen wurde, meldete sie sich und sagte mit flattriger Stimme, was sie zu sagen hatte. Die Reaktion kam postwendend: Der Onkel brüllte durchs Telefon, so dass ich und anne, die daneben saß, jedes Wort verstanden. Aufgebracht schrie er, was ihr einfiele und dass das nicht ginge. U˘gur sei doch bald mit seinem Armeedienst fertig und würde dann nach Deutschland kommen. Birgül zitterte am ganzen Körper und fing an zu weinen, aber dann gab sie sich innerlich einen Ruck und sagte mit fester Stimme: »Nein, es hat keinen Sinn mehr. Ich will nicht mehr Uğur Frau sein. Ich will die Scheidung.« Dann legte sie auf.

Anne nickte zustimmend mit dem Kopf und sagte: »Ja, wenn es der falsche Mann ist, muss man rechtzeitig Schluss machen. Ihr habt noch keine Kinder, jetzt ist noch Zeit.« Vielleicht ist ihr in diesem Moment, so wie mir, ihr eigenes Schicksal durch den Kopf gegangen. Aber meine *anne* war nicht unglücklich. Sie hatte sich mit ihrem Leben abgefunden und Frieden gemacht. Ihren Mann nach all den Jahren zu verlassen hätte für sie keinen Sinn mehr gehabt. »Wo soll ich denn hin?«, sagte sie mir, als ich sie einmal danach fragte. Und Vater? Er hatte erst nichts von den Scheidungsabsichten seiner Enkelin gewusst, aber irgendwie hat er es dann doch erfahren. Seine Reaktion hat mich verwundert, denn er sagte verschmitzt: »Mach dir keine Sorgen, Birgül, wir finden schon wieder einen Mann für dich!«, und dann lachte er. Ich war stolz auf Birgül und erleichtert, dass meine Eltern zu der mutigen Entscheidung meiner Tochter standen.

Am nächsten Tag waren wir wieder beim Anwalt. Birgül berichtete von dem unerfreulichen Telefonat, aber der *Avukat* war zufrieden. Sie erteilte ihm offiziell den Auftrag, die Scheidung einzureichen, und unterschrieb eine Vollmacht. Nachdem sie noch einige weitere Papiere unterschrieben hatte, berichtete der *Avucat*, dass sie, im Fall des Einverständnisses ihres Mannes, in spätestens einem Jahr geschieden sei. Wenn er nicht einwilligte, würde das Ganze drei Jahre dauern. Aber das war nicht anzunehmen. Denn vermutlich suchte seine Mutter schon eine neue Deutschtürkin für ihn, damit auch er endlich ins »gelobte Land« einreisen konnte.

Die Woche bei meinen Eltern war sehr schön. *Anne* und ich haben viel Zeit miteinander verbracht und stundenlang geredet. Ich habe Dinge erfahren, die sie mir noch nie erzählt hat – traurige und lustige. Und so haben wir abwechselnd geweint und gelacht. Mit meinem Vater war es schwieriger. Ich hatte nie ein besonders gutes Verhältnis zu ihm. Ich nahm ihm übel, wie schlecht er *anne* behandelt hat. Dass er ihr zum Beispiel verbot, ihre Kinder in Deutschland zu besuchen. Dabei hätte er lediglich in der Bezirkshauptstadt einen Reisepass für sie beantragen und sein Einverständnis dazu geben müssen, dass sie reisen darf. Das wäre alles, den Rest hätten wir, seine Kinder, von Deutschland aus erledigt. Er hätte auch einfach mitkommen können, aber das wollte er erst recht nicht. Obwohl alle seine Kinder seit über einem Vierteljahrhundert in Deutschland leben, wollte er von diesem Land offenbar nichts wissen.

In dieser Woche ging mir manchmal durch den Kopf, wie es denn wäre, wenn ich wieder in unserem Dorf leben würde. Ich wäre bei *anne*, hätte die Freundinnen und Nachbarn aus meiner Kindheit und Jugend um mich. Der Gedanke war verlockend. Alles war vertraut, und ich vermisste es in Deutschland. Hier wäre ich endlich nicht mehr so allein. Aber ich wusste auch, dass ich meine deutsche Heimat vermissen würde. Immerhin hatte ich länger in *Almanya* gelebt als in der Türkei. Ich hatte dort meine Arbeit, meine Wohnung und ein paar Freunde. Und schließlich waren meine Kinder dort geboren und lebten in Deutschland.

Drei Monate nach meinem Besuch bei den Eltern, es ist Ende Mai 2005, und das Buch ist fast fertig, schlägt das Schicksal eine neue Seite auf. Morgens um halb sechs klingelt das Telefon. Enes, ein Freund aus Ballidere, ist dran. Er kann kaum sprechen, stockt und schluchzt, dann teilt er mir mit, dass mein Vater vor zwei Stunden gestorben ist. Ich muss mich setzen. Das konnte doch nicht sein, gerade vor zwei Tagen hatte ich erfahren, dass Vater krank war und nun sollte er tot sein? Ich konnte es nicht fassen und war ratlos. Was sollte ich jetzt tun?

Vier Stunden später saß ich in einer Maschine Richtung Türkei. Meine Geschwister waren auch schon unterwegs. Wir würden uns am Flughafen treffen und zusammen in unser Dorf fahren. Spätabends saßen wir drei Geschwister schweigend in Enes' Kleinbus und versuchten das Unabänderliche zu begreifen. Kurz vor Mitternacht kamen wir im Dorf an. *Anne* erwartete uns bei Enes' Frau. Als sie uns sah, brach sie zusammen.

Am Samstagmittag, mein Vater war sechsunddreißig Stunden tot, wurde er beerdigt. Nachdem der *Hoca* ihn in einem Nebenraum der Moschee gewaschen und hergerichtet hatte, brachte man ihn zu uns nach Hause und bahrte ihn auf der Terrasse auf. Fast das ganze Dorf hatte sich bei uns im Haus und im Vorgarten versammelt. Auch meine Schwiegereltern waren gekommen. Sie gingen auf *mich* zu und sprachen mir das Beileid aus, und dann kam *Mutter* und umarmte mich. Ich war wie versteinert, denn das war das Letzte, was ich erwartet hätte nach allem, was sie mir angetan hatte. Am liebsten hätte ich sie weggeschubst, aber das ging nicht, es waren zu viele Leute um uns herum.

Der *Hoca* sprach ein letztes Gebet, dann schulterten sechs von Vaters Freunden den Sarg und machten sich auf den Weg zum Friedhof. Wir, *anne*, meine Schwester und ich, sowie die Frauen aus dem Dorf blieben zu Hause. Bei uns in der Türkei finden Beerdigungen ohne Frauen statt. Sie verabschieden sich zu Hause von ihren Toten. Die Zeremonie auf dem Friedhof, das ist Männersache. Ich habe Vater erst ein paar Tage später auf dem Friedhof besucht. Es regnete in Strömen, als ich an seinem Grab stand und betete. Ich war sehr traurig. Obwohl ich mein Leben lang ein schwieriges Verhältnis mit ihm gehabt hatte, tat es mir jetzt unendlich Leid. Ich hätte ihm gerne noch einiges gesagt, mich mit ihm ausgesöhnt. Aber nun war es zu spät, er war tot.

Insgesamt blieb ich zwei Wochen bei meiner *anne*. Der Tod meines Vaters hatte sie sehr mitgenommen, und es fiel mir sehr schwer, mich von ihr zu trennen. Meine Geschwister und ich hatten sie zwar überredet, zu uns nach Deutschland zu kommen, aber so schnell würde das nicht gehen. Es waren viele Formalitäten zu erledigen, und *anne* würde erst im Herbst oder Winter kommen können. Ich bete zu Gott, dass sie so lange durchhält.

Ich jedenfalls musste wieder nach Hause, heim zu meinen Kindern. Die beiden Jüngeren brauchten mich noch. Und was war mit meinen beiden Ältesten? Würde ich je wieder richtigen Kontakt zu Can und Muhammed haben? Von Muhammed weiß ich, dass es ihm gut geht. Dass er immer noch bei seinem Vater lebt und eine Freundin hat. Mir gegenüber ist er immer noch sehr zurückhaltend und reserviert. Und Can? Was ist mit ihm? Er weiß, dass sein Großvater gestorben ist, aber sein Beileid ausgedrückt hat er mir bisher nicht. Warum ruft er mich nicht an? Warum kommt er nicht vorbei? Ich kann nur warten und hoffen.

Nachwort

von TERRE DES FEMMES

»Ich hatte ja keine Ahnung, was das bedeutet, Ehe, Liebe. Ich war doch noch ein Kind.« Das sagt *Ayşe* über ihr neunzehnjähriges Martyrium. Selten hat eine Frau so offen über ihre Zwangsverheiratung gesprochen, über die tagtägliche Vergewaltigung von Körper und Seele. Und *Ayşe* ist kein Einzelfall.

Mädchen und Frauen werden in vielen Ländern und Kulturen gegen ihren Willen verheiratet. In Äthiopien ist eine Heirat im Alter von sieben bis acht Jahren nicht unüblich. Im Norden Nigerias liegt das durchschnittliche Heiratsalter bei elf Jahren. In der indischen Region Rajasthan werden sechsundfünfzig Prozent der Frauen verheiratet, bevor sie fünfzehn Jahre alt sind.

In Deutschland gibt es viele Frauen wie *Ayşe*

Die Geschichte von *Ayşe* zeigt, dass nicht nur in fernen Ländern, sondern auch in der Bundesrepublik Mädchen und Frauen gegen ihren Willen verheiratet werden. Betroffen sind Mädchen und Frauen in Migrantenfamilien. Im Jahr 2004 beriet TERRE DES FEMMES Mädchen und Frauen oder Kontaktpersonen von Betroffenen und vermittelten sie auf Wunsch an Kriseneinrichtungen und Beratungsstellen, mit denen wir eng zusammenarbeiten. Das Spektrum reicht von fünfzehnjährigen Mädchen, die in den Sommerferien in ihrem Herkunftsland verheiratet werden sollen, bis hin zu vierzigjährigen Frauen, die nach über zwanzig Jahren Zwangsehe einen Ausweg suchen. Ein Großteil der Frauen stammt aus der Türkei, Pakistan, dem Libanon, Marokko und dem Kosovo. Es gibt aber auch Fälle aus Griechenland, Indien,

Burkina Faso und Vietnam. Vor allem die sehr jungen Frauen haben zwar oftmals einen deutschen Pass, was sie jedoch nicht vor diesem Verbrechen zu schützen scheint. Auffällig ist auch die große Zahl der Frauen, bei denen neben der Zwangsheirat noch aufenthaltsrechtliche Probleme hinzukommen.

Es gibt bisher kaum Zahlen über das Ausmaß von Zwangsehen in Deutschland. Eine Umfrage der Berliner Senatsverwaltung bei fünfzig Einrichtungen aus dem Jugendhilfe- und Migrationsbereich ergab aber für das Jahr 2002, dass zweihundertdreißig Mädchen und Frauen wegen einer drohenden oder schon erfolgten Zwangsheirat Hilfe bei Berliner Einrichtungen suchten.

Warum Zwangsheirat?

Häufig pflegen Familien mit Migrationshintergrund patriarchalische Wert- und Ehrvorstellungen. Sie wollen sich von der als befremdlich und unverständlich empfundenen Umgebung abgrenzen. Manche verheiraten ihre Töchter innerhalb der eigenen Community oder in die alte Heimat, um sie vom Kontakt mit einer verwerflich erscheinenden Umwelt abzuhalten. Die Eltern wollen ihre Töchter in den eigenen Familienstrukturen aufgehoben wissen – etwa um die Jungfräulichkeit und damit die Ehre der Familie zu bewahren.

Hinter solchen Zwangsheiraten steckt oft ein ungelöster Generationen- und Kulturkonflikt. Prallen die alten Sitten des Herkunftslandes mit dem deutschen Lebensstil zusammen, werden Mädchen oft aus Angst vor einer Verfremdung strenger erzogen als im Herkunftsland. Den Eltern missfällt, dass sie moderne Kleidung tragen und mit ihren Freundinnen in die Disco gehen. Aufgrund der unterschiedlichen Lebensentwürfe, die die Eltern für ihre Kinder haben, und den eigenen Vorstellungen der Mädchen kommt es in einigen Fällen zum Streit, der für betroffene Frauen auch tödlich enden kann.

Es gibt auch Eltern, die vermählen ihren Sohn mit einer Braut aus dem Herkunftsland. Durch Frauen wie *Ayşe* soll die eigene traditionelle Kultur in Deutschland gefestigt werden. Nicht selten erleben diese Frauen einen Kulturschock, fehlende Sprachkenntnisse isolieren sie.

Es sind auch Fälle bekannt, in denen »abtrünnige« Söhne durch eine Zwangsverheiratung auf den »rechten Weg« zurückgebracht werden sollen. Solche Versuche scheitern natürlich.

Schließlich werden auch in Deutschland lebende Türkinnen mit einem weit entfernten Verwandten aus dem Herkunftsland verheiratet, damit der Bräutigam auf legale Weise einwandern kann.

Zwangsheirat ist eine Menschenrechtsverletzung

Die Zwangsverheiratung zählt neben Ehrenmord, Steinigung oder Mitgiftmord zu den Verbrechen im Namen der Ehre. Sie sind schwer wiegende Menschenrechtsverletzungen und stehen im Gegensatz zu fundamentalen Rechten, wie sie in der *Allgemeinen Erklärung der Menschenrechte* (1948), dem *Internationalen Pakt über bürgerliche und politische Rechte* (1976) und dem *Internationalen Übereinkommen zur Beseitigung jeder Form von Diskriminierung der Frau* (1981) festgelegt sind. Alle Unterzeichnerstaaten des Abkommens sind z.B. verpflichtet, kulturellen Praktiken entgegenzuwirken, die Frauen diskriminieren und sie ihrer universellen Rechte berauben (Art. 5).

Es bewegt sich etwas!

TERRE DES FEMMES engagiert sich seit Jahren gegen Zwangsheirat. Unsere 2800 Mitglieder starke Menschenrechtsorganisation informiert mit Broschüren, Büchern, Vorträgen und Plakaten über diese menschenverachtende Praxis. Ziel ist es, Migrantinnen auf dem Weg zu gleichberechtigten Entwicklungsmöglichkeiten zu unterstützen.

Wie *Ayşe* werden immer wieder ehemalige Opfer zu Aktivistinnen. Die Türkin Serap Çileli, Autorin eines Buches gegen Zwangsheirat, unterstützt unsere Kampagnen. Ebenso die Kosovo-Albanerin Hanife Gashi, deren sechzehnjährige Tochter mitten in Deutschland von ihrem Vater der Ehre wegen ermordet wurde und die mit ihrem Buch *Mein Schmerz trägt deinen Namen* ein Zeichen gegen den männlichen Terror setzte. So wie die türkischstämmige Fatma Bläser, Autorin der Autobiografie *Hennamond*, in Schulen geht, um Jugendliche aufzuklären.

Das gemeinsame Engagement zeigt Wirkung. Der deutsche Bundestag verabschiedete 2001 einen Antrag zur weltweiten Ächtung von Verbrechen im Namen der Ehre. Auf Länderebene konnte eine Sensibilisierung der PolitikerInnen und Institutionen erreicht werden. In Baden-Württemberg werden seit Sommer 2004 Fortbildungen für soziale Einrichtungen angeboten. Und seit März 2005 wird in Deutschland Zwangsheirat im Strafgesetzbuch als besonders schwerer Fall der Nötigung geahndet. Im Februar 2004 ehrte das von der Bundesregierung gegründete Bündnis für Demokratie und Toleranz unsere Arbeit mit einem Preis.

Trotzdem – wir stehen erst am Anfang. Viele Betroffene wissen nicht, wie sie sich gegen eine aufgezwungene Ehe wehren können.

TERRE DES FEMMES geht auf Schulen zu…

Wir haben mit Migrantinnen im Alter von sechzehn bis zwanzig Jahren Plakate gestaltet. Von Zwangsheirat bedrohte Mädchen sollen ermutigt werden, über ihre Schwierigkeiten zu sprechen und sich bei Vertrauenspersonen und Beratungsstellen Hilfe zu holen.

Die Schule ist oft der einzige Ort, an dem sich von Zwangsheirat betroffene Mädchen – meist sind sie zwischen vierzehn und neunzehn Jahren alt – frei bewegen können. Manche vertrauen sich ihren LehrerInnen oder SchulsozialarbeiterInnen an. Doch die Lehrkräfte sind oft hilflos, wenn sie von einer bevorstehenden Zwangsehe erfahren. Deshalb finden sie bei uns Rat und Hilfe am Telefon.

Die Nachfrage ist groß. TERRE DES FEMMES bietet deshalb auch Fortbildungen für Lehrkräfte und SchulsozialarbeiterInnen. Die Seminare zeigen, wie Lehrerinnen und Lehrer Signale erkennen, das Problem anpacken und helfen können. Zudem geben die Schulungen Auskunft zu juristischen, pädagogischen und psychologischen Fragen. Die Schulung kann auch von PolizistInnen oder anderen Interessierten gebucht werden.

Für LehrerInnen, die mehr über die Hintergründe von Zwangsheirat oder Ehrverbrechen wissen möchten, haben wir die Unterrichtsmappe »Zwangsheirat« zusammengestellt. Sie ist allen LehrerInnen eine Hilfe, die das Thema mit ihrer Klasse behandeln möchten. Gleichzeitig vermitteln wir Referentinnen in die Schulen. Sie sprechen mit Jungen und Mädchen offen über die Konflikte, die das Leben in zwei Kulturen mit sich bringt.

STOPPT Zwangsheirat!

Es ist gelungen, eine tabuisierte, Frauen verachtende Praktik ins öffentliche Bewusstsein zu rücken. Die zahlreichen Reaktionen von Seiten der Presse, der Politik, der Beratungsstellen oder der betroffenen Frauen machen aber klar, dass in diesem Bereich weiter ein großer Handlungsbedarf besteht. Wir fordern:

- Eine bundesweite Erhebung über Formen und Ausmaß von Zwangsheirat und Ehrverbrechen. Eine solche Studie ist Voraussetzung, um geeignete Präventionsmaßnahmen zu erarbeiten.
- Die Einrichtung von mehr spezialisierten Beratungsangeboten und anonymen Zufluchtsstätten.
- Maßnahmen, welche die Integration, die Chancengleichheit für Migranten und Migrantinnen fördern.

- Gerade jetzt, wo der Staat ein Gesetz gegen Zwangsheirat erlassen hat, braucht es begleitende, staatlich geförderte Schulungen für Lehrkräfte sowie für Beschäftigte von öffentlichen Einrichtungen wie Polizei oder Jugendamt.

Frauen sind frei und gleich an Rechten geboren!

TERRE DES FEMMES ruft Sie alle auf, sich gegen frauenfeindliche Traditionen zu wehren. Unsere Vision ist es, dass alle Frauen und Mädchen selbstbestimmt und frei leben können – egal aus welcher Kultur und welchem Land sie kommen. Wir hoffen, dass die Erinnerungen und Gedanken von *Ayşe* uns diesem Ziel näher bringen.

Christa Stolle, TERRE DES FEMMES
Tübingen, im April 2005

Für weitere Informationen zum Thema »Zwangsehe«
wenden Sie sich an:
TERRE DES FEMMES e.V.
Postfach 2565
72015 Tübingen
Telefon: 07071/ 79 73-0
http://www.frauenrechte.de
tdf@frauenrechte.de

Wenn Sie TERRE DES FEMMES bei ihrer Arbeit
unterstützen möchten, hier das Spendenkonto:
Kreissparkasse Tübingen
BLZ 641 500 20
Konto-Nr. 881 999
IBAN DE90 6415 0020 0000 8819 99
SWIFT-BIC SOLA DE SI TUB

Glossar

Abi

Der *abi* ist der älteste oder ältere – aus Sicht der sprechenden Person – Bruder. Der Älteste kommt nach dem Vater an zweiter Stelle in der Familienhierarchie. Neben dem Vater ist *abi* der Repräsentant der Familie und damit ihrer Ehre. Nach dem Tod des Vaters tritt er an dessen Stelle als Familienoberhaupt. Verliert ein weibliches Familienmitglied durch *unsittliches Verhalten* seinem »guten Ruf«, so ist es an ihm, die Ehre der Familie wiederherzustellen, indem er die Frau und unter Umständen auch den beteiligten Mann tötet. Dieser so genannte Ehrenmord wird nicht notwendigerweise vom *abi* ausgeführt, sondern kann auch vom Vater oder einem jüngeren – noch nicht strafmündigen – Bruder oder anderen männlichen Verwandten durchgeführt werden.

Abla

Abla ist die Anrede für die *älteste* bzw. *ältere* Schwester. Oft wird sie auch *kleine Mutter* genannt, sie ist für die jüngeren Geschwister und den Haushalt verantwortlich.

Almanya

Türkisch für Deutschland.

Anne

Türkisch für Mutter, Mama.

Avucat

Türkisch für Rechtsanwalt.

Ayran
Türkische Buttermilch, beliebtes Getränk.

Bayram
Bayram oder *Şeker Bayramı*, auch Zuckerfest genannt, ist das Fest am Ende des Fastenmonats Ramadan. Familie und Verwandte kommen zusammen und feiern mit selbst gefertigten Süßigkeiten. Das *Bayram*-Fest dauert drei Tage, wobei der erste Tag der wichtigste ist. Dann nämlich kommen die Jüngeren zu den Älteren und gratulieren.

Bedeutung der Ehe
Die Hochzeit ist der Höhepunkt im Leben einer jeden türkischen Frau und Familie. In der Ehe gewinnt die Frau in den traditionellen Strukturen der türkischen Gesellschaft ihre gesellschaftliche Stellung. Die Heirat ist nicht nur die Verbindung zweier Ehegatten, sondern auch die ihrer Familien. Nicht selten hat sie einen ökonomischen Aspekt. Aus diesem Grund werden immer noch viele Ehen »arrangiert«, und oft sucht die Mutter eine passende Ehefrau für ihren Sohn. Wenn eine Frau keinen Ehemann findet bzw. nicht ausgesucht wird, ist sie in einer sehr schwierigen Situation und ein Makel für ihre Familie.

Brautgeld
Das *Brautgeld* oder die *Brautgabe* ist der Preis, den die Eltern des Bräutigams an die Braut entrichten. Der Betrag liegt zwischen 500 und 5000 € und wird in einem Ehevertrag festgelegt. Nach oben ist dieser Betrag offen und beschränkt sich nicht nur auf Geld, sondern kann auch die geforderte Ausstattung umfassen. Der Ehevertrag wird aber oft nur mündlich geschlossen. Das *Brautgeld* wird in vielen Teilen der Türkei (und auch bei uns in Deutschland) bezahlt. Es soll die Braut finanziell absichern. Ist die Familie arm, wird kein *Brautgeld* bezahlt. Aber fast immer erhält sie Schmuck, wie zum Beispiel Armreife, Ketten oder auch einen Ring. Nicht selten wird ein *symbolischer Brautpreis*, die

Einreise nach *Deutschland,* akzeptiert. Die Arbeitsmigration nach Europa hat die Preise erheblich in die Höhe getrieben und macht es für Familien in den türkischen und kurdischen Dörfern schwierig, ihren Söhnen eine Heirat zu finanzieren.

Gecekondu

Gecekondu steht für »über Nacht erbaut«. Es handelt sich um die türkische Bezeichnung für Marginalsiedlungen, nicht für Slums.

Großfamilie

Vor allem in den ländlichen Gegenden der Türkei ist die *Großfamilie* bis heute die vorherrschende Familienform. In den türkischen Großstädten wird sie zunehmend seltener. Auch bei uns in Deutschland ist diese Lebensform eher die Ausnahme. In vielen anatolischen Dörfern leben das Familienoberhaupt mit einer, manchmal auch zwei Ehefrauen, den verheirateten Söhnen und deren Frauen und Kinder, sowie den unverheirateten Töchter, unter einem Dach. Hinzu kommen die unverheirateten Kinder mit körperlichen Gebrechen bzw. die geschiedenen Töchter, die ins Elternhaus zurückkehren.

Hadis

Neben dem *Koran* ist die *Sunna* die zweite Erkenntnisquelle des islamischen Glaubens. In dieser sind die Worte (*Hadis*) des Propheten Muhammed gesammelt und überliefert. Von den verschiedenen *Hadis*-Sammlungen gelten vor allem die beiden Bücher der Gelehrten Buchari und Muslim, die im 9. Jahrhundert entstanden, als die vorbildlichsten Werke.

Haç

Der Haç ist die Pilgerfahrt nach Mekka und gehört zu den fünf Pflichten eines jeden Muslim. Danach soll jeder Muslim einmal in seinem Leben die Kaaba in Mekka aufsuchen.

Hoca
Der *Hoca* ist ein religiöser Lehrer, entweder in der Funktion als Lehrer an einer Schule oder als Person, die großes Wissen über den Islam hat und dieses Wissen weitergibt und in diesem Sinne als Autorität anerkannt wird. Im alltäglichen Leben wird der Begriff *Hoca* aber auch allgemein für Lehrer gebraucht.

Hennanacht
Die *Hennanacht (kına gecesi)* ist traditionell das Fest der Frauen. Die Freundinnen und Nachbarinnen der Braut treffen sich in deren Elternhaus und feiern ihren Abschied von der Herkunftsfamilie. Neuerdings feiern auch die Männer der Familie mit. Sie essen, singen und tanzen miteinander. Höhepunkt einer jeden Feier ist die *Hennazeremonie*. Das rotbraune Pulver wird angerührt und auf die Handflächen und Füße der Braut verteilt. Die Freundinnen färben sich die rechten Handflächen als Zeichen der Verbundenheit. Im Verlauf des Abends werden die Lieder immer trauriger, so dass das Fest oft tränenreich endet.

Hochzeitsfeier
Eine traditionelle türkische Hochzeit zieht sich über mehrere Tage hin, aber erst nach der offiziellen Hochzeitsfeier betrachten sich die Brautleute als verheiratet. So ist vor diesem Tag jeder sexuelle Kontakt untersagt, obwohl die Braut und der Bräutigam oft schon Wochen davor standesamtlich oder religiös geheiratet haben. Vor der eigentlichen Feier findet eine rituelle Waschung statt. Dabei wird die Braut von einer weiblichen Familienangehörigen gereinigt und am ganzen Körper rasiert. Danach wird sie angekleidet und frisiert. Als Zeichen ihrer Unschuld trägt sie einen roten Schleier über dem Gesicht. Und es ist die Aufgabe des Ehemannes, die Braut zu entschleiern. Die Farbe *Rot* soll das *Gute* herbeiführen und das *Böse* abhalten. Heute wird der rote Schleier zunehmend durch einen weißen ersetzt.

Imam-Ehe

Die *Imam-Ehe (imam nikahı)* ist die islamische Trauung und findet in der Regel vor der standesamtlichen Trauung statt. Der *Hoca* wird nach Hause eingeladen, und dort werden die Brautleute im Beisein ihrer Eltern und Verwandten getraut. Vor dem Ja-Wort belehrt der *Hoca* Braut und Bräutigam über ihre Rechte und Pflichten in der Ehe. Antworten sie dreimal mit *Ja*, gilt die Ehe als geschlossen. Die religiöse Eheschließung ist für viele Paare die Möglichkeit, sich zu begegnen und näher kennen zu lernen. Aber die Hochzeitsnacht findet erst nach der eigentlichen Hochzeitsfeier statt. Auf dem Lande sind viele Paare offiziell nicht standesamtlich verheiratet, sondern sie haben nur eine *Imam-Ehe* geschlossen. Das gilt in jedem Fall, wenn ein Mann mit mehreren Frauen verheiratet ist, was gesetzlich in der Türkei nicht zulässig ist. Obwohl eine reine *Imam-Ehe* nicht den gesetzlichen Vorschriften entspricht, wird sie in der Gesellschaft akzeptiert.

Islam

Der Islam basiert auf fünf Säulen:
Das Bezeugen, dass es nur *einen Gott* gibt und dass Muhammed sein Gesandter ist (Glaubensbekenntnis).
Das Gebet, das fünfmal am Tag vorgeschrieben ist.
Das Fasten, das im Monat *Ramadan* durchgeführt wird.
Die Armensteuer, die eine Pflichtabgabe für gute Zwecke ist.
Die Wallfahrt nach Mekka, die jeder Muslim, der körperlich und finanziell dazu in der Lage ist, mindestens einmal in seinem Leben durchführen muss.

Jungfräulichkeit

Für viele türkische Familien ist es auch heute noch wichtig, dass die Töchter *unberührt* in die Ehe gehen. Als Beweis für ihre *Jungfräulichkeit* muss die Braut nach der Hochzeitsnacht das blutbefleckte Leintuch (oft sogar öffentlich) zeigen. Findet sich darauf kein Blut, geht man davon aus, dass die Braut vor der Ehe sexuellen Kontakt hatte. Damit ist die ganze Familie entehrt. Um die Familieehre wieder herzustellen, wird die junge Frau versto-ßen oder gar ermordet.

Kahve
Das türkische Kaffeehaus. Versammlungsort der Männer.

Kız
Türkisch für Tochter.

Kopftuch
Viele Musliminnen tragen nach der Geschlechtsreife ein Kopftuch als Zeichen ihrer Bescheidenheit und ihres Anstandes als Frau. Im Koran selbst gibt es zwar kein Verschleierungsgebot, aber den Hinweis, körperliche Reize nicht zur Schau zu stellen (Sure 24:31) und in der Öffentlichkeit einen Überwurf zu tragen (Sure 33:59). Es gibt drei verschiedene Arten der Verschleierung: Den Kopfschleier (Kopftuch), den Gesichtsschleier, er verdeckt das ganze Gesicht oder nur die untere Gesichtshälfte, oder den Körperschleier (*Tschador*), der den ganzen Körper verhüllt.

Koranschulen
Zusätzlich zum obligatorischen Religionsunterricht an den Schulen schicken viele muslimische Eltern ihre Kinder in *Koranschulen* oder *Korankurse*. In den Räumlichkeiten der Moschee werden die muslimischen Kinder und Jugendlichen in ihrer Freizeit mit dem Koran vertraut gemacht. Der *Hoca* oder Imam lehrt sie die Gebete und die Grundlagen des Islam.

Kurban Bayramı
Das Kurban Bayramı oder Opferfest findet zweieinhalb Monate nach dem Ende des *Ramadan* und unmittelbar nach dem *Hac* statt. Der genaue Zeitpunkt richtet sich nach dem islamischen Mondkalender. Alle Muslime, die wirtschaftlich dazu in der Lage

sind, sind angehalten, ein Schaf oder Kalb als Opfer zu schlachten und als Almosen Bedürftigen zu spenden.

Oruspu
Türkisch für Nutte, Hure.

Ramadan
Während des Fastenmonats Ramadan oder *ramazan* essen und trinken Muslime nur vor Sonnenaufgang bzw. nach Sonnenuntergang. Verboten sind auch Rauchen und sexueller Verkehr. Nach dem Fastenbrechen am Abend wird die Moschee zum gemeinsamen Gebet aufgesucht.

Semaver
Türkisch für Samowar. Wasserkessel zur Teezubereitung, der aus zwei unterschiedlich großen Kannen besteht. Die untere, größere Kanne wird mit Wasser gefüllt und zum Kochen gebracht. In der oberen, kleineren Kanne wird Tee aufgebrüht. Der Teesud wird beim Servieren mit dem kochenden Wasser aufgefüllt.

Tavla
Türkisch für Backgammon, im mediterranen Raum beliebtes Brettspiel.

Teyze
Tante mütterlicherseits.

Verwandtenehe (Endogamie)
Über viele Generation suchte man die Ehepartner für die eigenen Kinder in der Verwandtschaft. Meist spielten dabei ökonomische Überlegungen eine Rolle. Vor allem auf dem Land werden auch heute die Kinder in der eigenen Verwandtschaft verheiratet.

Safiya Hussaini Tungar Tudu
mit Raffaele Masto
bei Blanvalet

Ich Safiya

Verurteilt zum Tod durch Steinigung

Weil sie ein uneheliches Kind bekam, wurde Safiya in ihrer Heimat Nigeria zum Tod durch Steinigung verurteilt. Doch eine beispiellose internationale Protest-Kampagne rettete sie vor der Vollstreckung der Todesstrafe. Seitdem ist Safiya zu einer Symbolfigur der Hoffnung geworden. In diesem Buch erzählt sie ihre erschütternde Geschichte.

www.blanvalet-verlag.de

BULGARIEN
S C H W
Marica
Haskovo
Edirne
GRIECHEN-
LAND
Lüleburgaz
Bosporus
İstanbul
Tekirdağ
Gebze
Kocaeli
Marmara-
meer
Dardanellen
Bandırma
Sakarya Neh
İnegöl
Bursa
Çanakkale
GÖKÇE
ADA
Esk
Ezine
Edremit
Balıkesir
Kütahya
LESBOS
Bergama
Afy
Uşak
Manisa
CHIOS
Salihli
İzmir
Çeşme
Eğridir
Gölü
Dinar
Aydın
Denizli
SAMOS
Ispart
Söke
Burdur
Milas
Muğla
Bodrum
Antaly
KOS
Marmaris
Elmalı
Ma
Fethiye
Rhodos
Kale
RHODOS
M I T T